하루 한 문단 쓰기

초등
4문장
글쓰기

손상민 선생님은요……

신춘문예에서 희곡으로 등단한 뒤 희곡, 뮤지컬, 동화, 에세이 등을 써왔어요.

여덟 살, 네 살 천방지축 두 아이를 키우는 엄마이기도 합니다. 엄마가 되면서 본격적으로

아이에게 보여 주고 들려주고픈 이야기를 쓰기 시작했어요.

지은 책으로는 ≪휘리릭 초등 4문장 글쓰기 탈무드 편≫, ≪아홉 살에 처음 만나는 유관순≫,

≪아홉 살에 처음 만나는 김구≫, 등이 있고요. 지금은 뮤지컬, 동화, 영상 작가이면서

동시에 아이들과 어른들을 대상으로 한 글쓰기 강사로 바쁜 하루하루를 보내고 있어요.

언젠가는 두 아이가 자라 엄마가 쓴 책으로 글쓰기에 푹 빠지기를 기대하며

오늘도 열심히 글감을 찾는 중이랍니다.

하루 한 문단 쓰기

휘리릭 초등 4문장 글쓰기 그리스 신화편 속 별자리

| **초판 1쇄 발행** 2020년 12월 18일 | **초판 5쇄 발행** 2023년 1월 10일

| **지은이** 손상민 | **발행인** 김태웅 | **기획 · 편집** 이지은 | **마케팅 총괄** 나재승 | **제작** 현대순 | **디자인** syoung.k | **일러스트** ㈜어필

| **발행처** (주)동양북스 | **등 록** 제 2014-000055호(2014년 2월 7일) | **주 소** 서울시 마포구 동교로22길 14 (04030)
| **구입문의** 전화 (02)337-1737 팩스 (02)334-6624 | **내용문의** 전화 (02)337-1763 dybooks2@gmail.com

ISBN 979-11-5768-672-8 64700 | ISBN(세트) 979-11-5768-628-5 64700

©2020, 손상민

〈일러두기〉
– 이 책은 국립국어원에서 지정하는 한국어 어문 규범의 원칙을 따랐습니다.
– 원고지 쓰기법은 어문 규정과 달리 통상적인 사용법을 따릅니다.
　이 책은 한국독서문화재단의 글나라 연구소(gulnara.com)의 원고지 사용법을 따랐습니다.
– 책 제목은 ≪ ≫, 작품의 제목은 〈 〉으로 표기했습니다.

하루 한 문단 쓰기

휘리릭

초등
4문장
글쓰기

속 별자리

그리스 신화 편

손상민 지음

동양북스

별을 보며 키운 상상력이
여러분의 글쓰기 실력을 쑥쑥 키워 줄 거예요!

여러분은 도시와 떨어진 시골에서 밤하늘을 본 적이 있나요? 도시의 밝은 불빛을 뒤로하고 조금만 한적한 시골로 가면, 밤하늘을 아름답게 수놓은 별들을 만나볼 수 있답니다. 여러분이 본 별들은 아주 오래 전 옛 사람들의 눈에도 똑같이 보였던 별들이에요. 물론 그 사이 아주 조금씩 자리를 이동한 별들도 있지만 말이에요.

지금처럼 휴대폰도, TV나 라디오도, 그 흔한 책 한 권도 없던 시절, 옛 그리스인들은 여러분과 같은 아이들에게 별자리에 얽힌 이야기를 들려주었어요. 봄이 되면 가장 먼저 떠오르는 처녀자리에는 딸 페르세포네를 빼앗긴 데메테르의 슬픈 이야기가, 여름철 밤하늘 꼭대기에 매달린 리라자리에는 죽은 에우리디케를 향한 오르페우스의 가슴 저리는 사랑 이야기가 숨겨져 있지요.

각 나라와 민족은 저마다의 신화를 간직하고 있지만 그중에서도 그리스 신화만큼 전 세계인들에게 큰 영향을 준 신화는 없었어요. 오랜 세월동안 수많은 예술가들은 그리스 신화에 등장하는 신이나 영웅들의 이야기를 연극과 그림, 조각으로 만들었어요. 그로 인해 그리스 신화에는 처음보다 많은 이야기가 더해졌고 전 세계 어떤 신화 보다 풍부하고 흥미로운 신화로 이름을 알리게 되었답니다. 게다가 그리스 신화는 수천 년이 지난 지금까지도 우리 생활 곳곳에 영향을 미치며 새로운 이야기를 끝없이 만들어 내고 있어요. 그래서 사람들은 그리스 신화를 '인류 문화의 보고'라고도 말해요. 여기서 '보고'는 귀중한 물건을 간수해 두는 창고를 뜻하는데요. 그만큼 그리스 신화에는 보석 같은 지식과 지혜가 가득하다는 의미랍니다.

하지만 그리스 신화를 한 번에 읽어 내기란 무척 어려운 일이에요. 이야기 자체의 가짓수만도 어마어마하게 많은데다, 얼마나 많은 인물들이 나오는지 그리스 신화 속 신과 영웅들에 대한 설명이 따로 두꺼운 책으로 나올 정도니까요.

그래서 ≪휘리릭 초등 4문장 글쓰기 그리스 신화 속 별자리 편≫은 별자리와 관련한 그리스 신화를 동화처럼 재미있게 읽은 후에, 이를 자연스럽게 글쓰기로 연결할 수 있도록 만들어졌어요. 순서는 과학 교과서에 나오는 계절별 별자리를 기준으로 구성했어요.

 전체 이야기 구성

1장 봄철 별자리

2장 여름철 별자리

3장 가을철 별자리

4장 겨울철 별자리

5장 북쪽 하늘 별자리

봄, 여름, 가을, 겨울 그리고 일 년 내내 볼 수 있는 북쪽 하늘 별자리로 이루어진 총 5개의 장에서 각각 5가지 이야기가 소개됩니다. 여러분은 장별로 각각의 그리스 신화가 전해주는 별자리 이야기를 읽고 인물관계도를 보면서 다시 한 번 본문의 내용을 머릿속으로 정리해 볼 수 있어요. 그런 다음 본문의 내용을 떠올리며 주어진 네 가지 질문에 한 문장씩 답을 써 보세요.

첫 번째는 이야기의 핵심 문장을 따라 쓰고요. 두 번째는 본문의 내용을 이해했는지 확인하는 질문에 답해 보세요. 세 번째는 본문의 사건이나 인물에 대한 여러분의 생각과 느낌을 적어 보고요. 네 번째는 내가 등장인물이라면 어떻게 할지 상상해서 쓰는 거예요. 마지막으로 앞에 쓴 4문장을 연결해 써 보면 하나의 멋진 글이 탄생한 걸 볼 수 있어요.

또 이번 그리스 신화 별자리 편에서는 '혹시 궁금하지 않았나요?' 코너에서 각 별자리에 대한 기초적인 지식까지 배울 수 있어요. 이처럼 ≪휘리릭 초등 4문장 글쓰기 그리스 신화 속 별자리 편≫은 여러분이 과학 시간에 배우는 별자리에 얽힌 이야기를 통해 그리스 신화를 보다 흥미롭게 받아들일 수 있도록 만들었어요. 거기다 덤으로 글쓰기 실력까지 쌓을 수 있지요.

그리스 신화를 읽을 때는 주제나 교훈을 찾느라 애쓸 필요 없이 머릿속에서 이야기를 그려 보는 것만으로도 충분해요. 그럼에도 딱 하나, 잊지 말아야 할 것이 있어요. 그건 바로 그리스 신화를 더 풍성하게 만들어 줄 여러분 자신만의 '상상력'이랍니다.

이제 밤하늘처럼 드넓은 상상의 세계로 빠져들 준비가 되었나요? 자, 그럼 출발!

–2020년 겨울 손상민

차례

이렇게 활용하세요!

≪휘리릭 초등 4문장 글쓰기≫는 우리 친구들이 글쓰기를 어려워하지 않고, 자신의 생각과 느낌을 언제든지 솔직하게 표현할 수 있는 평생 친구로 삼기를 바라는 마음으로 만들었어요. 학년이 올라갈수록 늘어나는 문장형(논·서술형) 시험을 대비하는 건 덤! 이 책으로 자신만의 글쓰기 무기를 만들고, 차곡차곡 쌓은 실력을 마음껏 발휘해 보세요.

1 그림 보고 상상하기

이야기의 내용을 함축하고 있는 그림을 보고 어떤 내용이 펼쳐질지 미리 상상해 보세요. 그림은 이야기를 구체적으로 검증하는 것보다 내용을 상징적으로 표현하고자 했습니다. 이야기의 제목과 함께 각 그림을 통해 등장인물은 누구이고 어떤 상황이 벌어지고 있는지 생각해 보아요. 그리고 생각했던 이야기가 실제 이야기와 얼마나 일치하는지 확인해 보세요.

2 하루 3쪽 읽기

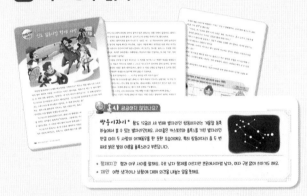

한 편의 이야기는 3쪽 분량으로 이루어져 있어요. 그리스 신화 속 별자리 편은 순서대로 읽어야 다음 이야기를 더 잘 이해할 수 있어요.

별자리에 대한 설명이나 어려운 표현은 '혹시 궁금하지 않았나요?'에서 찾아보세요. 이 책은 5~6학년 과학 교과서에도 등장하는 계절별 별자리와 북쪽 하늘 별자리에 얽힌 신화로 이루어져 있답니다.

별자리의 모양은 선택한 주요 구성별과 연결 방법에 따라 조금씩 다르게 보일 수 있다는 점을 참고해 주세요.

3 인물관계도로 줄거리 정리해 보기

이야기를 읽고 나서도 내용이 무엇이었는지 잘 기억나지 않는다고요?

걱정 말아요. 귀여운 인물관계도로 내용을 다시 한번 기억하게 해 주니까요. 참고로 파란색은 친한 사이, 빨간색은 서로 미워하는 사이, 회색 점선은 가족관계를 나타냅니다.

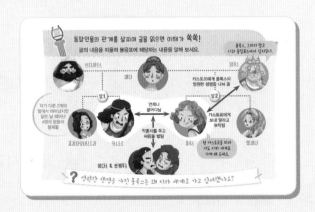

4 중심문장 따라 쓰기

맞춤법이 자꾸 틀려서 고민이라고요? 걱정 마세요. 이야기의 중심문장을 칸에 맞춰 따라 쓰다 보면 맞춤법 실력이 훌쩍 자라 있을 거예요.

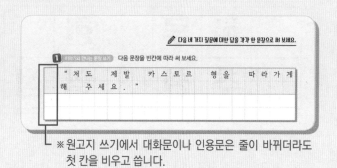

※ 원고지 쓰기에서 대화문이나 인용문은 줄이 바뀌더라도 첫 칸을 비우고 씁니다.

5 내용과 생각을 묻는 질문에 대답하기

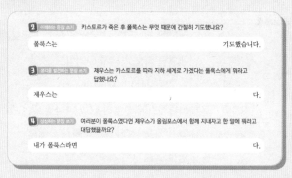

책은 좋은데 독후감은 어떻게 쓸지 모르겠다고요? 그래서 힌트를 줄 수 있는 질문을 준비했어요.
세 가지 질문 유형에 따라 각각 한 문장으로 써 보는 연습을 하다 보면 독후감 쓰기에 익숙해질 수 있어요.
답에 '누가 ~했는지' 약간의 단서를 주었으니 그에 맞춰 자신만의 답을 잘 찾아 보아요.

따라 썼던 중심문장부터 질문에 답한 3개의 문장을 쭉 연결해서 한 문단으로 써 보세요. 그리고 그것을 읽어 보세요. 놀랍지 않나요? 내용이 이어지는 멋진 글 한 편이 완성되었어요!
이처럼 글쓰기는 어려운 것이 아니에요. 중심문장과 연결된 질문에 대한 답만 잘 이어서 쓰면 얼마든지 좋은 글을 완성할 수 있어요.
자, 이제 두려워 하지 말고 글쓰기를 시작해 볼까요?

6 지금까지 쓴 문장을 모아 써 보기

 ## 7 가이드북

부모님 혹은 선생님과 함께 가이드북의 예시 답안과 풍부한 배경 설명을 보면서 다양한 이야기를 나눠 보세요.
더 많은 글감을 찾을 수 있을 거예요.

하루 한 문단 쓰기 추천 일정

이 책은 여러분이 할 수 있는 만큼씩 진도를 나가는 것이 가장 좋습니다. 가뜩이나 볼 것도, 할 것도 많은 우리 친구들이 글쓰기를 너무 버겁게 느끼지 않기를 바랍니다. 다만 글쓰기는 조금씩이라도 매일 쓸 때 실력이 쌓입니다. 가능하다면 아래 일정에 맞춰 글을 읽고 써 보기를 추천합니다.

1주 봄철의 별자리

토	사자자리	위대한 영웅 헤라클레스의 첫 번째 과제
일	목동자리	하늘을 떠받치는 벌
월	까마귀자리	아폴론의 뼈아픈 실수
화	처녀자리	봄, 여름, 가을, 겨울은 왜 생겼을까
수	천칭자리	마지막까지 인간을 지킨 신 아스트라이아
목		독후활동
금		휴식

2주 여름철의 별자리

토	전갈자리	아르테미스가 사랑한 유일한 사냥꾼
일	리라자리	지하 세계까지 감동시킨 오르페우스의 연주
월	백조자리	사랑을 얻기 위한 제우스의 변신
화	뱀주인자리	죽은 사람을 살리고 벌을 받은 아스클레피오스
수	궁수자리	그리스 최고의 스승 케이론
목		독후활동
금		휴식

3주 가을철의 별자리

토	염소자리	제우스를 구해 신들을 놀라게 한 판
일	물고기자리	사랑으로 이어진 두 마리의 물고기
월	페가수스자리	오만함이 부른 불행
화	물병자리	신들의 시중을 들게 된 가니메데스
수	양자리	황금 양의 전설
목		독후활동
금		휴식

4주 겨울철의 별자리

토	황소자리	크레타에 페니키아의 문명을 전한 에우로페
일	큰개자리	번개처럼 빠른 사냥개 라이라프스
월	쌍둥이자리	신도 감동 시킨 형제 사랑
화	게자리	헤라클레스에게 밟혀 다리 하나를 잃은 게
수	에리다누스자리	태양 마차를 몰다가 강에 빠진 파에톤
목		독후활동
금		휴식

5주 북쪽 하늘의 별자리

토	큰곰자리	헤라의 질투로 곰이 된 칼리스토
일	작은곰자리	엄마와 함께 밤하늘에 별이 된 아르카스
월	케페우스자리	이러지도 저러지도 못하는 에티오피아의 왕
화	카시오페이아자리	별자리가 되어서도 벌을 받는 카시오페이아
수	용자리	황금 사과를 찾아 떠난 헤라클레스의 모험
목		독후활동
금		휴식

마음이 여유로운 주말을 적극 활용해 보세요!

1장

봄철의 별자리

위대한 영웅 헤라클레스의 첫 번째 과제

　세상을 다스리는 제우스와 미케네●의 공주 알크메네 사이에서 태어난 헤라클레스는 그리스뿐만 아니라 전 세계에서도 사랑받는 위대한 영웅이에요. 특히 아주 옛날 전쟁이 끊이지 않았던 그리스에서는 자신들을 지켜 줄 헤라클레스와 같은 영웅을 애타게 기다렸답니다. 그래서 옛날 그리스 사람들은 어려움에 처할 때마다 헤라클레스에게 도움을 청했어요.

　헤라클레스는 태어날 때부터 남달랐어요. 헤라클레스가 태어나던 날, 제우스는 기쁨에 들떠 신들에게 말했어요.

　"올림포스 신들이여, 오늘 밤 세상에서 가장 위대한 영웅이 탄생할 것이다. 모든 그리스인이 복종하게 될 그의 이름은 헤라클레스다."

올림포스 신전에 모인 신들이 모두 축하를 보내는 사이 유일하게 화가 난 신이 있었어요. 바로 제우스의 아내인 헤라였지요. 그도 그럴 것이 제우스는 아내 헤라를 두고 신이든 인간이든 가리지 않고 사랑에 빠지기 일쑤였거든요. 결혼의 신인 헤라를 약 올리기라도 하듯이 말이에요. 참을 수 없었던 헤라는 말했어요.

"정말로 우리 모두의 앞에서 오늘 밤 태어나는 아이가 위대한 영웅이 될 거라고 맹세할 수 있나요? 모든 그리스인이 그의 말에 복종해야 하고요? 물론 그 아이는 오늘 밤 가장 먼저 태어나는 아이겠지요?"

제우스는 당연하다는 듯 고개를 세 번 끄덕였어요. 그리고 다른 모든 신들 앞에서 잔을 들어 맹세했지요.

헤라는 곧바로 미케네로 향했어요. 알크메네의 출산을 방해하기 위해서였어요. 대신 출산을 두 달이나 남겨 둔 다른 아이를 일찍 태어나게 했지요. 그 아이가 후에 미케네의 왕이 되는 에우리스테우스였어요. 이를 어쩌나요? 제우스의 말대로라면 헤라클레스가 그리스인들의 지도자가 되어야 하는데요. 에우리스테우스가 먼저 태어나는 바람에 헤라클레스는 왕의 자리를 놓치고 말아요.

제우스는 무척 안타까웠어요. 그래서 **제우스는 헤라클레스가 지도자는 될 수 없지만 12가지 과제를 해내면 죽은 후에 신이 되리라고 예언했어요.** 헤라클레스는 제우스의 예언에 따라 무려 12년 동안 에우리스테우스가 시키는 12가지 과제를 해결했답니다.

그중 첫 번째가 네메아의 사자를 물리치는 일이었어요. 네메아라는 골짜기에는

혹시 궁금하지 않았나요?

사자자리 * 태양이 지나가는 자리를 '황도'라고 하는데요. 황도에는 12가지 별자리가 속해 있어요. 사자자리는 그 중 다섯 번째 별자리랍니다. 봄철 남쪽 하늘에서 볼 수 있는 사자자리의 심장 가까이에는 '레굴루스'라는 가장 빛나는 별이 자리하고 있어요. 레굴루스는 '작은 왕'이라는 뜻이에요.

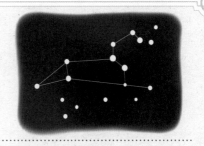

- **미케네** 옛날 그리스에는 여러 작은 나라들이 모여 있었어요. 미케네, 아테네, 테베, 트로이젠, 티린스, 스파르타……. 이들 나라 중 미케네는 가장 부유하고 강력한 힘을 가진 나라였어요.
- **막상막하** 위도 없고 아래도 없다는 의미인데요. 실력이 비슷한 상황에서 쓰여요.

어마어마하게 크고 번개처럼 빠른 사자 한 마리가 살았는데요. 헤라가 내려보낸 이 사자는 아주 오랫동안 그곳 사람들을 괴롭히고 있었어요. 헤라클레스는 화살과 창, 그리고 올리브 나무로 만든 몽둥이를 들고 네메아의 사자를 찾아갔어요.

하지만 사자는 화살로 쏘고 창으로 찔러도 죽지 않았어요. 몽둥이로 내리쳐도 순식간에 동굴로 도망가기 일쑤였어요. 게다가 동굴은 양쪽 모두 뚫려 있어 도망치기에 좋았지요. 헤라클레스는 동굴의 한쪽을 막아 사자가 도망칠 수 없게 만들고는 사자와 싸움을 시작했어요. 엎치락뒤치락 막상막하°인 헤라클레스와 사자의 싸움은 한 달 동안이나 계속되었답니다.

싸움을 시작한 지 30일이 되던 날, 드디어 헤라클레스가 동굴 밖으로 비척비척 걸어 나왔어요. 네메아 사자의 가죽을 뒤집어쓴 채 말이에요.

헤라클레스도 헤라클레스지만 한 달이나 싸운 사자도 대단하지 않나요? 제우스의 생각도 마찬가지였어요. 제우스는 이 용맹한 사자를 기리며 밤하늘의 별로 만들었어요. 그 별자리가 바로 '사자자리'랍니다.

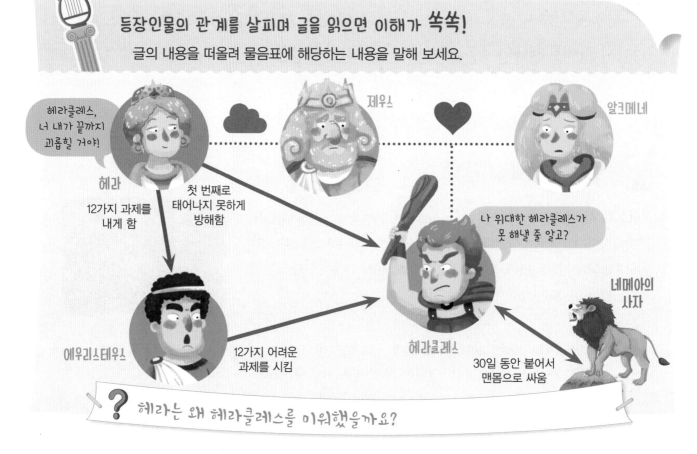

등장인물의 관계를 살피며 글을 읽으면 이해가 쏙쏙!

글의 내용을 떠올려 물음표에 해당하는 내용을 말해 보세요.

헤라클레스, 너 내가 끝까지 괴롭힐 거야!

제우스

알크메네

헤라
12가지 과제를 내게 함

첫 번째로 태어나지 못하게 방해함

나 위대한 헤라클레스가 못 해낼 줄 알고?

네메아의 사자

에우리스테우스
12가지 어려운 과제를 시킴

헤라클레스

30일 동안 붙어서 맨몸으로 싸움

? 헤라는 왜 헤라클레스를 미워했을까요?

1 이야기와 만나는 문장 쓰기   다음 문장을 빈칸에 따라 써 보세요.

제	우	스	는		헤	라	클	레	스	가		지	도	자	는		될
수		없	지	만		12	가	지		과	제	를		해	내	면		죽	은
후	에		신	이		되	리	라	고		예	언	했	어	요	.

2 이해하는 문장 쓰기   헤라클레스가 해야 할 12가지 놀라운 일들 중 첫 번째 과제는 무엇이었나요?

첫 번째 과제는   다.

3 생각을 발견하는 문장 쓰기   헤라클레스는 자꾸만 도망치는 사자를 어떻게 물리쳐야겠다고 생각했나요?

헤라클레스는   다.

4 상상하는 문장 쓰기   여러분이 싸움에 진 사자라면 밤하늘의 별자리가 되었을 때 어떤 생각을 했을까요?

내가 싸움에 진 사자라면   다.

모아쓰기   위에서 답으로 쓴 네 문장을 연결해서 써 보세요. 하나의 근사한 글이 될 거예요.

하늘을 떠받치는 별

봄에서 초여름까지 동쪽 밤하늘에서 가장 빛나는 별을 찾아보세요. 태양보다 100배나 밝은 이 별의 이름은 아르크투르스입니다. '곰을 쫓는 자'라는 뜻이에요. 아르크투르스와 12개의 별을 이으면 목동자리가 되는데요. 목동자리에는 두 가지 이야기가 전해지고 있어요.

하나는 '목동'이라는 말과 관련이 있어요. 목동은 가축을 치는 아이를 의미해요. 그래서 목동자리는 소를 치다가 쟁기®를 발명한 목동 아르카스를 기리며 만든 별자리라는 거예요. 쟁기가 만들어지기 전에는 일일이 사람의 손으로 농사를 지어야 했어요. 그러니 얼마나 힘이 들었겠어요? 소가 농사일을 도우면서부터 일을 훨씬 덜 수 있었지요. 쟁기를 발명한 아르카스를 농사의 신이라고 부르는 이유예요.

또 다른 이야기는 목동자리가 아틀라스의 모습이라는 거예요. 목동자리가 하늘 가장 끝에 자리한 듯 보였기 때문이에요. 그리스 사람들은 이 별자리가 세계의 끝에서 하늘을 떠받치고 있는 아틀라스라고 생각했답니다. 비록 별자리의 한국식 이름은 목동인 아르카스에서 따왔지만, 옛날 그리스 사람들은 왜 아틀라스를 기리는 별이라고 생각했는지 함께 알아볼까요?

아틀라스는 거인신족[•]이었는데요. 제우스와 올림포스의 신들이 나타나기 전에 세상을 다스린 건 바로 이 거인신족이었어요. 그 중에서도 제우스의 아버지이자 가장 높은 신인 크로노스가 신 중의 신, 최고신이었어요. 하지만 크로노스 이전에는 우라노스가 최고신이었어요. 제우스가 크로노스의 자리를 빼앗았듯 크로노스도 우라노스의 자리를 빼앗은 것이었거든요. 그러니까 최고신의 자리가 우라노스에게서 크로노스로, 크로노스에게서 제우스로 옮겨간 셈이에요.

크로노스는 최고신이 되었을 때 가장 먼저 자식에게 왕좌를 빼앗기게 될 일을 걱정했어요. 자신이 아버지의 자리를 빼앗았던 것처럼 말이에요. 그래서 크로노스는 아내 레아와의 사이에서 낳은 자식들을 태어나는 족족 잡아먹어 버렸답니다.

다행히 막내 제우스만은 살아남을 수 있었는데요. 청년이 된 제우스가 이 모든 사실을 알고는 형제들을 구하고 크로노스를 쫓아내기 위해 전쟁을 시작했어요. 제우스는 가장 먼저 사촌 아틀라스를 찾아갔어요.

"아틀라스! 나 제우스가 새로운 세상의 왕이 될 수 있도록 도와줘."

"천만의 말씀. 나도 거인신족이야. 네가 세상의 왕이 되도록 놔둘 수는 없어."

아틀라스는 제우스의 부탁을 거절했어요. 심지어 거인신족들을 이끌며 제우스와의 전쟁에 앞장섰어요.

혹시 궁금하지 않았나요?

목동자리 ★ 별은 가장 밝은 별부터 1등성에서 6등성으로 나누는데요. 목동자리에서 가장 빛나는 아르크투루스는 1등성으로 하늘에서 세 번째로 밝은 별이에요. 봄철 밤하늘에서 가장 빛나는 별인 아르크투루스를 꼭짓점으로 하여 위로 가늘고 긴 마름모꼴을 그리면 목동자리가 된답니다.

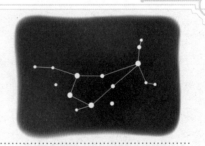

- **쟁기** 논밭을 갈 때 쓰는 농기구예요. 땅을 갈아엎어서 작물을 키우기 쉽게 만들 때 쓰여요. 현대에서는 소의 몸통에 걸어 쓰던 쟁기가 사라지고 그 일을 트랙터가 대신하고 있지요.
- **거인신족** 올림포스 신들이 나타나기 전 세상을 지배했던 어마어마하게 크고 힘이 센 신들이에요. 크로노스도 거인신족이었어요. 그리스어로는 티탄, 영어로는 타이탄이라고 해요.

신들의 전쟁은 10년 동안이나 계속됐어요. 신들이 전쟁을 벌이는 동안 그리스에는 난리가 났어요. 집채만 한 파도가 솟구쳐 오르고 우르르 쾅쾅 쉴 새 없는 벼락이 내리쳤어요. 숲에 불이 붙고 큰 지진으로 온 땅이 흔들리고 찢겼지요. 기나긴 싸움 끝에 거인신족들의 힘이 약해지자 전쟁은 제우스의 승리로 끝이 났어요. 제우스는 크로노스를 도왔던 거인신족들에게 벌을 내려 지옥으로 떨어지도록 했어요.

"아틀라스! 넌 내 말을 거역했다. 너에게 이제부터 영원히 하늘을 떠받드는 벌을 내리노라."

제우스는 아틀라스에게 가장 무겁고 큰 벌을 내렸어요. 세상 끝에서 영원히 하늘을 떠받들어야 하는 벌이었어요. 아틀라스의 이름도 '짊어지는 자'라는 뜻이에요. 거인신족들 중에서도 가장 크고 힘이 센 아틀라스였으니 그에 걸맞은 벌을 받은 걸까요? 벌을 받은 후 돌이 될 때까지 아틀라스는 무려 30만 년 동안이나 하늘을 떠받쳐야 했답니다. 한편 아프리카에 길게 뻗어 있는 아틀라스 산맥의 이름은 바로 이 아틀라스 신에게서 따온 것이에요.

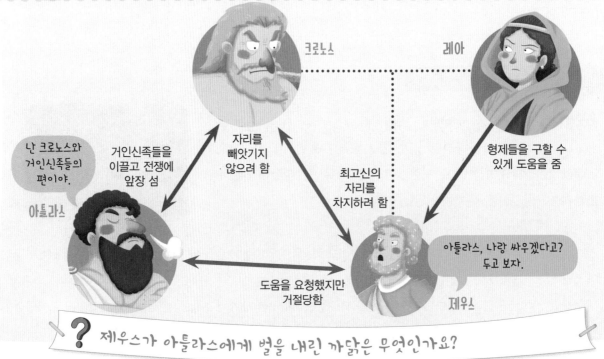

등장인물의 관계를 살피며 글을 읽으면 이해가 쏙쏙!

글의 내용을 떠올려 물음표에 해당하는 내용을 말해 보세요.

크로노스

레아

난 크로노스와 거인신족들의 편이야.

아틀라스

거인신족들을 이끌고 전쟁에 앞장 섬

자리를 빼앗기지 않으려 함

최고신의 자리를 차지하려 함

형제들을 구할 수 있게 도움을 줌

도움을 요청했지만 거절당함

아틀라스, 나랑 싸우겠다고? 두고 보자.

제우스

제우스가 아틀라스에게 벌을 내린 까닭은 무엇인가요?

1 이야기와 만나는 문장 쓰기   다음 문장을 빈칸에 따라 써 보세요.

"	아	틀	라	스	!		나		제	우	스	가		새	로	운		세
상	의		왕	이		될		수		있	도	록		도	와	줘	.	"

2 이해하는 문장 쓰기   제우스의 부탁을 들은 뒤 아틀라스는 어떻게 했나요?

아틀라스는   다.

3 생각을 발견하는 문장 쓰기   아틀라스가 제우스의 부탁을 거절한 까닭은 무엇일까요?

아틀라스는   때문입니다.

4 상상하는 문장 쓰기   여러분이 제우스라면 전쟁에서 이긴 후 엄청나게 크고 힘이 센 아틀라스에게 어떤 벌을 내릴까요?

내가 제우스라면   다.

모아쓰기   위에서 답으로 쓴 네 문장을 연결해서 써 보세요. 하나의 근사한 글이 될 거예요.

아폴론의 뼈아픈 실수

까마귀를 본 적 있나요? 옛날 할머니, 할아버지들은 까치를 보면 반가운 손님이 온다고 하고, 까마귀를 보면 '재수가 없다'고들 했어요. 까마귀는 온몸이 새까맣고 '까악까악'하며 우는 소리가 기분 나쁘게 들리기 때문이래요. 하지만 원래 까마귀는 검은색이 아니라 흰색인 데다 두 날개는 눈이 부시도록 아름다운 은빛이었다고 해요. 까마귀의 몸 색깔이 변해 버린 이야기, 궁금하지 않나요?

그리스 신화에는 많은 신과 영웅들이 나오는데요. 신들에게는 저마다 자신만의 새가 있었답니다. 제우스에게는 독수리, 헤라에게는 공작새가 있었지요. 아폴론에게는 까마귀가 있었어요.

신들은 원래 이것저것 못하는 게 없다지만 특히 이 태양의 신 아폴론은 할 줄 아는 게 정말 많았어요. 미래를 예언하고 화살은 쏘기만 해도 백발백중*. 음악의 신이라고도 불릴 정도로 연주와 노래 실력도 대단했답니다. 게다가 병을 고치는 능력까지. 못하는 게 없는 신이었어요. 할 줄 아는 게 많은 만큼 바쁘기는 또 얼마나 바빴던지요.

태양 마차를 타고 동에 번쩍 서에 번쩍 눈코 뜰 새 없이 돌아다니는 게 일이었답니다.

하지만 이렇게 바쁜 아폴론에게도 사랑하는 연인이 있었어요. 코로니스라는 이름의 공주였지요.

'아, 나의 아폴론 님은 또 언제 오시려나.'

코로니스 공주는 늘 바쁜 아폴론을 기다리는 게 일이었어요.

'아폴론 님이 날 잊은 건 아닐까? 난 언제까지 이렇게 기다리고만 있어야 하는 걸까.'

코로니스 공주는 몇 달째 오지 않는 아폴론이 자신을 떠났다고 생각하며 큰 슬픔에 빠졌어요. 이때 남몰래 코로니스를 좋아했던 청년 이스키스가 다가왔어요. 이스키스는 음악을 연주하고 재미있는 이야기를 들려주면서 외로운 코로니스를 위로해 주었어요. 코로니스는 이스키스와 있는 동안만큼은 모든 걱정을 잊을 수 있었어요. 그러는 동안 차츰 아폴론에 대한 사랑은 희미해지고 이스키스에 대한 사랑이 커져갔지요. 이스키스는 때를 놓치지 않고 코로니스에게 청혼을 했어요.

"코로니스, 아폴론은 당신을 떠난 게 분명해요. 이제 내 사랑을 받아 주세요."

결국 코로니스는 이스키스의 청혼을 받아들이고 마는데요. 하지만 이 사실을 까맣게 몰랐던 아폴론은 까마귀 카라스에게 코로니스의 소식을 알아 오라고 시켰어요. 카라스가 코로니스를 보고 와서는 말했어요.

"코로니스가 아폴론 님을 버리고 다른 남자와 결혼했어요."

카라스의 말을 전해 들은 아폴론은 불같이 화가 났어요. 그 즉시 황금 마차를 타

혹시 궁금하지 않았나요?

까마귀자리 ★ 까마귀자리는 봄의 끄트머리에 남서쪽 밤하늘에서 볼 수 있는 별자리예요. 아쉽게도 너무 희미해서 실제로 찾기는 어려워요. 또 한쪽이 좁은 찌그러진 사각형으로 까마귀를 상상하기도 쉽지 않지요. 그래도 눈 크게 뜨고 도전해 볼까요?

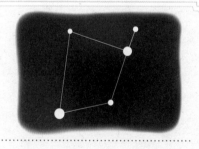

- **백발백중** 백 번 쏘아 백 번 맞힌다는 말이에요. 총이나 활을 쏘는 족족 모두 겨눈 곳에 맞힌다는 의미랍니다.
- **경솔** 말이나 행동에 조심성 없이 가볍다는 뜻이에요. 아폴론이 한 번 더 생각했더라면 사랑하는 코로니스를 잃지는 않았을 거라며 후회하는 말이에요.

고 코로니스에게로 달려갔지요. 마침 멀리서 정원을 거닐고 있는 코로니스가 보였어요. 성질을 참지 못한 아폴론은 코로니스에게 활을 겨눴어요. 명사수 아폴론이 쏜 화살은 코로니스의 심장에 정확히 꽂혔답니다.

"아폴론, 당신이 날 버린 줄 알았어요. 비록 나는 죽지만 내 배 속에 있는 당신의 아이만큼은 꼭 살려 주세요."

코로니스는 마지막 말을 전하며 숨을 거뒀어요. 그제야 자신의 잘못을 깨달은 아폴론은 눈물을 흘리며 코로니스의 배 속에 있는 아이를 꺼냈어요.

"나의 코로니스! 내가 너무 경솔[●]했소. 아이는 잘 키울 테니 걱정 말고 편히 눈을 감아요."

아폴론은 이 모든 게 앞뒤 사정을 설명하지 않고 소식을 전한 까마귀의 잘못이라 여겼어요. 화가 난 아폴론은 까마귀를 까맣게 태워 버렸고, 그때부터 까마귀는 새까만 지금의 모습이 되었대요. 까마귀자리는 아폴론에게 벌을 받은 카라스가 하늘로 올라가 만들어진 별자리랍니다.

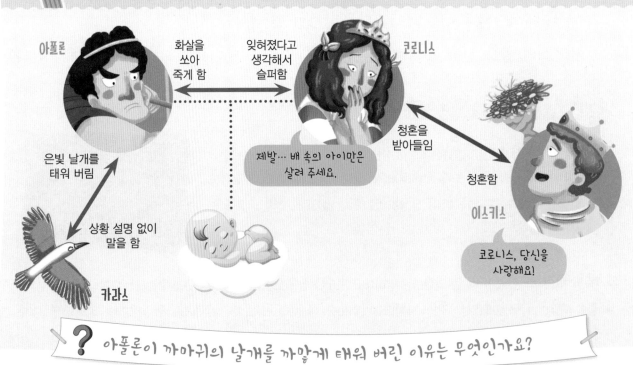

등장인물의 관계를 살피며 글을 읽으면 이해가 쏙쏙!
글의 내용을 떠올려 물음표에 해당하는 내용을 말해 보세요.

아폴론 — 화살을 쏘아 죽게 함 — 잊혀졌다고 생각해서 슬퍼함 — 코로니스

은빛 날개를 태워 버림

상황 설명 없이 말을 함

카라스

제발… 배 속의 아이만은 살려 주세요.

청혼을 받아들임

청혼함

이스키스

코로니스, 당신을 사랑해요!

? 아폴론이 까마귀의 날개를 까맣게 태워 버린 이유는 무엇인가요?

1 이야기와 만나는 문장 쓰기   다음 문장을 빈칸에 따라 써 보세요.

"	코	로	니	스	가		아	폴	론		님	을		버	리	고		다
른		남	자	와		결	혼	했	어	요	.	"						

2 이해하는 문장 쓰기   아폴론은 카라스의 말을 듣고 어떻게 했나요?

아폴론은   다.

3 생각을 발견하는 문장 쓰기   아폴론이 코로니스에게 화가 난 까닭은 무엇인가요?

코로니스가   때문입니다.

4 상상하는 문장 쓰기   여러분이 성격 급한 아폴론에게 나쁜 소식을 전해야 하는 카라스였다면 어떻게 했을까요?

내가 카라스였다면   다.

모아쓰기   위에서 답으로 쓴 네 문장을 연결해서 써 보세요. 하나의 근사한 글이 될 거예요.

_____

_____

_____

_____

봄, 여름, 가을, 겨울은 왜 생겼을까

신과 인간이 함께 어울려 살아가던 아주아주 먼 옛날에는 봄, 여름, 가을, 겨울이 없었다고 해요. 언제나 좋은 날씨 덕분에 농사를 지을 필요 없이 땅 위에 널린 과일과 곡식을 가져와 먹기만 하면 되었어요. 하지만 사계절이 생기면서 농사를 짓고 추운 겨울을 견디기 위해 집을 지어야 했지요.

그럼 봄, 여름, 가을, 겨울은 언제부터 생겨났냐고요? 그건 봄이 되면 동쪽 하늘에서 떠오르는 처녀자리와 관련이 있대요. 이번에는 처녀자리와 사계절이 생겨난 이유에 대해 들려줄게요.

제우스가 임명●한 12명의 신들 중 데메테르는 대지의 신이에요. 또 제우스가 사랑한 여신이기도 했지요. 둘 사이에는 페르세포네라는 딸이 있었는데요. 밝고 마음씨 좋은 페르세포네는 외모 또한 뛰어났는데, 자랄수록 더욱 아름다워졌답니다. 페르세포네는 대지의 신 데메테르의 딸답게 꽃과 열매, 곡식을 가꾸는 솜씨도 일품이었어요. 페르세포네가 다가가기만 해도 죽은 꽃과 나무가 살아날 정도였으니까요. 데메테르는 그런 페르세포네를 마음 속 깊이 사랑했어요. 그런데 어느 날 갑자기 산책을 나간 페르세포네가 사라지고 말아요.

"페르세포네! 너 어디 있는 거니? 페르세포네!"

데메테르는 흔적도 없이 사라져 버린 페르세포네를 찾아 헤맸어요. 언제나 부르기만 하면 함박웃음을 지으며 달려오던 딸이었건만, 이제는 아무리 목청껏 불러도 인기척조차 들리지 않았어요. 하루, 이틀, 사흘, 나흘……. 데메테르는 모든 걸 제쳐 두고 페르세포네를 찾는 일에만 매달렸어요.

대체 페르세포네는 어디로 간 것일까요? 사실 페르세포네는 지하 세계의 신 하데스에게 붙잡혀 있었어요. 얼음장 같이 차디찬 심장을 가진 하데스가 페르세포네를 보고 첫눈에 반해 버리고 말았거든요. 데메테르는 페르세포네가 지하 세계로 끌려갔다는 걸 알고는 제우스에게 달려가 사정했어요.

"제우스! 내 하나밖에 없는 딸 페르세포네를 어서 데리고 올 수 있게 도와줘요. 그렇지 않으면 난 이 땅에 풀 한 포기도 자랄 수 없게 만들겠어요!"

데메테르의 말대로 땅은 쩍쩍 갈라지고 곡식은 자라지 못했어요. 결국 제우스는 데메테르를 돕겠다고 약속하는데요. 조건이 있었어요.

"단 한 가지, 페르세포네가 지하 세계에서 어떤 음식도 입에 대지 않았다는 조건

혹시 궁금하지 않았나요?

처녀자리 * 대부분의 별자리들이 모양만 보고는 이름을 알아맞히기가 쉽지 않은데요. 봄철 남쪽 하늘에서 볼 수 있는 처녀자리는 머리와 몸통, 팔, 다리가 있는 사람 모습이에요. 황도 12궁의 여섯 번째 별자리랍니다. 보리 이삭을 들고 있는 왼손 끝(그림에서 아래쪽)에는 1등성 스피카가 반짝이고 있어요.

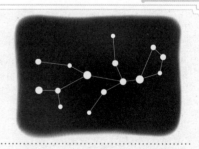

- **임명** 어떤 지위나 임무를 맡기는 걸 말해요. 제우스는 자신이 다스리는 하늘을 제외한 모든 걸 올림포스 12신에게 골고루 나눠 주었답니다.
- **황무지** 물을 대어 가꾸지 않은 듯 아무것도 자라지 않는 거친 땅을 말해요.

이오. 아주 조금이라도 먹을 걸 입에 댔다면 그땐 이미 늦은 거라오."

데메테르는 고개를 끄덕였어요. 하지만 데메테르가 페르세포네를 찾아갔을 때는 이미 페르세포네가 석류 한 알을 먹고 난 후였어요. 하데스의 아내가 된 페르세포네를 보고 데메테르는 눈물을 쏟으며 돌아와야 했지요. 페르세포네 역시 어머니와 함께 지상으로 돌아가지 못해 눈물로 세월을 보냈어요.

데메테르가 슬픔에 빠지자 땅은 아무것도 자라지 않는 황무지°가 되어 버렸어요. 보다 못한 제우스가 하데스를 설득했어요. 다행히 제우스의 도움으로 페르세포네는 1년 중 4개월만 지하에서 보내고 나머지는 지상에서 보낼 수 있게 되었어요.

데메테르는 페르세포네가 지상으로 올라올 때면 따뜻한 봄을, 함께 있는 즐거움에 들뜨면 여름을 만들어요. 그러다 지하로 돌아갈 날을 걱정하며 서늘한 가을을 불러오지요. 마침내 페르세포네가 지하로 가면 데메테르는 슬픔에 빠져 대지를 꽁꽁 얼려 버리는데요. 이것이 사계절이 생겨난 이유래요. 그래서 봄에 떠오르는 처녀자리를 두고 지하 세계에서 어머니를 만나러 지상으로 오는 페르세포네라고 한답니다.

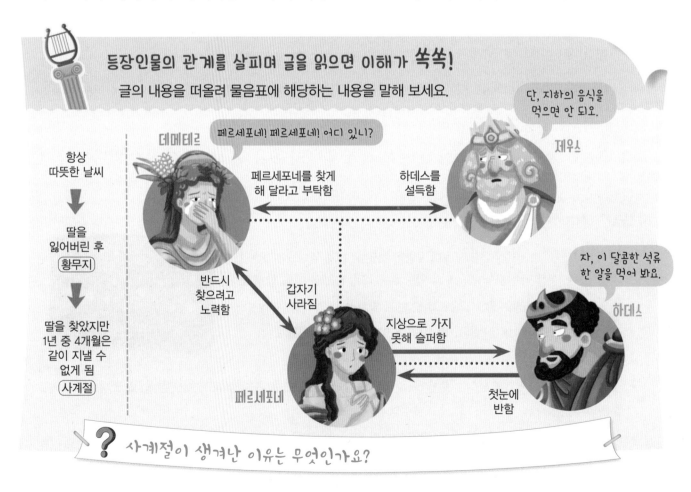

등장인물의 관계를 살피며 글을 읽으면 이해가 쏙쏙!
글의 내용을 떠올려 물음표에 해당하는 내용을 말해 보세요.

단, 지하의 음식을 먹으면 안 되오.

데메테르

페르세포네! 페르세포네! 어디 있니?

제우스

항상 따뜻한 날씨 ↓ 딸을 잃어버린 후 [황무지] ↓ 딸을 찾았지만 1년 중 4개월은 같이 지낼 수 없게 됨 [사계절]

페르세포네를 찾게 해 달라고 부탁함

하데스를 설득함

반드시 찾으려고 노력함

갑자기 사라짐

지상으로 가지 못해 슬퍼함

자, 이 달콤한 석류 한 알을 먹어 봐요.

하데스

페르세포네

첫눈에 반함

? 사계절이 생겨난 이유는 무엇인가요?

1 이야기와 만나는 문장 쓰기　다음 문장을 빈칸에 따라 써 보세요.

데	메	테	르	가		슬	픔	에		빠	지	자		땅	은		아	무
것	도		자	라	지		않	는		황	무	지	가		되	어		버	렸
어	요	.																

2 이해하는 문장 쓰기　하데스를 설득한 제우스는 페르세포네가 1년 동안 어떻게 지내도록 했나요?

하데스를 설득한 제우스는 　　　　　　　　　　　　　　　　　　다.

3 생각을 발견하는 문장 쓰기　페르세포네가 없는 겨울 동안 대지는 어떻게 변하나요?

페르세포네가 없는 동안 　　　　　　　　　　　　　　　　　　　다.

4 상상하는 문장 쓰기　만약 페르세포네가 붙잡혀 가지 않아 겨울이 없었다면 어땠을까요?

만약 겨울이 없었다면 　　　　　　　　　　　　　　　　　　　　다.

모아쓰기　위에서 답으로 쓴 네 문장을 연결해서 써 보세요. 하나의 근사한 글이 될 거예요.

마지막까지 인간을 지킨 신 아스트라이아

신들의 세계에서 큰 전쟁이 일어났다는 이야기를 목동자리 편에서 들려준 적이 있지요? 크로노스와 거인신족들이 한편, 크로노스의 아들 제우스와 그의 형제들이 다른 한편으로 나뉘어서 싸웠다는 이야기 말이에요. 기나긴 전쟁에서 제우스와 형제들이 이기자 세상을 지배하는 신은 바뀌었지요.

그렇다면 사람은 언제 처음 세상에 나타났고 어떤 모습으로 살고 있었을까요? 그리스 신화에서는 크로노스가 다스리던 시대부터라고 해요. 이 시대를 '금의 시대'라고 부르는데요. 신과 사람이 어울려 행복하기만 했기 때문이에요. 계절은 늘 따뜻해서 씨를 뿌리지 않아도 먹을 것이 넘쳐났고요. 사람들은 서로 사랑하고 나쁜 짓을 하지 않았답니다. 당연히 법도 필요 없었고 자연을 해치는 사람도 없었어요.

하지만 겨울이 생기면서 사정이 달라졌어요. 페르세포네가 하데스에게 잡혀 가고 봄, 여름, 가을, 겨울이 생겨난 걸 기억하나요? 사계절이 생겨난 후 '은의 시대'가 오자 사람들은 더위와 추위를 견뎌야 했어요. 먹을 것을 얻기 위해 농사도 지어야 했고요. 종일 땀 흘려 일해야 먹고 살 수 있었어요. 가끔 먹을 것을 더 많이 차지하기 위해 사람들 사이에 싸움도 일어났어요.

"또 싸움질이구나."

"서로 더 갖겠다고 매번 저렇게 싸우다니……. 쯧쯧쯧."

신들은 금의 시대를 그리워하며 하나 둘 하늘로 올라갔어요.

"떠납시다. 더는 두고 보지 못하겠어요."

"저도요. 함께 가지요."

무기를 만들어 서로 싸우기 시작한 '청동의 시대'가 오자 더 많은 신들이 떠나갔어요.

"아스트라이아, 거기서 뭐해요. 당신도 함께 가요."

"아니에요. 전 좀 더 있어 볼래요. 사람들이 다시 예전으로 돌아올 수도 있잖아요."

"그럴 리가 없어요. 사람들은 점점 더 나빠질 뿐이에요."

"그래도 어쩌면 제가 도움이 될지도 몰라요. 누가 더 잘못했는지 알려줄 수 있으니까요."

정의의 여신 아스트라이아는 신들의 설득에도 지상에 남았어요. 아스트라이아는 사람들이 예전처럼 사이좋게 지내게 될 거라고 믿었거든요. 또 아스트라이아의 오른손에는 항상 천칭●이 들려 있었는데요. 사람들 사이에 싸움이 일어나면 이들을 천칭 위에 올려놓고 잘잘못을 가려 주기 위해서였어요. 아스트라이아의 천칭에서 죄를 지은 사람은 접시가 내려가고 죄가 없는 사람은 접시가 올라갔지요.

혹시 궁금하지 않았나요?

천칭자리 ★ 황도 12궁의 일곱 번째 별자리인 천칭자리는 초여름 남쪽 밤 하늘에서 볼 수 있어요. 비교적 어두운 별들로 이루어져 있어 크게 눈에 띄지는 않지만 옛날에는 씨 뿌리는 시기를 알려 주는 별자리였기 때문에 중요하게 여겼답니다.

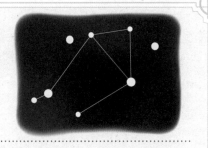

- **천칭** 저울과 비슷해요. 중간에 기둥처럼 축을 세우고 가로로 긴 막대를 걸어 양쪽에 접시를 놓아 무게를 비교하거나 한쪽 접시에 추를 놓아 무게를 잴 수 있어요.
- **인류** 세계의 모든 사람을 뜻해요. 본문에 나오는 조상은 아담과 이브처럼 가장 처음의 사람을 말해요.

'철의 시대'가 오자 상황은 더 심각해졌어요. 아스트라이아의 노력에도 사람들은 점점 더 나빠졌어요. 사람들은 서로 자신의 땅이라며 땅에 금을 그어 댔어요. 또 칼, 도끼와 같은 무기를 만드는 철을 구하려고 땅을 마구 파헤쳤지요. 끊임없이 전쟁이 일어났고 땅은 피로 물들었어요.

'아, 아무리 노력해도 소용이 없는 것일까.'

사람들을 지켜보던 아스트라이아의 마음은 찢어질 듯 아팠어요. 옳고 그른 것을 구분하는 일도 의미 없게 느껴졌지요. 결국 아스트라이아마저 인간을 포기하고 하늘로 올라갔어요. 아스트라이아의 천칭은 마지막까지 사람들 곁을 지켰던 아스트라이아의 정신을 기리기 위해 하늘에 올려졌어요. 그게 바로 천칭자리랍니다.

그 후에 인간들은 어떻게 됐냐고요? 머리끝까지 화가 난 제우스는 인간들을 벌하기 위해 세상을 물바다로 만들었어요. 끝도 없이 장대비가 쏟아졌고 강과 바다가 넘쳐 땅 위의 모든 것들을 쓸어 버렸대요. 이때 살아남은 남자와 여자 단 두 사람이 지금 인류●의 조상이랍니다. 물론 그리스 신화 속 이야기지만요.

등장인물의 관계를 살피며 글을 읽으면 이해가 쏙쏙!

글의 내용을 떠올려 물음표에 해당하는 내용을 말해 보세요.

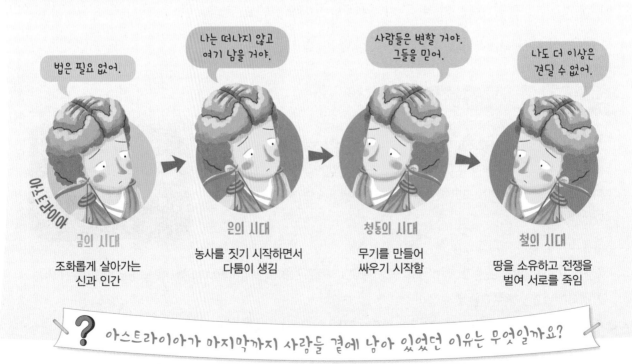

1 이야기와 만나는 문장 쓰기   다음 문장을 빈칸에 따라 써 보세요.

	정	의	의		여	신		아	스	트	라	이	아	는		신	들	의
설	득	에	도		지	상	에		남	았	어	요	.						

2 이해하는 문장 쓰기   아스트라이아를 뺀 다른 신들은 서로 싸우는 인간들을 보고 어떻게 했나요?

신들은   다.

3 생각을 발견하는 문장 쓰기   결국 아스트라이아까지 인간 세계를 버리고 떠난 이유는 무엇이었나요?

인간들이   다.

4 상상하는 문장 쓰기   여러분이 아스트라이아였다면 신들이 함께 떠나자고 했을 때 어떻게 했을까요?

내가 아스트라이아였다면   다.

● 모아쓰기 ●   위에서 답으로 쓴 네 문장을 연결해서 써 보세요. 하나의 근사한 글이 될 거예요.

등장인물을 기억해 볼까요?

아래 퍼즐에는 1장 봄철 별자리에서 만나 본 등장인물의 이름이 숨어 있습니다.
가로와 세로 두 방향으로 등장인물의 이름을 찾아 동그라미 표시해 보세요.

 인물소개

1. 전 세계에서 사랑 받는 가장 힘이 센 그리스의 위대한 영웅이에요.
2. 제우스의 아버지예요. 제우스의 형제들을 잡아 먹었어요.
3. 땅끝에서 하늘을 떠받치는 벌을 받은 거인신족 중 하나예요.
4. 태양의 신이면서 음악, 예언, 의술 등 못하는 게 없는 신이에요.
5. 원래는 은빛 날개를 가졌는데 벌을 받아서 까맣게 변해 버린 까마귀예요.
6. 대지의 신으로 잃어버린 딸을 찾아 지하 세계까지 갔어요.
7. 올림포스 12신 중 최고신으로 변신의 귀재입니다.
8. 제우스와 데메테르 사이의 하나밖에 없는 딸이에요.
9. 정의의 신으로 한쪽 손에 천칭을 들고 있어요.

제	이	헤	크	로	노	스
으	데	라	레	아	폴	론
키	메	클	이	틀	라	피
피	테	레	카	라	스	데
제	우	스	노	스	아	메
이	페	르	세	포	네	테
아	스	트	라	이	아	르

2장
여름철의 별자리

아르테미스가 사랑한 유일한 사냥꾼

그리스 신화에서 가장 크고 잘생긴 사냥꾼을 꼽으라면 단연 오리온이에요. 마트에서 쉽게 볼 수 있는 과자 회사 이름인 오리온도 여기에서 나왔답니다. 오리온은 오리온자리라는 별자리로도 잘 알려져 있어요. 이번에 소개할 전갈자리는 이 오리온자리와 떼려야 뗄 수 없는 별자리입니다.

바다의 신 포세이돈의 아들인 오리온은 거인인데다 힘도 세고 잘생기기까지 해서 많은 여신들의 사랑을 받았어요. 포세이돈은 특별히 오리온에게 바다 아래를 걸어 다닐 수 있는 능력을 주었는데요. 덕분에 오리온은 머리만 내밀고 걸어서 바다를 건널 수도 있었답니다. 또 오리온은 아주 뛰어난 사냥꾼이기도 했어요. 이 세상에 오리온이 잡지 못하는 사냥감은 없다는 소문이 돌 정도였지요.

키오스섬에 괴물이 나타나 많은 사람들을 해칠 때도 오리온이 있어 다행이었어요. 키오스섬의 공주 메로페에게 홀딱 반한 오리온이 괴물을 손쉽게 물리쳤으니까요.

메로페도 힘세고 잘생긴 오리온이 무척 마음에 들었어요.

하지만 메로페의 아버지 오이노피온 왕은 오리온과의 결혼을 허락하지 않았어요. 오히려 오리온의 술에 약을 타서 쫓아내려 했지요. 약을 탄 술을 마신 오리온은 앞이 보이지 않았어요. 고생 끝에 태양신 헬리오스를 만나고 나서야 시력을 되찾을 수 있었답니다.

"이 세상에서 나보다 강한 자가 있으면 어디 한번 나와 보시지."

헬리오스 덕분에 시력을 되찾은 오리온은 이전보다 더 의기양양®해졌어요.

이런 오리온을 눈여겨보는 두 여신이 있었어요. 하나는 제우스의 아내 헤라였고 또 하나는 달의 여신 아르테미스였어요.

헤라에게 오리온은 눈엣가시였어요.

'저런 거만하고 오만한 자식을 혼내 줄 방법이 없을까?'

헤라는 호시탐탐® 오리온을 해칠 생각을 했어요. 버젓이 신들이 보고 있는 와중에도 자신이 최고라고 큰소리치는 오리온이 꼴사나웠거든요.

'옳지! 포세이돈이 지키고 있는 바다에서는 해치기 어려우니 사막을 지날 때 공격해야겠어.'

헤라는 오리온이 사막을 지날 때 거대한 전갈을 풀어놓아 죽이려 했어요. 하지만 오리온은 뛰어난 활 솜씨로 전갈을 한 번에 쏘아 죽여 버렸어요. 헤라의 계획은 또다시 실패하고 말았답니다.

혹시 궁금하지 않았나요?

전갈자리* 황도 12궁의 여덟 번째 별자리인 전갈자리는 꼬리가 길고 휘어진 전갈의 모습을 그대로 보여주고 있어요. 전갈과 오리온은 모두 별자리가 되었지만 서로 반대편에 위치해 있는 까닭에 전갈은 절대 오리온을 잡을 수 없어요. 전갈자리가 떠오르는 여름에 오리온은 동쪽으로 숨어버리고 오리온이 떠오르는 겨울에 전갈자리는 반대편으로 쫓겨나거든요.

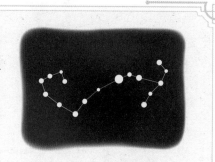

• **의기양양** 하고 싶어 하던 것을 이루고 자랑스럽게 뽐내는 모양을 나타내는 한자말이에요.
• **호시탐탐** 호랑이가 눈을 부릅뜨고 먹이를 노려본다는 뜻으로 가만히 기회를 엿볼 때 쓰는 말이에요.

반면 또 다른 여신인 아르테미스는 오리온을 아주 많이 사랑했어요. 아르테미스는 사냥의 여신이기도 했는데, 오리온이 사냥하는 모습을 보고 사랑에 빠지고 말았던 거예요. 아르테미스는 태양의 신 아폴론과 쌍둥이였는데요. 아폴론은 아르테미스와 오리온이 친하게 지내는 게 영 못마땅했어요. 거만한 오리온이 아르테미스와 결혼이라도 하는 날에는 콧대가 하늘을 찌를 게 분명해 보였거든요.

어느 날 아폴론은 바다를 건너는 오리온을 보고는 다급히 아르테미스를 불렀어요.

"아르테미스, 아무리 화살을 잘 쏘는 너라도 저 멀리 바다에 떠 있는 점을 맞출 수는 없겠지?"

아르테미스는 아폴론의 말에 코웃음을 치며 화살을 쏘았어요. 화살은 정확히 목표물을 맞혔지요. 목표물은 다름 아닌 오리온이었는데도요. 결국 오리온은 자신을 끔찍이도 사랑하는 여신에게 화살을 맞아 죽고 말았어요.

아르테미스는 눈물을 흘리며 오리온을 별자리로 올려 주었고요. 헤라는 오리온을 공격한 전갈을 별자리로 만들었답니다.

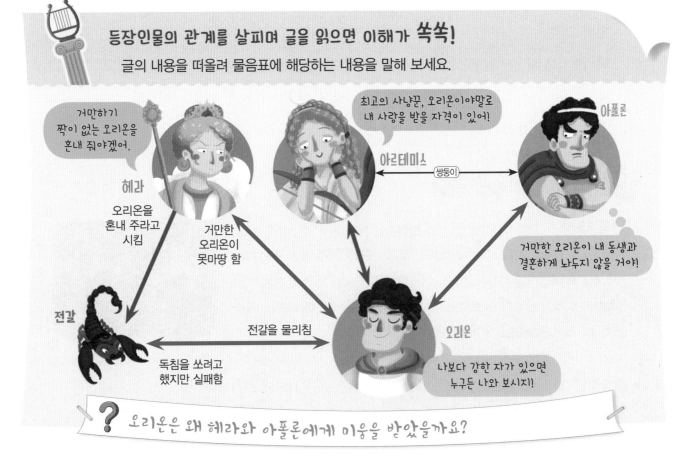

등장인물의 관계를 살피며 글을 읽으면 이해가 쏙쏙!
글의 내용을 떠올려 물음표에 해당하는 내용을 말해 보세요.

거만하기 짝이 없는 오리온을 혼내 줘야겠어.

최고의 사냥꾼, 오리온이야말로 내 사랑을 받을 자격이 있어!

아폴론

아르테미스
쌍둥이

헤라
오리온을 혼내 주라고 시킴

거만한 오리온이 못마땅 함

거만한 오리온이 내 동생과 결혼하게 놔두지 않을 거야!

전갈

전갈을 물리침

독침을 쏘려고 했지만 실패함

오리온

나보다 강한 자가 있으면 누구든 나와 보시지!

? 오리온은 왜 헤라와 아폴론에게 미움을 받았을까요?

1 이야기와 만나는 문장 쓰기   다음 문장을 빈칸에 따라 써 보세요.

"	이		세	상	에	서		나	보	다		강	한		자	가		있
으	면		어	디		한	번		나	와		보	시	지	.	"		

2 이해하는 문장 쓰기   오리온은 스스로를 어떤 사람이라고 생각했나요?

오리온은   다.

3 생각을 발견하는 문장 쓰기   오리온이 자신을 높이 평가한 까닭은 무엇일까요?

오리온은   때문입니다.

4 상상하는 문장 쓰기   여러분이 헤라가 보낸 전갈이고 또 말을 할 수 있다면, 죽기 전 오리온에게 뭐라고 말했을까요?

내가 헤라의 전갈이라면   다.

모아쓰기   위에서 답으로 쓴 네 문장을 연결해서 써 보세요. 하나의 근사한 글이 될 거예요.

지하 세계까지 감동시킨 오르페우스의 연주

　여러분은 음악을 듣고 눈물을 흘리거나 가슴이 두근거린 적 있나요? 때로는 감미로운 음악 한 곡이 마술처럼 우리의 마음을 바꾸어 놓을 때가 있는데요. 옛날 그리스에서도 음악으로 세상을 감동시킨 사람이 있었어요. 바로 오르페우스였답니다.

　오르페우스는 태양과 음악의 신인 아폴론과 음악의 아홉 여신 중 하나인 칼리오페 사이에서 태어났어요. 아버지와 어머니 모두 음악의 신이었으니 오르페우스가 얼마나 대단한 음악가였는지는 말하지 않아도 상상할 수 있겠지요?

　오르페우스에게는 아버지 아폴론이 물려준 리라가 있었어요. 거북이 등껍질에 줄을 이어 만든 리라는 지금의 하프와 비슷하게 생겼는데요. 보통은 허벅지 위에 올려 두고 손가락으로 줄을 뜯어 소리를 낸답니다.

　오르페우스가 리라를 연주할 때면 동물, 나무, 꽃, 심지어는 바위까지도 귀를 기울렸어요. 그 음악이 얼마나 아름다웠던지 지나가던 바람도 걸음을 멈출 정도였지요. 이런 오르페우스에게 사랑하는 여인이 있었어요. 숲의 요정 에우리디케였어요.

"에우리디케, 당신이 없는 하루는 상상할 수 없어요. 나와 결혼해 주겠어요?"

"오르페우스, 나 역시 당신 없이는 살 수 없어요. 우리 평생 함께 서로 사랑하며 살아요."

오르페우스와 에우리디케는 요정들의 축복 속에서 결혼식을 올렸어요. 사랑하는 에우리디케를 아내로 맞은 오르페우스는 세상에 부러울 게 하나도 없었지요. 하지만 행복은 오래가지 않았어요. 결혼식을 한 다음 날, 에우리디케가 독사에 물려 죽고 말았거든요. 슬픔에 빠진 오르페우스는 몇 날 며칠 물 한 모금 먹지 않고 울부짖었어요. 신들에게 에우리디케를 되살려 달라고 애원도 해 보았지요.

'이럴 게 아니야. **내가 직접 지하 세계에 가서 에우리디케를 데리고 와야겠어.**'

오르페우스는 에우리디케를 찾아 지하 세계에 가기로 결심했어요. 그 누구도 가 본 적 없는 길이었지요. 지하 세계는 세상의 끝에서 아홉 낮, 아홉 밤을 떨어진 후 스틱스강*을 지나 머리 셋 달린 괴물 케르베로스*가 지키는 문을 통과해야 겨우 닿을 수 있는 곳이었어요. 하지만 오르페우스는 어려움이 닥칠 때마다 감미로운 리라 연주로 간신히 지하 세계에 들어갈 수 있었어요.

드디어 지하 세계의 신 하데스와 그의 아내 페르세포네의 앞까지 가게 된 오르페우스. 에우리디케를 돌려 달라고 간절히 부탁하며 음악을 연주하기 시작해요. 에우리

혹시 궁금하지 않았나요?

리라자리* 리라자리는 우리나라에서 거문고자리로 더 잘 알려져 있어요. 거문고로 바꿔 부른 이유는 리라가 아주 옛날에 연주된 악기이고 줄을 뜯어 소리 낸다는 점에서 거문고와 비슷하기 때문이에요. 전갈자리와 함께 대표적인 여름 별자리인 리라자리는 천정점인 우리 머리 바로 위 꼭대기 은하수 부근에서 찾을 수 있어요.

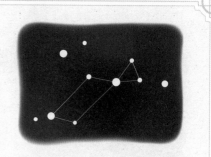

- **스틱스강** 스틱스강은 저승을 일곱 바퀴 돌아 흐르는 강으로 절대로 살아 있는 사람이 건널 수 없는 강이에요.
- **케르베로스** 저승 세계의 입구를 지키는 머리가 셋인 괴물로 영혼이 밖으로 나가지 못하도록 감시하는 역할을 해요.

디케를 향한 안타까운 사랑 노래는 하데스의 얼음장 같던 마음도 움직이고 마는데요. 하데스는 에우리디케와 돌아가는 대신, 지상으로 올라가기 전까지는 절대로 뒤를 돌아봐선 안 된다고 말해요.

오르페우스는 절대로 뒤돌아보지 않겠다고 약속하며 왔던 길을 되돌아갔어요. 머리 셋 달린 괴물 케르베로스를 지나고 스틱스강을 건너 아홉 밤과 아홉 낮 동안 지상을 향해 올라갔지요. 마침내 멀리서 빛이 보이자 기쁨에 들뜬 오르페우스가 자신도 모르게 뒤를 돌아보았어요. 그 순간 뒤따르던 에우리디케가 눈 깜짝할 사이 지하 세계로 빨려 들어가고 말았어요. 오르페우스는 다시 지하 세계로 향했지만 이번에는 스틱스강을 건널 수조차 없었어요.

지상으로 올라온 오르페우스는 전보다 더 깊은 슬픔에 빠져 먹지도 자지도 않았어요. 결국 죽음에 이르러서야 스틱스강을 건널 수 있었지요.

가여운 오르페우스! 제우스는 그가 두고 간 리라를 하늘에 올려 별자리로 만들어 주었어요. 그 별자리가 리라자리랍니다.

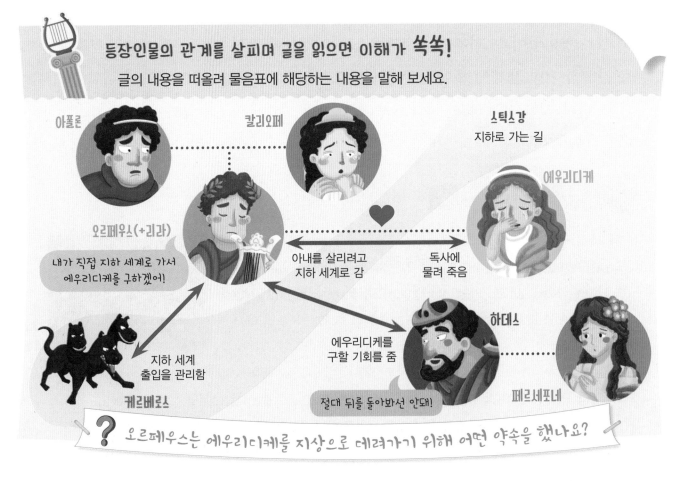

등장인물의 관계를 살피며 글을 읽으면 이해가 쏙쏙!

글의 내용을 떠올려 물음표에 해당하는 내용을 말해 보세요.

아폴론

칼리오페

스틱스강
지하로 가는 길

에우리디케

오르페우스(+리라)

내가 직접 지하 세계로 가서 에우리디케를 구하겠어!

아내를 살리려고 지하 세계로 감

독사에 물려 죽음

지하 세계 출입을 관리함

케르베로스

에우리디케를 구할 기회를 줌

절대 뒤를 돌아봐선 안돼!

하데스

페르세포네

❓ 오르페우스는 에우리디케를 지상으로 데려가기 위해 어떤 약속을 했나요?

1 **이야기와 만나는 문장 쓰기** 다음 문장을 빈칸에 따라 써 보세요.

'	내	가		직	접		지	하		세	계	에		가	서		에	우
리	디	케	를		데	리	고		와	야	겠	어	.	'				

2 **이해하는 문장 쓰기** 오르페우스는 무엇을 통과해서 지하 세계로 갔나요?

오르페우스는   다.

3 **생각을 발견하는 문장 쓰기** 오르페우스가 험난한 지하 세계까지 갈 수 있었던 건 무엇 때문이었나요?

오르페우스가   다.

4 **상상하는 문장 쓰기** 여러분이 죽은 에우리디케라면 지하 세계로 찾아 온 오르페우스에게 뭐라고 할까요?

내가 죽은 에우리디케라면   다.

모아쓰기 위에서 답으로 쓴 네 문장을 연결해서 써 보세요. 하나의 근사한 글이 될 거예요.

사랑을 얻기 위한 제우스의 변신

　미운 오리 새끼가 자라나 백조가 된다는 동화 〈미운 오리 새끼〉와 마법에 의해 백조로 변한 공주의 사랑을 그린 〈백조의 호수〉 이야기를 알고 있나요? 온몸이 하얗고 우아한 백조의 모습은 전 세계 많은 사람들에게 수많은 상상을 불러왔어요. 백조에 대한 시와 노래, 동화가 많은 이유랍니다. 별자리에도 백조자리가 있어요. 어떤 사연으로 생겨난 자리인지 알아볼까요?

　헤라의 눈을 피해 많은 여신, 여인과 사랑을 나눈 제우스를 기억하고 있지요? 이번 백조자리는 바로 그 제우스의 또 다른 사랑 이야기와 관련이 있어요. 옛날 그리스는 여러 도시국가°가 모여서 하나의 나라를 이루었어요. 그중에 스파르타라는 도시국가도 있었어요. **스파르타에는 아름답기로 유명한 레다 왕비가 살았답니다.**

　"거참. 정말 아름다우시단 말이야."

　"누구 말인가?"

　"누구긴 누구야. 레다 왕비님 말이지. 방금 내가 궁에 잠깐 다녀오지 않았겠나.

마침 레다 왕비님이 지나가는 걸 봤는데 소문보다 더하면 더했지 덜하지는 않더군. 그리스 최고의 미녀라고 해도 지나친 말은 아닐세."

"과연 소문이 사실이었군."

두 남자의 말을 유심히 듣고 있던 아프로디테가 올림포스 신전으로 돌아와 불평했어요.

"도대체 사람들은 알다가도 모르겠어. 언제는 내가 가장 예쁘다고 난리더니……."

그리스를 대표하는 아름다움의 여신 아프로디테가 그런 말을 들었으니 기분이 나쁠 만도 했지요.

"아프로디테, 무슨 일 있었니?"

왕좌에 앉아 지켜보던 제우스가 다정하게 물었어요. 아프로디테는 제우스에게 레다 왕비의 소문에 대해 말했답니다. 아프로디테의 말을 전해 들은 제우스는 조금이라도 빨리 레다 왕비를 보고 싶어 몸이 들썩거렸어요. 하지만 제우스는 아내 헤라의 눈을 피할 방법을 생각해야 했어요. 제우스가 다른 여인에게 관심을 두는 걸 헤라가 절대 지켜만 볼 리 없으니까요.

"백조로 변신하면 어떨까요? 레다 왕비는 에우로타스강에서 목욕하기를 좋아하니까요."

"옳지! 좋은 생각이구나."

제우스는 아프로디테의 말을 듣고는 순식간에 백조로 변했어요. 그사이 기분이

혹시 궁금하지 않았나요?

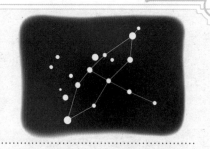

백조자리 ★ 백조가 두 날개를 쭉 펴고 날아가는 모습인 백조자리는 여름철에 천구의 천정 부근에서 찾아볼 수 있어요. 은하수를 가로질러 날아가는 백조의 머리가 땅으로 향해 있어 당장이라도 레다 왕비를 찾아갈 것만 같은 모습이에요.

• **도시국가** 옛 그리스는 수십 여 개국의 도시국가로 이루어져 있었어요. 이들 도시국가를 '폴리스'라고도 했는데, 하나의 생활공동체라는 의미였지요. 폴리스들 중에서 지금의 국가와 가장 유사한 형태의 두 나라가 바로 아테네와 스파르타였답니다.

풀린 아프로디테는 독수리로 변신했고요. 두 신은 레다 왕비가 시녀들과 함께 목욕하고 있는 에우로타스강 근처로 날아갔어요. 과연 레다 왕비는 소문대로 투명하리만치 하얀 피부와 별빛처럼 빛나는 두 눈을 가진 아름다운 여인이었어요.

제우스는 레다 왕비를 보는 순간 사랑에 빠져 버렸어요. 좋은 생각이 떠오른 제우스는 아프로디테에게 자신을 공격하라는 신호를 보냈어요. 독수리로 변한 아프로디테는 제우스를 공격하는 시늉을 했지요. 이때다 싶었던 제우스는 레다 왕비의 품에 달려들었어요. 레다 왕비는 독수리를 피해 자신에게 오는 백조를 품에 꼭 안아 주었답니다. 백조자리는 바로 레다 왕비에게 다가가기 위해 변신한 제우스의 모습이에요.

그 후 레다 왕비는 어떻게 됐냐고요? 몇 개월 후 레다 왕비는 두 개의 알을 낳았어요. 알에서는 네 명의 아이들이 태어났지요. 이중 헬레네는 레다 왕비를 닮아 그 누구보다 빼어난 아름다움으로 그리스 역사를 뒤바꿔 놓았고요. 형제 사랑이 남달랐던 폴룩스와 카스토르는 함께 별자리가 되었답니다. 폴룩스와 카스토르의 이야기는 겨울철 별자리 쌍둥이자리에서 다시 만나 보도록 해요.

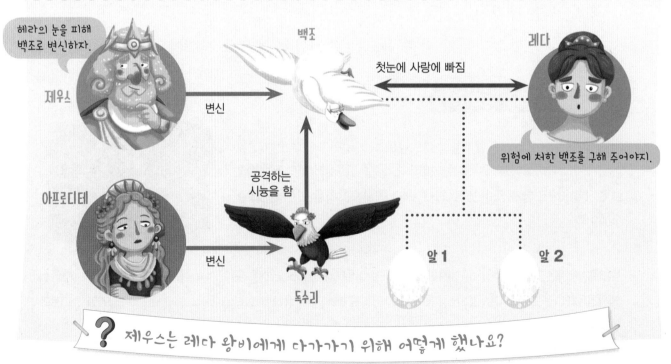

등장인물의 관계를 살피며 글을 읽으면 이해가 **쏙쏙!**

글의 내용을 떠올려 물음표에 해당하는 내용을 말해 보세요.

헤라의 눈을 피해 백조로 변신하자.

제우스

백조

변신

레다

첫눈에 사랑에 빠짐

위험에 처한 백조를 구해 주어야지.

아프로디테

변신

공격하는 시늉을 함

독수리

알1

알2

? 제우스는 레다 왕비에게 다가가기 위해 어떻게 했나요?

1 이야기와 만나는 문장 쓰기   다음 문장을 빈칸에 따라 써 보세요.

스	파	르	타	에	는		아	름	답	기	로		유	명	한		레	다
왕	비	가		살	았	답	니	다	.									

2 이해하는 문장 쓰기   백조로 변한 제우스는 레다 왕비 앞에서 어떻게 했나요?

백조로 변한 제우스는   다.

3 생각을 발견하는 문장 쓰기   레다 왕비는 알 2개를 낳고 어떤 생각을 했을까요?

알을 낳은 레다 왕비는   다.

4 상상하는 문장 쓰기   여러분이 제우스라면 레다 왕비를 만나기 위해 어떻게 했을까요?

내가 제우스라면   다.

모아쓰기   위에서 답으로 쓴 네 문장을 연결해서 써 보세요. 하나의 근사한 글이 될 거예요.

죽은 사람을 살리고 벌을 받은 아스클레피오스

아폴론이 사랑한 사람 중에는 테살리아의 공주 코로니스가 있었어요. 아폴론과 코로니스의 안타까운 사랑 이야기는 까마귀자리 편에서 들려준 적이 있지요? 아폴론이 자신을 두고 다른 남자와 결혼해 버린 코로니스에게 화살을 쏘았던 일을 기억하나요? 아폴론은 후회의 눈물을 흘렸지만 코로니스는 끝내 죽고 말았어요. 그나마 다행스러운 건 죽어 가는 코로니스의 몸에서 아이를 꺼내 살려 낸 일인데요. 아폴론은 아이에게 아스클레피오스라는 이름을 붙여 주었어요.

아폴론은 아스클레피오스를 세상에서 가장 지혜롭기로 유명한 케이론에게 맡겼어요. 케이론은 허리 위로는 사람의 모습을, 허리 아래로는 말의 모습을 한 켄타우로스족이었어요. 켄타우로스족은 대체로 성격이 급하고 생각이 짧았지만 케이론만큼은 인간과 신을 능가할 만큼 머리가 좋았다고 해요.

아스클레피오스는 케이론과 함께 지내며 많은 것을 배웠어요. 지리, 역사, 자연……. 그중에서도 의학에 대한 지식들을 스펀지처럼 빨아들였답니다. 덕분에 어느 순간부터 의학만은 선생님 케이론의 실력을 훌쩍 뛰어넘었어요. 이제 아스클레피오스가 치료하지 못하는 병은 없었어요. 게다가 신비한 힘을 가진 뱀●에게서 죽은 사람을 살리는 방법까지 알게 되었지요. 뱀을 통해 생명의 비밀을 알게 된 아스클레피오스는 그날부터 뱀 모양 지팡이를 들고 다니기도 했어요.

하지만 케이론은 아스클레피오스의 의술●이 문제가 될까봐 걱정했어요.

"아스클레피오스야, 넌 아무도 넘보지 못하는 의술을 가졌지만 절대 이를 함부로 사용해서는 안 된다. 알겠지?"

케이론의 걱정은 곧 현실이 되었답니다. 어느 날이었어요. 아스클레피오스는 아테네의 왕 테세우스가 자신을 다급히 찾는다는 말을 듣고 궁으로 들어갔어요.

"아스클레피오스여, 제발 나의 사랑하는 아들을 살려 주시오. 분명 그대라면 할 수 있을 거요."

왕은 아스클레피오스에게 마차 사고로 죽은 아들을 살려 달라고 애원했어요.

"왕이시여, 제가 아무리 뛰어나다 한들 죽은 사람을 되살릴 수 있겠습니까?"

"제발……, 제발…… 살려 주시오. 내 목숨보다 귀한 자식이라오. 제발……."

테세우스의 간절한 부탁을 차마 거절하지 못한 아스클레피오스는 죽은 왕자에게 생명

혹시 궁금하지 않았나요?

뱀주인자리* 가늘고 긴 오각형 모양의 뱀주인자리는 뱀자리와 겹치기도 하는데요. 두 별자리를 합쳐서 보면 두 손으로 꿈틀거리는 뱀을 붙잡고 있는 아스클레피오스의 모습이 보인답니다. 뱀주인자리의 남쪽으로 황도가 지나가기 때문에 황도 13궁이라고 불리기도 해요.

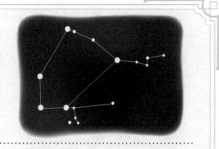

- **뱀** 옛 그리스 사람들은 여러 번 허물을 벗는 뱀을 통해 죽음을 이겨내는 생명력을 보았다고 해요. 아스클레피오스가 들고 다닌 뱀 지팡이처럼 서양에서 뱀은 의학을 상징하기도 한답니다.
- **의술** 인간을 질병에서 구하고 건강한 삶을 살게 만드는 법을 연구하는 학문을 말해요.

의 약을 먹였어요. 그러자 멈췄던 왕자의 심장이 다시 뛰고 검게 변했던 얼굴도 복숭아 빛으로 돌아왔지요. 테세우스는 기쁨의 눈물을 흘리며 살아 돌아온 아들을 품 안에 꼭 안았답니다.

이 모습을 멀리서 지켜본 신이 있었으니 그는 다름 아닌 지하 세계의 신 하데스였어요. 하데스는 죽어야 할 사람이 다시 살아나는 걸 보고 머리끝까지 화가 났어요. 하데스는 제우스에게도 이 사실을 알렸지요.

"누가 감히 세상의 질서를 어지럽힌단 말인가?"

제우스는 아스클레피오스에게 벼락을 내리쳤어요. 벼락을 맞은 아스클레피오스는 테세우스의 아들 대신 지하 세계에 가고 말았답니다.

아폴론은 자신의 아들 아스클레피오스가 죽은 걸 알고는 크게 슬퍼했어요. 제우스는 아폴론을 달래고 아스클레피오스의 뛰어난 의술을 기리기 위해 뱀주인자리를 만들었어요. 그래서 뱀주인자리를 자세히 살펴보면 뱀을 붙잡고 있는 아스클레피오스가 보인답니다.

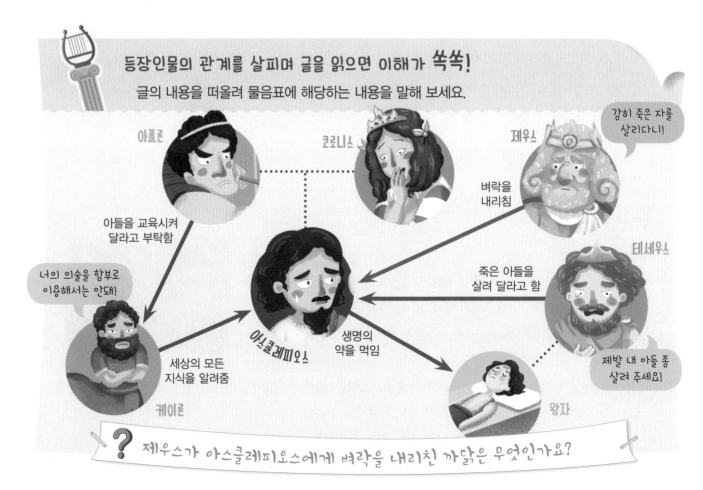

등장인물의 관계를 살피며 글을 읽으면 이해가 쏙쏙!

글의 내용을 떠올려 물음표에 해당하는 내용을 말해 보세요.

감히 죽은 자를 살리다니!

아폴론

코로니스

제우스

벼락을 내리침

아들을 교육시켜 달라고 부탁함

너의 의술을 함부로 이용해서는 안돼!

아스클레피오스

세상의 모든 지식을 알려줌

케이론

생명의 약을 먹임

죽은 아들을 살려 달라고 함

테세우스

제발 내 아들 좀 살려 주세요!

왕자

제우스가 아스클레피오스에게 벼락을 내리친 까닭은 무엇인가요?

1 이야기와 만나는 문장 쓰기 다음 문장을 빈칸에 따라 써 보세요.

테	세	우	스	의		간	절	한		부	탁	을		차	마		거	절
하	지		못	한		아	스	클	레	피	오	스	는		죽	은		왕	자
에	게		생	명	의		약	을		먹	였	어	요	.					

2 이해하는 문장 쓰기 하데스의 말을 전해 들은 제우스는 어떻게 했나요?

제우스는   다.

3 생각을 발견하는 문장 쓰기 아스클레피오스가 죽은 왕자를 살린 것을 보고 신들은 왜 화가 났을까요?

아스클레피오스가   때문입니다.

4 상상하는 문장 쓰기 여러분이 아스클레피오스였다면 테세우스의 부탁을 받고 어떻게 했을까요?

내가 아스클레피오스였다면   다.

모아쓰기 위에서 답으로 쓴 네 문장을 연결해서 써 보세요. 하나의 근사한 글이 될 거예요.

그리스 최고의 스승 케이론

궁수자리는 케이론을 기리는 별자리예요. 케이론에 대해서는 뱀주인자리에서 이 야기한 적 있었지요? 지혜로운 케이론이 아스클레피오스에게 의술을 가르쳤다고 말 이에요.

케이론의 아버지는 크로노스예요. 맞아요! 제우스의 아버지이기도 하지요. 어머 니는 요정이고요. 요정은 신과 인간 중간 정도에 속해 있다고 보면 되는데요. 아버지 는 한때 신 중에서도 가장 높은 최고신이었고 어머니도 신에 가까웠으니 케이론의 부 모는 모두 신이라고 할 수 있어요.

신이 인간과 가장 크게 다른 점은 죽지 않는다는 것이에요. 케이론 역시 상처를 입거나 공격을 당하더라도 절대 죽지 않는 신이었지요. 케이론은 반은 사람이고 반은 말인 켄타우로스족에 속했지만 모습이 같을 뿐 성격은 판이하게 달랐어요.

켄타우로스족이 산이나 들을 뛰어다니며 사냥을 할 때 케이론은 세상의 이치를 발견하고 탐구하는 데 관심을 기울였지요. 아폴론과 아르테미스는 케이론에게 음악, 의술, 사냥술 등을 알려 줬어요. 아폴론은 케이론에게 앞날의 일을 점칠 수 있도록 예언●하는 법을 가르쳐 주기도 했어요. 이처럼 신들에게 가르침을 받은 케이론은 그리스 최고의 선생님이 될 수 있었답니다.

케이론을 거쳐 간 제자들은 모두 내로라하는 인물들이었어요. 죽은 사람도 살려낸 의술의 천재 아스클레피오스는 물론이고요. 그리스 최고의 영웅 헤라클레스와 트로이 전쟁의 영웅 아킬레우스, 황금 양털을 찾으러 떠난 아르고 원정대의 대장 이아손도 있었지요. 그중 12가지 과제를 해내야 했던 헤라클레스가 케이론을 찾아왔어요.

"선생님! 에리만토스에 논과 밭을 엉망으로 만들고 사람까지 해치는 멧돼지가 있다고 들었는데 맞나요?"

"에리만토스의 멧돼지가 골치 아프긴 하지. 멧돼지를 해치우는 것이 다음 과제인가?"

헤라클레스가 고개를 끄덕였어요. 헤라클레스에게는 12가지 과제가 주어졌는데 에리만토스의 멧돼지는 그의 네 번째 과제였지요.

"내일 멧돼지가 있는 곳을 알려줄 테니 오늘은 푹 쉬도록 해."

케이론은 헤라클레스에게 쉴 곳을 마련해 주었어요.

헤라클레스가 온 걸 알게 된 켄타우로스족은 그를 환영한다는 핑계●로 선물 받은

★혹시 궁금하지 않았나요?

궁수자리 ★ 여름부터 초가을까지 볼 수 있는 궁수자리는 황도 12궁의 아홉 번째 별자리에요. 궁수는 활을 쏘는 사람을 말하는데요. 상반신은 사람이고 하반신은 말인 케이론은 활을 매우 잘 쏘았다고 해요. 그래서 케이론을 기리는 궁수자리 역시 활시위를 당기고 있는 케이론의 모습을 하고 있답니다.

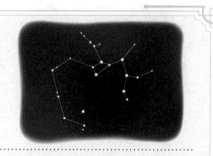

- **예언** 앞으로 다가올 일을 미리 알거나 짐작해서 말하는 거예요.
- **핑계** 내키지 않은 상황을 피하거나 사실을 감추기 위해 다른 일을 내세우는 걸 뜻해요.

포도주를 꺼내 왔어요. 그전까지는 케이론이 반대하는 바람에 술을 전혀 맛보지 못했거든요. 아니나 다를까 켄타우로스들은 포도주를 맛보고는 정신없이 뛰어다니기 시작했어요. 원래 성격이 거친 데다가 난생 처음 포도주를 맛보았으니 흥분을 누를 길이 없었지요.

거침없이 달려드는 켄타우로스들을 피하던 헤라클레스는 화가 나서 활을 쏘았어요. 그 사이 동굴에 있던 케이론도 밖으로 나와 켄타우로스들을 말리고 있었는데요. 마침 헤라클레스의 화살이 케이론에게 날아가 케이론의 발을 맞혔어요. 웬만한 상처나 공격에도 끄떡없는 케이론이었지만 히드라의 독이 묻은 헤라클레스의 화살은 전혀 달랐어요. 상처는 낫지 않고 날이 갈수록 심해졌지요. 케이론은 온몸이 찢어지는 고통에 몸부림쳤어요.

"제우스 신이시여! 저를 딱히 여기신다면 제발 그만 저를 죽여 주세요."

고통 속에서 영원히 사느니 죽기를 원한 케이론. 제우스는 그의 소원을 들어주었어요. 그리하여 케이론은 제자들의 머리 위에서 영원히 빛나는 별이 되었답니다.

등장인물의 관계를 살피며 글을 읽으면 이해가 쏙쏙!

글의 내용을 떠올려 물음표에 해당하는 내용을 말해 보세요.

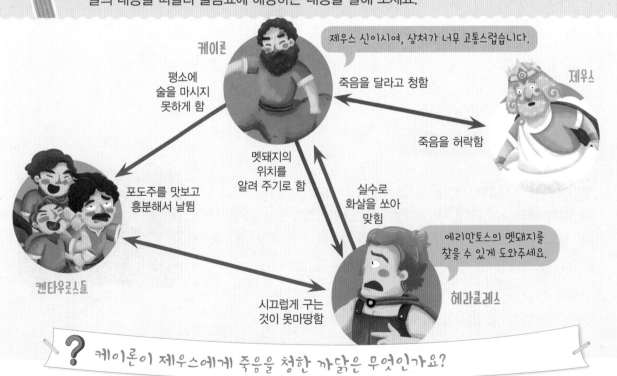

케이론

제우스 신이시여, 상처가 너무 고통스럽습니다.

제우스

평소에 술을 마시지 못하게 함

죽음을 달라고 청함

죽음을 허락함

멧돼지의 위치를 알려 주기로 함

실수로 화살을 쏘아 맞힘

포도주를 맛보고 흥분해서 날뜀

에리만토스의 멧돼지를 찾을 수 있게 도와주세요.

켄타우로스들

시끄럽게 구는 것이 못마땅함

헤라클레스

? 케이론이 제우스에게 죽음을 청한 까닭은 무엇인가요?

1 이야기와 만나는 문장 쓰기　다음 문장을 빈칸에 따라 써 보세요.

거	침	없	이		달	려	드	는		켄	타	우	로	스	들	을		피
하	던		헤	라	클	레	스	는		화	가		나	서		활	을		쏘
았	어	요	.															

2 이해하는 문장 쓰기　헤라클레스가 쏜 화살은 누구에게 상처를 입혔나요?

화살은 　　　　　　　　　　　　　　　　　　　　　　　다.

3 생각을 발견하는 문장 쓰기　화살을 맞은 케이론은 어떻게 하기를 원했나요?

케이론은 　　　　　　　　　　　　　　　　　　　　　　다.

4 상상하는 문장 쓰기　여러분이 화살을 맞은 케이론이었다면 제우스에게 어떤 부탁을 했을까요?

내가 케이론이었다면 　　　　　　　　　　　　　　　　다.

모아쓰기　위에서 답으로 쓴 네 문장을 연결해서 써 보세요. 하나의 근사한 글이 될 거예요.

태양이 지나는 길에는 어떤 별자리가 있을까요?

≪휘리릭 4문장 글쓰기 그리스 신화 속 별자리 편≫에서 소개한 별자리들 중에는
태양이 지나는 길에 위치한 12개의 별자리도 있습니다. 이들 별자리를 황도 12궁이라고 하는데요.
1, 2장에서 소개한 이야기 중 황도 12궁에 속하는 별자리를 다시 떠올려 보면서
점선을 따라 별자리 모양을 완성해 보세요.

1 사자자리

봄철 남쪽 하늘에서 볼 수 있고 사자자리
의 심장 가까이에는 '레굴루스'라는 가장
빛나는 별이 자리하고 있어요.

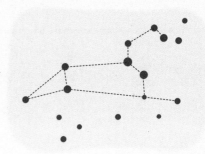

2 처녀자리

머리와 몸통, 팔 다리가 있는 사람 모양
의 처녀자리 왼손(아래) 끝에는 1등성 별
인 스피카가 반짝이지요.

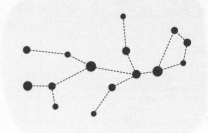

3 천칭자리

아스트라이아의 천칭을 기린 별자리로
옛날에는 천칭자리가 뜨면 논, 밭에 씨를
뿌렸다고 해요.

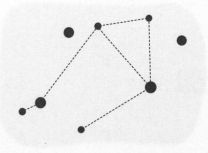

4 전갈자리

꼬리가 휘어진 전갈의 모습을 그대로 보
여주는 별자리예요. 반대편에는 오리온
자리가 있답니다.

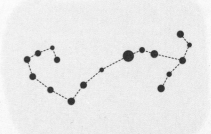

▶ 가이드북 56쪽에 정답

3장

가을철의 별자리

제우스를 구해 신들을 놀라게 한 판

그리스 신화에는 인간을 닮은 신과 요정 외에도 켄타우로스족처럼 인간과 동물의 모습이 섞인 낮은 계급의 신들이 나오는데요. 숲과 목축의 신인 판도 그 중 하나랍니다. 다만 켄타우로스족이 반은 인간, 반은 말인데 비해 판은 염소에 조금 더 가까웠어요. 머리에 뿔이 있고 염소처럼 털이 무성한 두 개의 다리를 가지고 있었지요.

여러분은 '패닉(panic)'이라는 말을 들어본 적 있나요? 패닉은 깜짝 놀라 어쩔 줄 모르는 상태를 뜻하는 영어 표현인데요. 판이 바로 이 패닉이라는 말을 만든 장본인이랍니다. 판은 느닷없이 나타나 상대방을 놀라게 하는 것으로 유명했거든요. 그래서 판이 나타난 상황 즉, 깜짝 놀랄 때 쓰는 말이 '패닉'이 된 거예요.

"어머. 깜짝이야!"

"또 판이야?"

"판은 도대체 왜 시도 때도 없이 불쑥불쑥 나타나는 거야?"

"게다가 얼굴도 지독하게 못생겨서 정말 심장 떨어지는 줄 알았다니까."

요정들은 판의 짓궂은[*] 장난을 싫어했어요. 상대가 싫어하거나 말거나 판은 예쁜 요정이나 잘생긴 목동이 있으면 쫓아다니며 놀기를 좋아했답니다.

한번은 이런 일도 있었어요. 요정 중 달의 여신인 아르테미스를 따르는 시링크스라는 요정이 있었는데요. 시링크스는 아르테미스처럼 우아하고 아름다워서 특히 눈에 띄었어요.

"오, 내 사랑 시링크스! 나의 사랑을 받아 주오."

판은 시링크스를 처음 본 순간부터 다짜고짜 쫓아다니며 사랑을 얻으려 했어요. 반면 시링크스는 예의 없고 못생긴 판이 너무 싫었지요. 판에게 쫓기던 시링크스는 지치고 화가 났어요. 갈대밭을 지나던 시링크스는 판에게 붙잡히느니 차라리 갈대가 되고 싶었어요.

"숲의 요정들이여! 제발 이 불쌍한 나, 시링크스를 갈대로 만들어 주세요."

시링크스는 바람대로 그 자리에서 갈대로 변해 버렸어요. 판은 갈대로 변한 시링크스를 안타까워하며 그 갈대를 꺾어 풀피리로 만들었어요. 그날 이후 판은 풀피리를 시링크스라고 이름 붙이고는 항상 들고 다니면서 연주하기를 즐겼어요.

늘 장난만 치던 판이었지만 제우스가 별자리로 올려 줄 만큼 큰일을 해내기도 했어요. 올림포스 신들의 잔치에서 있었던 일인데요. 잔치가 끝날 때쯤 판이 시링크스

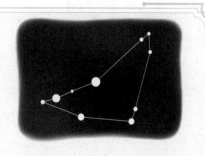

로 연주를 하려는 순간 티폰이 나타났어요. 티폰은 반은 인간, 반은 뱀의 모습을 한 괴물이에요. 하늘에 닿을 정도로 키가 크고 양팔을 벌리면 동쪽 끝과 서쪽 끝에 닿을 정도였지요. 입에서는 불을 뿜을 수도 있었어요.

티폰˙이 나타나자 신들은 도망치느라 정신이 없었어요. 티폰은 신들에게도 무서운 괴물이었거든요. 제우스는 양으로, 아르테미스는 고양이로, 디오니소스는 염소로 변신해 도망쳤어요. 판은 물고기로 변하려고 했는데요. 마침 쫓기는 제우스를 보고는 그를 돕기 위해 있는 힘껏 시링크스를 불었어요. 귀가 찢어질 듯한 풀피리 소리에 티폰은 두 귀를 막았어요. 이때다 싶었던 판은 더욱 힘껏 시링크스를 불었어요. 티폰은 그 소리가 너무나 듣기 싫어 도로 땅 아래로 들어가 버렸답니다.

판의 도움으로 위기를 면한 제우스는 판을 기리기 위해 염소자리를 만들었어요. 단, 염소자리를 찾을 때는 평소 판의 모습이 아닌 물고기로 변하려는 판의 모습이란 점을 유의하세요. 염소자리의 반은 염소, 반은 물고기 모습이니까요.

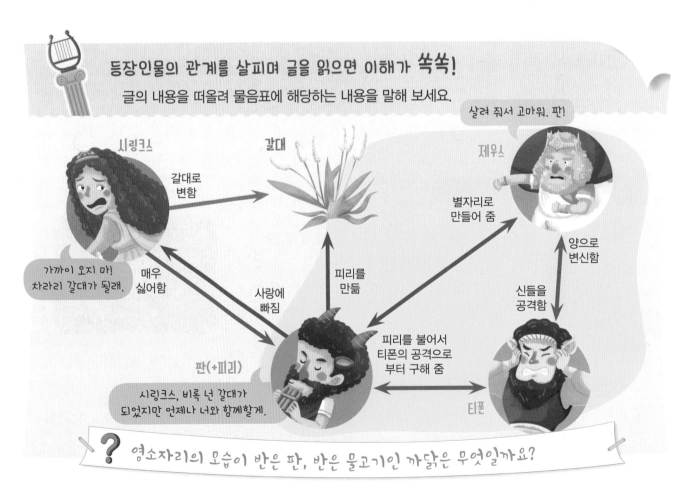

등장인물의 관계를 살피며 글을 읽으면 이해가 쏙쏙!
글의 내용을 떠올려 물음표에 해당하는 내용을 말해 보세요.

살려 줘서 고마워, 판!

시링크스
갈대
제우스

갈대로 변함

별자리로 만들어 줌

가까이 오지 마! 차라리 갈대가 될래.

매우 싫어함

사랑에 빠짐

피리를 만듦

양으로 변신함

신들을 공격함

판(+피리)

피리를 불어서 티폰의 공격으로 부터 구해 줌

시링크스, 비록 넌 갈대가 되었지만 언제나 너와 함께할게.

티폰

? 염소자리의 모습이 반은 판, 반은 물고기인 까닭은 무엇일까요?

1 이야기와 만나는 문장 쓰기　다음 문장을 빈칸에 따라 써 보세요.

"	판	은		도	대	체		왜		시	도		때	도		없	이
불	쑥	불	쑥		나	타	나	는		거	야	?	"				

2 이해하는 문장 쓰기　시링크스는 판이 뒤쫓아 오자 어떻게 했나요?

시링크스는　　　　　　　　　　　　　　　　　　　　　다.

3 생각을 발견하는 문장 쓰기　요정들에게 짓궂게 구는 판은 어떤 마음으로 그런 장난을 쳤을까요?

판은　　　　　　　　　　　　　　　　　　　　　　　　다.

4 상상하는 문장 쓰기　여러분이 판에게 쫓기는 시링크스라면 어떻게 행동했을까요?

내가 시링크스라면　　　　　　　　　　　　　　　　　다.

모아쓰기　위에서 답으로 쓴 네 문장을 연결해서 써 보세요. 하나의 근사한 글이 될 거예요.

열두 번째 이야기
사랑으로 이어진 두 마리의 물고기

앞서 소개한 염소자리와 함께 소개하고 싶은 별자리가 있는데요. 같은 가을철에 볼 수 있는 물고기자리예요. 괴물 티폰이 신들의 잔치에 나타났을 때 제우스는 양으로, 아르테미스는 고양이로, 디오니소스는 염소로 변신했다고 한 말을 기억하나요? 이때 아프로디테와 에로스는 물고기로 변해 강가로 뛰어들었어요. 물고기자리는 물고기로 변한 아프로디테와 에로스의 모습이 하늘에 새겨진 별자리랍니다.

이번 이야기에서는 물고기자리의 주인공인 아프로디테와 에로스가 어떤 신들인지 알아보려고 해요. 여러분은 그리스 신화에 나오는 여신들 중 가장 아름다운 여신이 누구라고 생각하나요? 달처럼 은은한 아름다움을 자랑하는 아르테미스? 아니면 강인한 아름다움의 대표 주자˙ 아테나? 그도 아니라면 툭하면 사랑에 빠지는 제우스에게 결혼 서약까지 받아낸 헤라? 모두 아름다움을 이야기할 때 빼놓고 말할 수 없는 여신들이에요. 하지만 아프로디테에 비할 바는 아니에요. 아프로디테는 누구나 인정하는 사랑과 아름다움의 여신이니까요.

한번은 이런 일이 있었어요. 신들의 결혼 축하 잔치가 열린 날, 초대받지 못한 불화의 여신이 황금 사과 하나를 던졌는데요. 그 사과에는 '가장 아름다운 여신에게'라고 적혀 있었지 뭐예요. 자신이 가장 아름답다고 생각했던 결혼의 여신 헤라, 전쟁의 여신 아테나, 사랑의 여신 아프로디테가 서로 사과의 주인이라며 다투기 시작했어요. 그때 제우스가 인간인 파리스에게 가장 아름다운 여신이 누구인지 물어보라고 말했어요. 그리하여 세 여신이 파리스에게 날아갔어요. 가장 먼저 헤라가 말했어요.

"나를 선택한다면 너에게 영원한 권력을 주겠다."

이에 뒤질세라 아테나가 말했어요.

"나를 선택한다면 전쟁의 승리를 약속하겠다."

마지막으로 아프로디테가 한껏 여유를 부리며 말했어요.

"나를 선택한다면 세상에서 가장 아름다운 여인을 아내로 삼게 해 주지."

파리스는 주저하지 않고 가장 아름다운 여신으로 아프로디테를 선택했어요.

"파리스는 '세상에서 가장 아름다운 여인'을 얻고 싶어서 거짓말을 한 거야!"

헤라가 불평했지만 아프로디테는 신경 쓰지 않았어요. 아프로디테는 이제 정말 누구나 인정하는 가장 아름다운 여신이 되었다는 사실만이 중요했거든요.

그렇다면 세상에서 가장 아름다운 여신 아프로디테의 남편은 누구일까요? 아프로

혹시 궁금하지 않았나요?

물고기자리 * 황도 12궁의 마지막 열두 번째 별자리인 물고기자리는 옆으로 누운 'V'자 모양인데요. 'V'자의 갈라진 부분 중 오른쪽에 있는 조금 더 긴 부분이 아프로디테가 변한 물고기이고요. 다른 한쪽은 에로스가 변한 물고기라고 해요. 사랑의 신들이 별자리가 된 물고기자리를 보면서 사랑이란 무엇일지 생각해 볼까요?

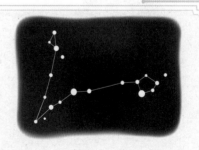

• **대표 주자** 전체를 대표할 수 있는 인물을 뜻해요. 본문에서는 아테나가 강인한 아름다움을 가진 이들을 대표한다는 의미랍니다.

• **불화** 서로 잘 어울리지 못하는 걸 말하는데요. 불화의 여신이 나타나면 싸움이 일어나기 일쑤이지요. 결혼 축하 잔치에서 세 여신의 다툼이 있었던 것처럼요.

디테의 남편은 신들 중 가장 못생겼다는 대장장이의 신 헤파이스토스였어요. 헤파이스토스는 대장간에 살다시피 했는데요. 그래서인지 아프로디테는 헤파이스토스를 두고도 여러 다른 신이나 인간과 사랑을 나누었대요. 전쟁의 신 아레스도 그 중 하나였고요.

사랑의 화살을 들고 다니는 에로스는 아레스와 아프로디테 사이에서 태어났어요. 사랑하면 빼놓을 수 없는 엄마와 아들, 아프로디테와 에로스는 언제 어디서나 붙어 다녔답니다. 괴물 티폰이 나타난 나일강가의 잔치에서도 마찬가지였어요.

"티폰이다! 모두 도망쳐!"

제우스조차 양으로 변신해 도망가자 신들은 흩어져 저마다 다른 동물로 변신해 달아나기 바빴어요. 아프로디테와 에로스도 물고기로 변해 나일강가로 뛰어들었는데요. 혹시나 헤어질까 봐 두 사람은 서로를 단단한 끈으로 연결했답니다. 가을철 밤하늘에서 끈으로 이어진 두 물고기를 보면 아프로디테와 에로스를 떠올려 보세요. 그리고 그들이 곧 '사랑'을 뜻한다는 사실도 잊지 마세요.

등장인물의 관계를 살피며 글을 읽으면 이해가 쏙쏙!
글의 내용을 떠올려 물음표에 해당하는 내용을 말해 보세요.

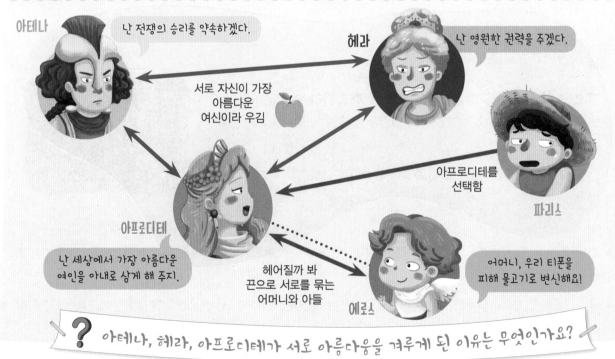

아테나
난 전쟁의 승리를 약속하겠다.

헤라
난 영원한 권력을 주겠다.

서로 자신이 가장 아름다운 여신이라 우김

아프로디테를 선택함

파리스

아프로디테
난 세상에서 가장 아름다운 여인을 아내로 삼게 해 주지.

헤어질까 봐 끈으로 서로를 묶는 어머니와 아들

에로스
어머니, 우리 티폰을 피해 물고기로 변신해요!

? 아테나, 헤라, 아프로디테가 서로 아름다움을 겨루게 된 이유는 무엇인가요?

1 이야기와 만나는 문장 쓰기   다음 문장을 빈칸에 따라 써 보세요.

파	리	스	는		주	저	하	지		않	고		가	장		아	름	다
운		여	신	으	로		아	프	로	디	테	를		선	택	했	어	요	.

2 이해하는 문장 쓰기   파리스가 아프로디테를 선택한 이유는 아프로디테가 어떻게 해 주겠다고 말했기 때문인가요?

아프로디테가   때문입니다.

3 생각을 발견하는 문장 쓰기   파리스가 세상에서 가장 아름다운 여신으로 자신을 선택했을 때 아프로디테의 기분은 어땠을까요?

아프로디테는 그 순간   다.

4 상상하는 문장 쓰기   여러분이 아프로디테라면 가장 아름다운 여신에서 물고기로 변하는 순간 어떤 생각을 했을까요?

내가 아프로디테라면   다.

모아쓰기   위에서 답으로 쓴 네 문장을 연결해서 써 보세요. 하나의 근사한 글이 될 거예요.

오만함이 부른 불행

희고 커다란 두 날개가 달린 말이 있다면 어떨까요? 또 그 말을 타고 다닐 수 있다면요? 페가수스는 천마 즉, 하늘을 달리는 말이라고 불리는 날개 달린 말이에요. 날개 달린 말이니 만큼 그리스 신화에 등장하는 수많은 영웅들이 갖고 싶어 했답니다.

하지만 페가수스를 탄 영웅은 단 두 사람, 페르세우스와 벨레로폰뿐이었어요. 페가수스를 탄 페르세우스의 활약에 대해서는 5장 북쪽 하늘 케페우스자리 편에서 다룰 거예요. 그러니 이번에는 벨레로폰이 페가수스를 타게 된 이야기를 들려줄게요.

벨레로폰은 그리스 신화의 또 다른 위대한 영웅이었어요. 무술 실력이 뛰어나고 용기와 배짱이 두둑했지요. 게다가 잘생기기까지 해서 수많은 여인들이 그에게 홀딱 반하고 말았어요. 그중에는 아르고스의 왕비 안테이아도 있었어요.

'벨레로폰은 어쩜 저렇게 멋있을까. 역시 소문대로야. 보고만 있어도 가슴이 두근거리는걸.'

안테이아 왕비는 아르고스를 방문한 벨레로폰에게 온 마음을 빼앗겨 고백하기에 이르렀어요. 자신이 왕비라는 사실도 까맣게 잊은 채로요.

하지만 벨레로폰은 꿈쩍도 하지 않았어요. 안테이아 왕비에게는 이미 남편인 아르고스의 왕 프로이토스가 있었으니까요. 고백을 거절당해 기분이 상한 안테이아 왕비는 프로이토스 왕에게 거짓말을 했어요. 바로 사랑을 고백한 사람이 자신이 아니라 벨레로폰이었다고 말이에요.

안테이아 왕비의 계획대로 질투에 눈이 먼 프로이토스 왕은 어떻게든 벨레로폰을 없애고 싶었어요. 프로이토스 왕은 궁리 끝에 벨레로폰을 옆 나라 이오바테스 왕에게 보내기로 했지요. 이오바테스 왕은 안테이아 왕비의 아버지 즉, 프로이토스 왕의 장인이었어요. 프로이토스 왕은 벨레로폰을 보내면서 편지 한 통을 전하라고 하는데요. 그 편지에는 편지를 들고 간 사람을 없애 달라는 말이 쓰여 있었어요.

이오바테스 왕은 편지를 보고 마침 골칫거리*였던 괴물 키마이라를 떠올렸어요. 입에서 불을 뿜으며 사람들을 해치는 키마이라라면 벨레로폰도 당해내지 못할 거라고 생각했거든요. 벨레로폰은 이오바테스 왕의 명령을 받고 다음날 아침 일찍 자신만만한 모습으로 키마이라를 잡으러 떠났어요.

사실 전날 밤 벨레로폰은 꿈에서 아테나 여신을 만났어요. 아테나 여신은 벨레로폰에게 페가수스의 황금 고삐를 전해 주었는데요. 놀랍게도 꿈에서 깨어난 벨레로폰의 손에는 진짜 황금 고삐가 쥐어져 있었고 눈부시게 하얀 페가수스가 황금 고삐에 매

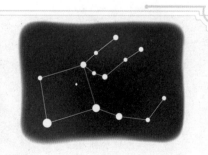

혹시 궁금하지 않았나요?

페가수스자리* 가을철에 볼 수 있는 페가수스자리는 커다란 정사각형이 뚜렷하게 보이는데요. 페가수스의 몸통에 해당하는 이 커다란 사각형은 '페가수스 사각형' 또는 '가을의 대사각형'으로 불리기도 한답니다. 페가수스자리는 가을철 대표적인 길잡이별로 나침반이 없던 시절, 어두운 밤에 방향을 알려준 고마운 별자리예요.

- **골칫거리** 말썽을 피워서 애를 태우게 하는 사람이나 사물을 말해요.
- **등에** 잿빛을 띤 등에는 손가락 한 마디 정도로 몸길이가 짧지만 소나 말 또는 사람에게 붙어 피를 빨아 먹어요.

인 채 서 있었답니다. 페가수스를 탄 벨레로폰은 키마이라를 찾아 단번에 물리쳤어요.

이후에도 이오바테스 왕은 여러 가지 어려운 과제를 내주었지만 그때마다 벨레로폰은 페가수스 덕분에 손쉽게 문제를 해결할 수 있었어요. 결국 이오바테스 왕도 벨레로폰의 실력을 인정했어요. 사람들은 벨레로폰을 입이 마르게 칭찬했지요. 어떤 이들은 마치 그가 신이라도 되는 것처럼 떠받들었답니다.

'어쩌면 난 너무 위대해서 신이 될 운명인지도 몰라.'

벨레로폰의 자신감도 하늘을 찔렀어요. 오만함이 지나쳤던 벨레로폰은 페가수스를 타고 신들의 궁전으로 향하는 지경에 이르렀지요. 이를 괘씸하게 여긴 제우스는 등에*를 보내 페가수스를 공격하게 했어요. 등에에게 엉덩이를 찔린 페가수스가 깜짝 놀라 온몸을 흔들어 대자 벨레로폰은 바닥으로 곤두박질치고 말았답니다. 이 일로 크게 다친 벨레로폰은 눈이 멀고 다리도 절뚝이게 되었어요.

제우스는 주인을 잃은 페가수스를 하늘로 올려 보내 별자리로 만들었어요. 이 별자리가 바로 페가수스자리예요.

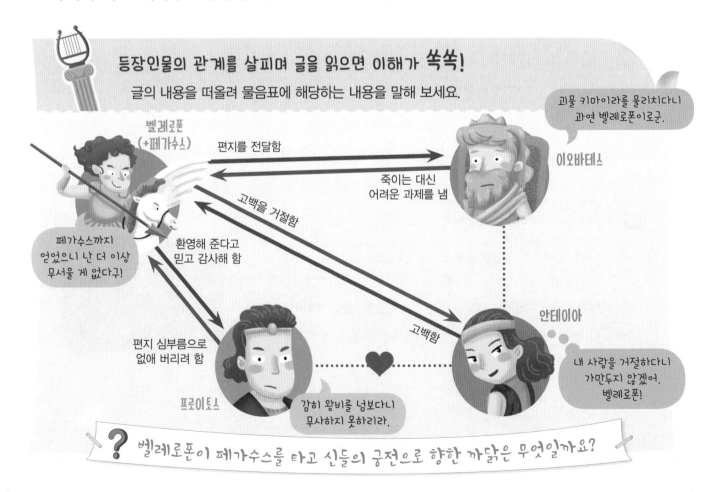

등장인물의 관계를 살피며 글을 읽으면 이해가 쏙쏙!
글의 내용을 떠올려 물음표에 해당하는 내용을 말해 보세요.

벨레로폰 (+페가수스)

페가수스까지 얻었으니 난 더 이상 무서울 게 없다구!

편지를 전달함

고백을 거절함

환영해 준다고 믿고 감사해 함

편지 심부름으로 없애 버리려 함

프로이토스

감히 왕비를 넘보다니 무사하지 못하리라.

죽이는 대신 어려운 과제를 냄

이오바테스

고물 키마이라를 물리치다니 과연 벨레로폰이로군.

고백함

안테이아

내 사랑을 거절하다니 가만두지 않겠어, 벨레로폰!

❓ 벨레로폰이 페가수스를 타고 신들의 궁전으로 향한 까닭은 무엇일까요?

1 이야기와 만나는 문장 쓰기 · 다음 문장을 빈칸에 따라 써 보세요.

'	어	쩌	면		난		너	무		위	대	해	서		신	이		될
운	명	인	지	도		몰	라	.	'									

2 이해하는 문장 쓰기 · 모든 과제를 해결한 벨레로폰은 페가수스를 타고 어디로 가려했나요?

벨레로폰은   다.

3 생각을 발견하는 문장 쓰기 · 제우스는 신들의 궁전으로 향하는 벨레로폰을 어떻게 생각했을까요?

제우스는   다.

4 상상하는 문장 쓰기 · 여러분이 페가수스 덕분에 문제를 잘 해결한 벨레로폰이라면 무엇을 했을까요?

내가 벨레로폰이라면   다.

모아쓰기 · 위에서 답으로 쓴 네 문장을 연결해서 써 보세요. 하나의 근사한 글이 될 거예요.

신들의 시중을 들게 된 가니메데스

그리스 신화를 읽으면서 신들과 인간의 다른 점에 대해 생각해 본 적 있나요? 그리스 신화 속 신들은 쉽게 사랑에 빠지고 질투로 속을 끓이기도 하고요. 싸움을 일으키거나 전쟁을 벌이기도 하는 등 우리들 사는 모습과 크게 다르지 않아요.

하지만 다른 점도 있어요. 동물로 변신하기도 하고 인간에게 벌을 내리거나 상을 줄 수도 있답니다. 무엇보다 가장 큰 차이는 신들은 절대 죽지 않는다는 점이에요. 신들이 죽지 않는 건 본래 그렇게 태어난 이유도 있지만 인간과 다른 음식을 먹고 마시기 때문이에요. 신들이 먹는 음식을 암브로시아, 마시는 음료를 넥타르라고 하는데요. 올림포스에 신들이 모일 때면 늘 암브로시아와 넥타르를 나눠 마시곤 하지요.

젊음의 신 헤베는 올림포스 12신에 들어가지는 않았지만 신들의 잔치에 빠지지 않는 신이에요. 바로 신들의 시중*을 들어야 했기 때문이랍니다. 헤베는 주로 신들에게 넥타르를 따라 주는 일을 했어요. 하지만 신이 된 헤라클레스에게 청혼을 받은 후로는 더 이상 올림포스 신들의 시중을 들지 않았지요.

"자, 그럼 새롭게 시중을 들 친구를 찾아볼까?"

제우스는 헤베를 대신할 사람을 고르고 있었어요.

"그리스에서 가장 아름다운 소년 가니메데스는 어떨까요?"

제우스의 심부름꾼이자 바람처럼 발이 빠른 헤르메스가 말했어요.

"그리스에서 가장 아름다운 소년?"

제우스는 솔깃했어요. 제우스에게 '아름다움'이란 절대 지나칠 수 없는 유혹*이었으니까요. 제우스는 당장 가니메데스를 보러 가기로 했어요. 하지만 제우스의 사랑을 독차지하고 싶어 하는 아내 헤라의 눈을 피해야 했지요.

'좋아. 이번에는 독수리로 변해야겠어.'

제우스는 재빨리 독수리로 변해 가니메데스가 있는 트로이로 날아갔어요. 가니메데스는 트로이 왕의 세 아들 중 한 명이었어요. 세 아들 모두 잘생겼지만 가니메데스는 그중에서도 가장 잘생겨서 눈을 뗄 수가 없을 정도였어요.

'과연 헤르메스의 말대로 정말 아름다운 소년이로군. 매일 보고 싶을 정도야. 데려가서 헤베 대신 신들의 시중을 들라고 해야겠어.'

독수리로 변한 제우스는 하늘 위에서 서너 바퀴를 돌더니 날카로운 발톱으로 가니메데스를 낚아챘어요. **그길로 제우스는 가니메데스를 데리고 올림포스로 돌아왔습니다.**

"오늘부터 가니메데스가 신들의 시중을 들게 될 것이오."

혹시 궁금하지 않았나요?

물병자리 ★ 황도 12궁의 열한 번째 자리인 물병자리는 가니메데스가 물병을 들고 있는 모습인데요. 옛 그리스 사람들은 가니메데스의 물병에서 끝없이 물이 흘러나오고 있다고 생각했어요. 그 물은 물병자리 바로 아래에 있는 남쪽물고기자리의 입으로 들어간다고 여겼지요. 실제로도 물병자리는 비가 오는 시기와 관련이 있어 아주 중요하게 생각했답니다.

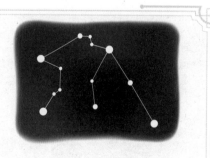

- **시중** 옆에서 여러 가지 심부름을 하는 일을 말해요.
- **유혹** 꾀어서 정신없게 만드는 걸 뜻해요.

제우스가 올림포스 신들 앞에서 말했어요. 헤라가 눈을 흘겼지만 그럴수록 제우스는 가니메데스를 더욱 가까이에 두었어요.

가니메데스는 정든 고향을 떠나게 되어 무척 속상했어요.

"가니메데스, 너무 속상해하지 마. 대신 너도 신처럼 영원한 삶을 살 수 있게 되었잖아."

헤르메스는 가니메데스를 위로했어요. 신들의 음식인 암브로시아와 넥타르를 함께 먹고 마시는 동안 가니메데스 역시 다른 신들처럼 영원히 살 수 있었으니까요.

한편, 사랑하는 막내아들을 잃은 트로이의 왕은 깊은 슬픔에 잠겼어요. 슬퍼하는 왕을 지나칠 수 없었던 제우스는 죽지 않는 말 두 필과 포도나무 한 그루를 선물했어요. 가니메데스를 잘 보살펴 주겠다는 약속과 함께 말이지요.

물병을 든 가니메데스가 넥타르를 따라 주는 모습의 물병자리를 보면서 아름다운 소년의 얼굴을 상상해 볼까요?

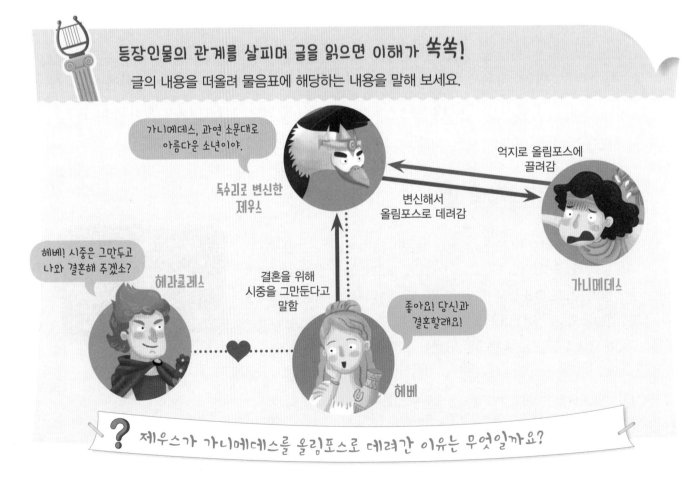

등장인물의 관계를 살피며 글을 읽으면 이해가 쏙쏙!
글의 내용을 떠올려 물음표에 해당하는 내용을 말해 보세요.

가니메데스, 과연 소문대로 아름다운 소년이야.

독수리로 변신한 제우스

억지로 올림포스에 끌려감

변신해서 올림포스로 데려감

가니메데스

헤베! 시중은 그만두고 나와 결혼해 주겠소?

헤라클레스

결혼을 위해 시중을 그만둔다고 말함

좋아요! 당신과 결혼할래요!

헤베

? 제우스가 가니메데스를 올림포스로 데려간 이유는 무엇일까요?

1 이야기와 만나는 문장 쓰기　다음 문장을 빈칸에 따라 써 보세요.

그	길	로		제	우	스	는		가	니	메	데	스	를	|데|리|고
올	림	포	스	로		돌	아	왔	습	니	다	.			

2 이해하는 문장 쓰기　올림포스로 온 가니메데스는 어떤 일을 맡았나요?

가니메데스는　　　　　　　　　　　　　　　　　다.

3 생각을 발견하는 문장 쓰기　가니메데스는 영원히 신처럼 살 수 있다는 걸 알게 됐을 때 어떤 생각을 했을까요?

가니메데스는　　　　　　　　　　　　　　　　　다.

4 상상하는 문장 쓰기　여러분이 트로이의 왕이라면 선물을 준 제우스에게 뭐라고 말했을까요?

내가 트로이의 왕이라면　　　　　　　　　　　　다.

모아쓰기　위에서 답으로 쓴 네 문장을 연결해서 써 보세요. 하나의 근사한 글이 될 거예요.

황금 양의 전설

아시아와 유럽 사이에는 '헬레스폰토스'라는 이름의 바다가 있어요. 헬레스폰토스는 '헬레의 바다'라는 뜻이에요. 바다의 이름처럼 헬레스폰토스는 '헬레'라는 소녀의 이름에서 나왔어요. 이번에 소개할 양자리는 이 헬레와 관련이 있답니다.

그리스의 수많은 도시국가들 중에 보이오티아라는 나라가 있었어요. 헬레는 보이오티아의 공주였는데요. 헬레에게는 사랑하는 오빠 프릭소스와 보이오티아의 왕인 아버지 아타마스가 있었어요.

헬레의 어머니는 인자하고 아름다운 왕비였지만 일찍 세상을 떠나고 말았어요. 프릭소스와 헬레는 슬퍼할 틈도 없이 새어머니 이노를 맞아야 했지요. 질투심 많은 이노는 엄마를 잃은 프릭소스와 헬레를 위로하기는커녕 눈엣가시처럼 여겼어요.

'흥. 저 꼴 보기 싫은 프릭소스와 헬레를 어쩌면 좋지?'

이노는 무슨 수를 써서라도 프릭소스와 헬레를 눈앞에서 사라지게 하고 싶었어요.

어느 해 가을이었어요. 풍성한 곡식이 나오고 주렁주렁 열매가 열리는 계절이었지만 보이오티아에는 먹을 게 턱없이 부족했어요. 오랫동안 비가 오지 않아 작물들이 죄다 말라 버린 탓이었지요.

'옳지! 지금이 기회야.'

이노는 아타마스 왕에게 달려갔어요.

"아타마스, 지금 백성들이 굶어 죽고 있어요. 어서 빨리 신전●에 사신을 보내야 해요."

아타마스 왕은 이노의 말대로 신전에 사신을 보내라고 명령했어요. 사신은 신의 말을 듣고 전하는 사람인데요. 사실 신전으로 간 사람은 이노의 편에 있던 가짜 사신이었어요.

"아타마스 왕이시여, 제우스 신은 프릭소스와 헬레를 제물●로 바쳐야만 비를 내려 주겠다고 하셨습니다."

가짜 사신의 거짓말에 감쪽같이 속은 아타마스 왕은 어쩔 수 없이 프릭소스와 헬레를 데리고 제우스 신전으로 향했어요. 그리스 시대에 신전의 제물이 된다는 건 곧 죽음을 뜻하기 때문에 아버지의 손에 이끌려 신전으로 가는 프릭소스와 헬레는 당연히 두려움에 떨 수밖에 없었어요.

'그리운 어머니, 저희를 살려 주세요. 제발요.'

헬레는 돌아가신 어머니께 간절히 기도했어요. 다행히 제우스의 심부름꾼 헤르메스가 헬레의 기도를 듣고는 제우스에게 날아가 헬레와 프릭소스의 딱한 사정에 대해

혹시 궁금하지 않았나요?

양자리 ✱ 가을철 남쪽 하늘에서 볼 수 있는 양자리는 황도 12궁의 첫 번째 별자리예요. 물고기자리와 황소자리 사이에 양의 뿔처럼 생긴 삼각형 모양의 별자리가 있다면 제대로 찾은 것이지요. 약 2천 년 전에는 봄을 알리는 별자리였지만 지금은 지구의 움직임 때문에 가을철에나 볼 수 있게 되었답니다.

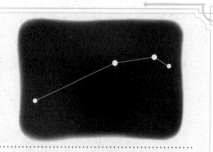

- **신전** 신을 기리기 위해 만들어진 신성한 장소를 말해요. 그리스에는 지금도 제우스, 헤라, 아레스, 아르테미스 신전 등의 흔적이 남아 있답니다.
- **제물** 신에게 제사를 지낼 때 바치는 음식이나 동물을 뜻해요.

이야기했어요.

"제우스 신이시여. 제게 가여운 두 아이를 구할 수 있도록 양 한 마리만 주세요."

사정을 들은 제우스는 헤르메스에게 양 한 마리를 내주었어요. 제우스의 선물답게 황금 가죽을 가진 하늘을 나는 양이었지요. 헤르메스는 곧장 신전으로 와서 프릭소스와 헬레를 황금 양의 등에 태웠어요. 남매를 태운 황금 양은 바다 건너편 나라를 향해 날아갔어요. 헬레는 오빠 프릭소스의 허리를 꽉 잡고 발이 땅에 닿기만을 바랐답니다.

프릭소스는 무서움에 떠는 헬레에게 말했어요.

"헬레, 바다를 보지 말고 하늘을 봐!"

하지만 겁을 먹은 헬레가 자신도 모르게 손을 놓는 바람에 바다 한가운데로 떨어지고 말았어요.

가을철에 볼 수 있는 양자리는 황금 양의 공로를 높이 산 제우스가 만들어 준 별자리예요. 비록 헬레는 구하지 못했지만 프릭소스를 살려 낸 황금 양의 전설을 별자리로 확인해 보세요.

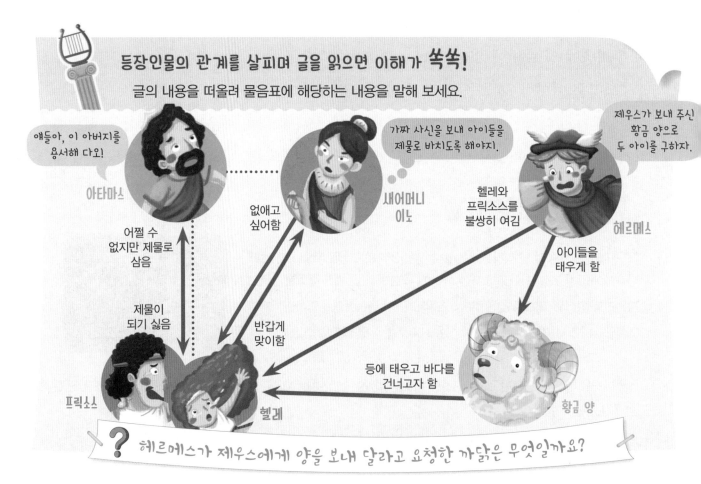

등장인물의 관계를 살피며 글을 읽으면 이해가 쏙쏙!

글의 내용을 떠올려 물음표에 해당하는 내용을 말해 보세요.

얘들아, 이 아버지를 용서해 다오!

아타마스

가짜 사신을 보내 아이들을 제물로 바치도록 해야지.

새어머니 이노

제우스가 보내 주신 황금 양으로 두 아이를 구하자.

헬레와 프릭소스를 불쌍히 여김

헤르메스

어쩔 수 없지만 제물로 삼음

없애고 싶어함

아이들을 태우게 함

제물이 되기 싫음

반갑게 맞이함

프릭소스

헬레

등에 태우고 바다를 건너고자 함

황금 양

? 헤르메스가 제우스에게 양을 보내 달라고 요청한 까닭은 무엇일까요?

1 이야기와 만나는 문장 쓰기 다음 문장을 빈칸에 따라 써 보세요.

사	정	을		들	은		제	우	스	는		헤	르	메	스	에	게
양		한		마	리	를		내	주	었	어	요	.				

2 이해하는 문장 쓰기 제우스가 보내준 황금 양은 오누이를 어떻게 도와주었나요?

황금 양은 　　　　　　　　　　　　　　　　　　다.

3 생각을 발견하는 문장 쓰기 헬레는 건너편 나라를 향해 바다를 건너다가 어떻게 되었나요?

헬레는 　　　　　　　　　　　　　　　　　　다.

4 상상하는 문장 쓰기 여러분이 헤르메스라면 오누이를 안전하게 옮기기 위해 어떻게 했을까요?

내가 헤르메스라면 　　　　　　　　　　　　　　　다.

모아쓰기 위에서 답으로 쓴 네 문장을 연결해서 써 보세요. 하나의 근사한 글이 될 거예요.

그리스 신화와 별자리를 연결해서 기억해 볼까요?

3장에서는 제우스를 구해 신들을 놀라게 한 판, 아들 에로스와 함께 물고기로 변신한 아프로디테, 신이 되려다가
페가수스에서 떨어진 벨레로폰, 제우스가 사랑한 아름다운 소년 가니메데스 등 다양한 사연을 가진
신과 인간들이 등장합니다. 3장의 등장인물을 떠올리며 어떤 별자리와 관련 있는지 선으로 연결해 보세요.

시링크스   판(+피리)   제우스

아프로디테   에로스

안테이아 왕비   페가수스를 타고 있는 벨레로폰

독수리로 변신한 제우스   가니메데스

황금 양   헬레   프릭소스

페가수스자리

염소자리

물고기자리

양자리

물병자리

▶ 가이드북 56쪽에 정답

4장

겨울철의 별자리

크레타에 페니키아의 문명을 전한 에우로페

　그리스 신화의 별자리 이야기에는 동물로 변한 제우스의 모습을 기린 별자리들이 여럿 나옵니다. 제우스는 헤라의 눈을 피하기 위해 여러 가지 동물로 변신했는데요. 레다 왕비를 만나러 갈 때는 백조로, 가니메데스 왕자를 데리고 올 때는 독수리로 변했었지요. 황소자리도 제우스가 변신한 동물 모양 별자리 중 하나랍니다.

　제우스가 황소로 변한 까닭은 페니키아의 공주 에우로페 때문이에요. 당시 그리스에는 페니키아라는 나라가 있었는데요. 페니키아는 문자와 무역●이 발달했던 나라로 주변 나라들에 비해 매우 뛰어난 문명●을 가지고 있었어요. 에우로페는 페니키아의 왕 아게노르의 하나밖에 없는 딸이었어요. 아게노르 왕에게는 세 명의 아들이 더 있었어요. 에우로페의 오빠들이 에우로페를 질투할 만큼 딸에 대한 아게노르 왕의 사랑은 대단했어요.

　"에우로페, 절대로 밖에 돌아다녀서는 안 된다. 알겠지?"

　아게노르 왕은 돌아다니기를 좋아하는 에우로페가 혹시 다치지는 않을까 걱정했어요. 그럴 때마다 에우로페는 아버지인 아게노르 왕을 안심시켰어요.

"아버지, 걱정 마세요. 늘 조심히 다니는 데다 저도 이제 다 큰걸요."

에우로페의 말대로 공주는 어느새 어엿한 숙녀로 자라나 있었어요.

어느 날 에우로페가 바닷가 주변을 거닐 때였어요. 에우로페의 금빛 머리칼은 바람에 날리고 입가에는 따스한 미소가 어려 있었어요. 양 볼은 복숭아처럼 분홍빛으로 물들고 눈은 호수처럼 맑고 깊었답니다.

멀리서 에우로페의 모습을 본 제우스는 첫눈에 사랑에 빠졌어요. 제우스는 헤라의 눈을 피해 황소로 변한 다음, 순식간에 에우로페에게 달려갔어요. 에우로페가 고개를 돌리자 눈부시게 아름다운 황소 한 마리가 눈앞에 서 있었지요.

'이렇게 아름다운 소는 처음 봐.'

에우로페는 반질반질 윤기가 흐르는 황소의 등을 손으로 쓸어 주었어요. 크고 맑은 황소의 눈을 바라보던 에우로페는 자기도 모르게 소의 등에 올라타고 말았어요. 제우스는 때를 놓치지 않고 에우로페를 태운 채 눈 깜짝할 사이 바다로 뛰어들었어요. 에우로페를 태운 황소는 바다 건너 크레타섬으로 갔어요. 크레타섬은 제우스가 아버지 크로노스를 피해 어린 시절을 보낸 곳이었어요.

"두려워하지 마라. **이곳은 곧 에우로페 너의 왕국이 될 것이다.**"

제우스는 원래 모습으로 돌아와 에우로페를 안심시켰어요. 에우로페의 눈에서는 끝없이 눈물이 흘렀어요. 제우스의 말은 더 이상 사랑하는 아버지 아게노르 왕과 오

혹시 궁금하지 않았나요?

황소자리 * 황도 12궁의 두 번째 자리에 속하는 황소자리는 기다란 V자 모양으로 금방이라도 들이받을 것만 같은 모습을 하고 있는데요. V자 모양 중 아래쪽의 두 번째 자리에 이 별자리에서 가장 빛나는 별인 '알데바란'이 반짝이고 있답니다. 겨울철 밤하늘을 보며 붉은 색 알데바란을 품은 황소자리를 찾아보세요.

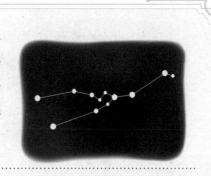

- **무역** 나라와 나라 사이에 물건을 사고 파는 일이에요.
- **문명** 자연 그대로의 모습으로 생활하지 않고 발전된 사회·문화를 가진 채 살아가는 모습을 의미해요.

빠들을 볼 수 없다는 뜻이었으니까요.

한편, 아게노르 왕은 세 아들에게 사라진 에우로페를 찾으라고 명령했어요.

"오. 사랑하는 나의 막내딸 에우로페. 대체 너는 어디에 있는 게냐. 너희들은 당장 이 나라를 떠나 에우로페를 찾아내도록 해라. 에우로페를 찾지 못하면 집으로 돌아올 생각은 하지도 말거라. 알겠느냐?"

세 아들은 뿔뿔이 흩어져 에우로페를 찾아다녔지만 끝내 찾지 못했어요. 이들은 고향으로 돌아가지 못하고 각자 다른 지역에서 새로운 나라를 세웠답니다. 에우로페는 크레타섬이 그녀의 왕국이 될 것이라는 제우스의 말대로 크레타 왕과 결혼해 왕비가 되었어요. 제우스와의 사이에서 낳은 세 아들이 있었지만 크레타 왕은 상관하지 않았지요.

이처럼 페니키아의 공주와 왕자들은 모두 자신의 나라를 떠나 새로운 나라를 세우는 주인공이 되었고 에우로페가 반한 황소는 하늘로 올라가 지금의 황소자리가 되었답니다.

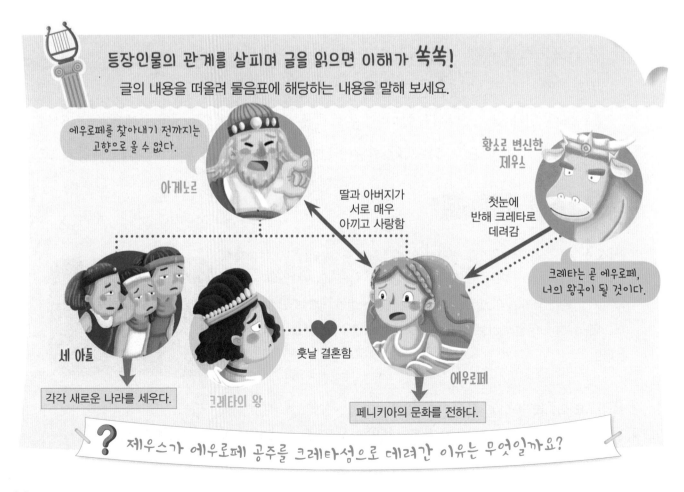

등장인물의 관계를 살피며 글을 읽으면 이해가 쏙쏙!

글의 내용을 떠올려 물음표에 해당하는 내용을 말해 보세요.

에우로페를 찾아내기 전까지는 고향으로 올 수 없다.

아게노르

황소로 변신한 제우스

딸과 아버지가 서로 매우 아끼고 사랑함

첫눈에 반해 크레타로 데려감

크레타는 곧 에우로페, 너의 왕국이 될 것이다.

세 아들

각각 새로운 나라를 세우다.

크레타의 왕

훗날 결혼함

에우로페

페니키아의 문화를 전하다.

? 제우스가 에우로페 공주를 크레타섬으로 데려간 이유는 무엇일까요?

1 이야기와 만나는 문장 쓰기   다음 문장을 빈칸에 따라 써 보세요.

"	이	곳	은		곧		에	우	로	페		너	의		왕	국	이
될		것	이	다	.	"											

2 이해하는 문장 쓰기   제우스는 에우로페를 어디고 데리고 갔나요?

제우스는   다.

3 생각을 발견하는 문장 쓰기   황소로 변한 제우스의 등에 탄 에우로페는 낯선 크레타섬에 도착했을 때 어떤 기분이었을까요?

에우로페는   다.

4 상상하는 문장 쓰기   여러분이 완전히 새로운 곳에서 살아가야 할 에우로페라면 어떻게 했을까요?

내가 에우로페라면   다.

모아쓰기   위에서 답으로 쓴 네 문장을 연결해서 써 보세요. 하나의 근사한 글이 될 거예요.

번개처럼 빠른 사냥개
라이라프스

　별자리 중에는 동물의 모습을 한 별자리들이 많은데요. 이번에 소개할 큰개자리도 동물 별자리 중 하나예요. 큰개자리의 주인공은 라이라프스라는 사냥개랍니다. 라이라프스는 한번 쫓기 시작한 사냥감은 절대 놓치지 않는 전설의 사냥개로 유명했어요. 네 발이 얼마나 빠른지 발자국을 보지 않으면 땅에 닿는지조차 알 수 없을 정도였지요.

　라이라프스의 주인은 케팔로스였어요. 케팔로스에게는 번개처럼 빠른 사냥개 라이라프스 뿐만 아니라 던지기만 하면 사냥감에 그대로 꽂히는 신비한 창도 있었답니다. 케팔로스가 신비한 능력을 가진 사냥개와 창을 갖게 된 데는 사연이 있었어요.

　포키스의 왕자인 케팔로스는 아주 어린 시절부터 사냥을 좋아했는데요. 잘생기고 늠름한 청년으로 자라난 케팔로스는 포키스 여인들에게 최고의 신랑감이었답니다. 그런 케팔로스가 한눈에 반한 여인이 있었으니, 그의 이름은 프로크리스. 프로크리스 역시 포키스에서 둘째가라면 서러울 만큼 상냥하고 아름다운 아가씨였어요. 두 사람은 영원한 사랑을 약속하며 모두의 축복 속에서 결혼식을 올렸어요. 그러나 새벽의 신 에오스만큼은 두 사람의 결혼을 못마땅하게 생각했답니다.

'케팔로스를 절대 프로크리스에게 빼앗길 수 없어.'

사실 에오스는 꽤 오랫동안 케팔로스를 좋아하고 있었어요. 케팔로스는 새벽부터 사냥감을 찾기 위해 숲을 돌아다녔는데요. 에오스는 매일 새벽 케팔로스를 보며 혼자 사랑을 키워 왔던 것이지요. 하루는 에오스가 새벽에 사냥을 나온 케팔로스 앞에 나타나 말했어요.

"사랑해, 케팔로스! 프로크리스에게 돌아가지 말고 나와 함께 있어줘."

프로크리스에게 영원한 사랑을 맹세한 케팔로스가 그 말을 들을 리 없었어요. 에오스는 케팔로스를 가둬 두고 오랫동안 그를 설득했지만 케팔로스의 마음은 변함이 없었어요. 결국 포기한 에오스는 케팔로스를 집으로 보내 주는 대신 마음속에 의심을 심어 두었지요.

"좋아. 집으로 보내 주지. 어디 네 말대로 두 사람의 사랑이 영원한지 보자고. 프로크리스에게 변장을 하고 가서 사랑을 고백해 봐. 변장한 너를 거절한다면 너희의 사랑을 믿어 줄게."

케팔로스는 절대 넘어올 리 없다며 변장을 한 후 프로크리스에게로 돌아갔어요. 프로크리스는 사냥을 떠난 뒤 돌아오지 않는 케팔로스가 걱정되면서도 자신을 떠나 버린 건 아닌지 의심스러웠지요. 그런 와중에 변장[●]한 케팔로스가 나타나 끈질기게 사랑을 고백하자 그만 넘어가고 말았답니다.

케팔로스는 그제야 변장을 벗었어요. 그 모습을 본 프로크리스는 자신을 속인 케

혹시 궁금하지 않았나요?

큰개자리 ★ 겨울철 남쪽 하늘에서 볼 수 있는 큰개자리는 번개처럼 빠른 라이라프스의 모습 그대로인데요. 튼튼한 네 다리로 언제라도 뛰어나갈 듯한 모양을 하고 있어요. 큰개자리의 입 혹은 목으로 보이는 부분에는 별 중에서 가장 밝은 별인 시리우스가 빛나고 있어요. 시리우스는 태양 다음으로 빛나는 별로 그 뜻도 '빛나다', '불타다'랍니다.

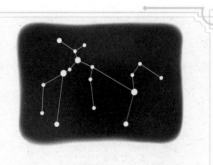

- **변장** 본래의 모습을 알아볼 수 없도록 옷차림이나, 얼굴, 머리 모양 등을 바꾸는 일이에요.
- **공(功)** 일을 마치는 데 들인 정성이나 노력을 말해요.

팔로스에게 화가 났어요. 그래서 곧장 숲으로 떠나 버렸지요. 프로크리스는 사냥의 신 아르테미스를 찾아갔어요. 아르테미스는 번개처럼 빠른 사냥개 라이라프스와 무엇이든 맞히는 신비의 창을 선물로 주며 프로크리스를 위로해 주었어요.

한편, 케팔로스는 자신의 행동을 후회하고 프로크리스를 찾아다녔는데요. 온갖 고생 끝에 간신히 프로크리스를 찾아낸 케팔로스. 그는 아내 앞에 무릎을 꿇고 잘못을 빌었어요.

"프로크리스 당신을 의심한 나를 용서해 주오."

케팔로스의 진심 어린 사과에 프로크리스도 마음을 돌렸어요. 프로크리스는 케팔로스에게 화해의 표시로 선물 받은 라이라프스와 신비의 창을 주었어요.

그즈음 케팔로스가 살던 나라에서는 가축과 사람을 잡아먹는 여우가 나타나 큰 걱정거리였는데요. 몸집이 어찌나 크고 빠른지 어떤 뛰어난 사냥개도 여우를 따라잡지 못했어요. 케팔로스는 라이라프스를 풀어 여우를 잡게 했지요. 라이라프스는 몇 달 동안이나 놓치지 않고 쫓아다닌 끝에 여우를 잡았고 그 공˚으로 하늘의 별이 되었답니다.

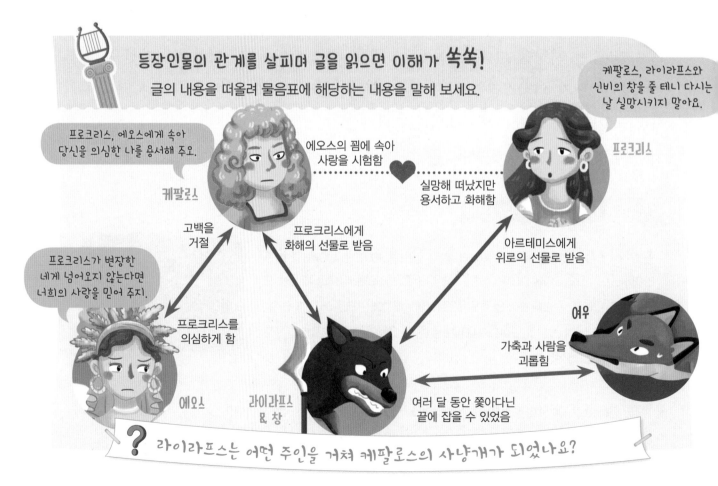

등장인물의 관계를 살피며 글을 읽으면 이해가 **쏙쏙!**
글의 내용을 떠올려 물음표에 해당하는 내용을 말해 보세요.

케팔로스, 라이라프스와 신비의 창을 줄 테니 다시는 날 실망시키지 말아요.

프로크리스, 에오스에게 속아 당신을 의심한 나를 용서해 주오.

케팔로스

에오스의 꾐에 속아 사랑을 시험함 ♥

프로크리스

실망해 떠났지만 용서하고 화해함

고백을 거절

프로크리스에게 화해의 선물로 받음

아르테미스에게 위로의 선물로 받음

프로크리스가 변장한 네게 넘어오지 않는다면 너희의 사랑을 믿어 주지.

프로크리스를 의심하게 함

에오스

라이라프스 & 창

여우

가축과 사람을 괴롭힘

여러 달 동안 쫓아다닌 끝에 잡을 수 있었음

? 라이라프스는 어떤 주인을 거쳐 케팔로스의 사냥개가 되었나요?

1 이야기와 만나는 문장 쓰기 다음 문장을 빈칸에 따라 써 보세요.

"	프	로	크	리	스		당	신	을		의	심	한		나	를		용
서	해		주	오	.	"												

2 이해하는 문장 쓰기 프로크리스는 잘못을 뉘우치는 케팔로스를 보고 어떻게 하기로 했나요?

프로크리스는   다.

3 생각을 발견하는 문장 쓰기 프로크리스는 케팔로스에게 화해의 표시로 무엇을 주었나요?

프로크리스는   다.

4 상상하는 문장 쓰기 여러분이 케팔로스라면 자신을 용서하고 선물까지 준 프로크리스에게 뭐라고 말했을까요?

내가 케팔로스라면   다.

모아쓰기 위에서 답으로 쓴 네 문장을 연결해서 써 보세요. 하나의 근사한 글이 될 거예요.

_____

_____

_____

_____

_____

신도 감동시킨 형제 사랑

　여름철 별자리에서 소개한 백조자리를 기억하나요? 백조로 변한 제우스가 스파르타의 왕비 레다와 사랑을 나누었다는 이야기 말이에요. 제우스가 떠난 후 레다 왕비는 두 개의 알을 낳았어요. 알에서는 네 명의 아이가 태어났지요. 첫 번째 알에서는 카스토르와 클리타임네스트라가 태어났어요. 카스토르와 클리타임네스트라의 아버지는 스파르타의 왕 틴다레오스였어요. 두 번째 알에서는 폴룩스와 헬레네가 태어났어요. 폴룩스와 헬레네의 아버지는 제우스였답니다. 폴룩스와 헬레네는 제우스의 자식이었던 만큼 영원한 생명을 타고났지요.

　카스토르와 클리타임네스트라, 폴룩스와 헬레네는 비록 아버지는 달랐지만 서로를 위하는 사이좋은 형제지간*이었어요. 그중에서도 카스토르와 폴룩스의 사이가 아주 좋았는데요. 두 사람은 매일 붙어 다니며 함께 많은 시간을 보냈답니다.

　카스토르와 폴룩스는 둘 다 운동을 좋아하고 싸움도 잘했어요. 카스토르는 말 타기와 전술에 뛰어났고, 폴룩스는 권투와 활쏘기를 잘했지요. 특히 대장장이의 신 헤파이스토스에게 부탁해 신비의 철까지 얻은 폴룩스는 당할 사람이 없었어요. 폴룩스가 신비의 철을 손목에 붙인 후 혼자서 군대 전체를 무찌르기도 했으니까요.

언제나 껌딱지처럼 붙어 다니던 두 사람은 어느 날 작은아버지의 집에 놀러갔다가 동시에 사랑에 빠지고 마는데요. 그들이 사랑에 빠진 여인들은 다름 아닌 자신들의 사촌이자 작은아버지의 딸들이었어요. 카스토르는 언니를, 폴룩스는 동생을 사랑했지요. 하지만 안타깝게도 자매에게는 약혼자가 따로 있었어요. 또 다른 사촌, 이다스와 린케우스였어요.

사랑을 양보할 수 없던 네 남자는 두 여자를 사이에 두고 치열한 싸움을 벌였답니다. 이 싸움은 이다스와 린케우스 그리고 카스토르가 죽어서야 끝이 났어요. 살아남은 유일한 사람은 폴룩스뿐이었지요. 폴룩스도 다른 사람들 못지않게 큰 상처를 입었지만 영원한 생명을 타고났기에 죽지 않을 수 있었어요.

'나 혼자 살아남다니……. 더 이상 살아갈 아무 이유가 없어.'

하지만 형 카스토르를 잃은 폴룩스는 형의 죽음이 너무나도 슬펐어요. 더 이상 살아갈 이유조차 느끼지 못할 정도였지요. 폴룩스에게는 하루하루가 견디기 힘든 시간들이었어요. 마침내 폴룩스는 제우스에게 간절히 기도했어요.

"제우스시여, 나의 아버지시여, **저도 제발 카스토르 형을 따라가게 해 주세요.**"

제우스는 시간이 지나면 폴룩스의 마음도 바뀔 거라고 생각하며 가만히 지켜보기로 했어요. 그러나 몇 날, 몇 주, 몇 달이 지나도 폴룩스의 결심은 변함이 없었어요.

⭐ 혹시 궁금하지 않았나요?

쌍둥이자리 ★ 황도 12궁의 세 번째 별자리인 쌍둥이자리는 겨울철 동쪽 하늘에서 볼 수 있는 별자리인데요. 사이좋은 카스토르와 폴룩스를 기린 별자리인 만큼 마치 두 사람이 어깨동무를 한 듯한 모습이에요. 특히, 쌍둥이자리 중 두 번째로 밝은 별의 이름을 폴룩스라고 부른답니다.

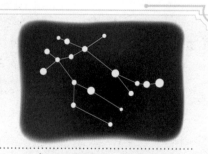

- **형제지간** 형과 아우 사이를 말해요. 주로 남자 형제를 이르지만 본문에서처럼 남자, 여자 구분 없이 쓰이기도 해요.
- **제안** 어떤 생각이나 상황에 대해 의견을 내놓는 일을 뜻해요.

오히려 형을 따라가게 해달라는 기도는 더욱 간절해졌어요. 보다 못한 제우스가 그에게 한 가지 제안●을 했습니다.

"아들아, 카스토르를 향한 너의 사랑은 매우 지극하구나. 혼자 있기가 그렇게 힘들다면 올림포스로 오너라. 신들과 함께 지내자꾸나."

제우스가 폴룩스를 올림포스 신들의 세계로 초대한 것이었어요. 하지만 폴룩스는 제우스의 제안조차 거절하고 말아요.

"아니에요. 아버지, 카스토르 형이 없다면 하늘이든 땅이든 제게는 지옥이나 다름없는 걸요."

폴룩스의 마음을 헤아린 제우스는 폴룩스가 가진 영원한 생명을 카스토르에게 나눠 줬어요. 그리하여 형제는 하루는 지하 세계에서, 하루는 올림포스에서 살 수 있었답니다.

겨울철 밤하늘에서 가장 빛나는 쌍둥이자리를 보며 형제 사이의 지극한 사랑을 확인해 보세요.

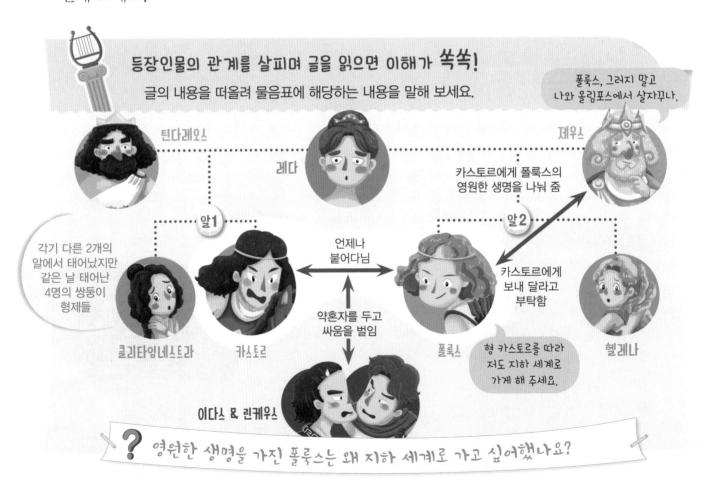

등장인물의 관계를 살피며 글을 읽으면 이해가 쏙쏙!

글의 내용을 떠올려 물음표에 해당하는 내용을 말해 보세요.

폴룩스, 그러지 말고 나와 올림포스에서 살자꾸나.

틴다레오스

레다

제우스

카스토르에게 폴룩스의 영원한 생명을 나눠 줌

알1

각기 다른 2개의 알에서 태어났지만 같은 날 태어난 4명의 쌍둥이 형제들

언제나 붙어다님

알2

카스토르에게 보내 달라고 부탁함

약혼자를 두고 싸움을 벌임

클리타임네스트라

카스토르

폴룩스

형 카스토르를 따라 저도 지하 세계로 가게 해 주세요.

헬레나

이다스 & 린케우스

? 영원한 생명을 가진 폴룩스는 왜 지하 세계로 가고 싶어했나요?

1 이야기와 만나는 문장 쓰기 다음 문장을 빈칸에 따라 써 보세요.

"	저	도		제	발		카	스	토	르		형	을		따	라	가	게
해		주	세	요	.	"												

2 이해하는 문장 쓰기 카스토르가 죽은 후 폴룩스는 무엇 때문에 간절히 기도했나요?

폴룩스는   기도했습니다.

3 생각을 발견하는 문장 쓰기 제우스는 카스토르를 따라 지하 세계로 가겠다는 폴룩스에게 뭐라고 답했나요?

제우스는   다.

4 상상하는 문장 쓰기 여러분이 폴룩스였다면 제우스가 올림포스에서 함께 지내자고 한 말에 뭐라고 대답했을까요?

내가 폴룩스라면   다.

모아쓰기 위에서 답으로 쓴 네 문장을 연결해서 써 보세요. 하나의 근사한 글이 될 거예요.

헤라클레스에게 밟혀
다리 하나를 잃은 게

그리스 최고의 영웅은 누구일까요? 네. 맞아요. 헤라클레스예요. 제우스와 알크메네 사이에서 태어난 헤라클레스는 태어나기 전부터 헤라에게 미움을 받았어요. 헤라는 제우스가 그 어떤 자식보다 헤라클레스를 아끼는 모습이 싫었거든요. 그래서 헤라는 틈만 나면 헤라클레스를 없애고 싶어 안달°이었어요. 태어난 지 얼마 안 된 헤라클레스의 요람°에 뱀을 풀어놓을 정도로요. 물론 아기 때도 힘이 장사였던 헤라클레스가 뱀 두 마리를 가볍게 집어 들어 던져 버렸지만요.

헤라는 포기하지 않고 헤라클레스를 계속해서 괴롭혔어요. 헤라클레스에게 12가지 과제를 내준 에우리스테우스 왕도 사실은 헤라가 시킨 대로 한 것이었답니다. 헤라클레스의 12가지 과제는 모두 힘들고 어려운 일들이었어요. 도저히 인간이 해낼 수 없는 것들이었지요. 그럼에도 헤라클레스는 지치지 않고 12년에 걸쳐 하나씩 해결해

나갔어요.

게자리는 헤라클레스의 두 번째 과제와 관련이 있어요. 바로 레르네의 히드라를 죽이는 일이었는데요. 레르네의 늪지에 사는 히드라는 머리가 아홉 개나 달린 뱀이었어요. 히드라라는 이름도 그리스어로 '물뱀'이라는 뜻이랍니다. 몸집도 헤라클레스의 두 배에 가까웠어요.

히드라는 머리 하나를 잘라 내면 곧바로 그 자리에서 두 개의 머리가 생겨나는 괴물이었어요. 머리 두 개를 잘라 내면 순식간에 네 개가 올라왔지요. 그리스의 가장 위대한 영웅 헤라클레스에게도 히드라는 버거운 괴물이었어요. 아무리 베어 내도 계속해서 생겨나는 머리 때문에 싸움을 포기해야 할 지경이었으니까요. 헤라가 이때를 놓치지 않았어요.

'옳지! 헤라클레스, 너도 오늘이 마지막인 줄 알아라.'

헤라는 커다란 게를 보내 히드라를 돕도록 했어요. 히드라와 게가 함께 공격한다면 제아무리 대단한 헤라클레스라도 꼼짝 못할 거라 생각했거든요.

"앗!"

거대한 게가 헤라클레스의 발뒤꿈치를 물자 깜짝 놀란 헤라클레스가 고개를 돌려 뒤를 보았어요. 게는 또각또각 소리를 내며 다시 한번 헤라클레스를 공격할 준비를 하고 있었지요. 하지만 아무리 지쳤다고는 해도 천하의 헤라클레스가 게에게 물려 죽다니 어림도 없는 일! 헤라클레스는 게가 피하거나 막을 틈도 없이 재빨리 게를 밟아

혹시 궁금하지 않았나요?

게자리 황도 12궁의 네 번째 별자리인 게자리는 황도 12궁에 속한 별자리들 중 가장 어두운 별자리로 알려져 있어요. 그만큼 잘 눈에 띄지 않아 찾기는 쉽지 않아요. 별들을 모두 이으면 몸통으로 보이는 약간 비뚤어진 사각형과 세 개의 다리가 보이는데요. 원래 있어야 할 다리 하나가 없는 건 헤라클레스에게 밟혀 발 하나가 잘려 나간 탓이랍니다.

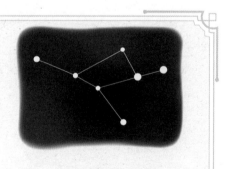

- **안달** 속을 태우면서 조바심 내는 걸 말해요.
- **요람** 아기를 태우고 재우거나 흔들어서 놀게 하는 물건이에요.

버렸어요. 게는 한쪽 발이 부러진 채 기운 없이 죽고 말았답니다.

"맞아! 그거야. 절대 틈을 주지 않는 것!"

헤라클레스는 게가 죽은 것을 보고 히드라를 꼼짝 못 하게 할 방법을 떠올렸어요. 헤라클레스는 바람같이 달려가 조카인 이올라오스를 데려왔어요. 이올라오스의 손에는 횃불이 들려 있었어요.

"이올라오스, 내가 히드라의 머리를 자르면 넌 곧바로 그 자리를 불로 지지도록 해. 머리가 생길 틈을 주면 안 돼. 알았지?"

이올라오스는 고개를 끄덕였어요. 헤라클레스는 다시 히드라의 머리를 내리쳤어요. 이올라오스는 재빨리 머리가 잘린 부분에 횃불을 놓아 새로운 머리가 나오지 못하게 막아 버렸지요. 수없이 반복한 끝에 드디어 히드라의 머리를 모두 잘라 낸 헤라클레스. 이올라오스의 도움으로 두 번째 과제도 무사히 마칠 수 있었답니다.

헤라는 비록 싸움에서는 졌지만 자신의 역할에 최선을 다했던 게를 기리기 위해 게자리를 만들어 주었어요. 헤라도 알고 보면 정이 많은 여신이지요?

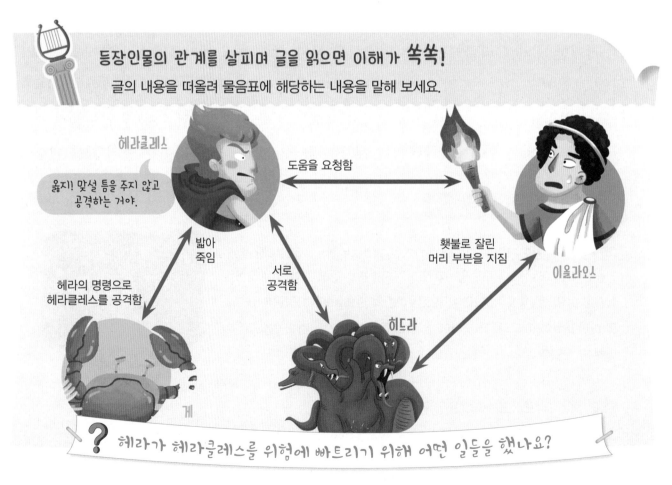

등장인물의 관계를 살피며 글을 읽으면 이해가 **쏙쏙!**
글의 내용을 떠올려 물음표에 해당하는 내용을 말해 보세요.

헤라클레스

옳지! 맞설 틈을 주지 않고 공격하는 거야.

도움을 요청함

밟아 죽임

서로 공격함

횃불로 잘린 머리 부분을 지짐

이올라오스

헤라의 명령으로 헤라클레스를 공격함

게

히드라

? 헤라가 헤라클레스를 위험에 빠트리기 위해 어떤 일들을 했나요?

1 이야기와 만나는 문장 쓰기　다음 문장을 빈칸에 따라 써 보세요.

헤	라	클	레	스	는		게	가		죽	은		것	을		보	고
히	드	라	를		꼼	짝		못		하	게		할		방	법	을		떠
올	렸	어	요	.													

2 이해하는 문장 쓰기　헤라클레스가 떠올린 히드라를 꼼짝 못 하게 하는 그 방법은 무엇이었나요?

그 방법은　　　　　　　　　　　　　　　　　　　　다.

3 생각을 발견하는 문장 쓰기　헤라클레스는 히드라를 해치울 방법을 떠올린 후 어떤 기분이 들었을까요?

헤라클레스는　　　　　　　　　　　　　　　　　　다.

4 상상하는 문장 쓰기　여러분이 만약 헤라가 보낸 게라면, 죽기 전 헤라에게 어떤 말을 했을까요?

내가 게라면 죽기 전　　　　　　　　　　　　　　　다.

모아쓰기　위에서 답으로 쓴 네 문장을 연결해서 써 보세요. 하나의 근사한 글이 될 거예요.

태양 마차를 몰다가
강에 빠진 파에톤

에리다누스●는 그리스 신화에 나오는 강의 이름이에요. 그래서인지 에리다누스자리는 구불거리는 강처럼 생겼답니다. 에리다누스자리하면 빼놓을 수 없는 인물이 있는데요. 태양신 헬리오스와 바다 요정 클리메네의 아들인 파에톤이에요. 클리메네는 혼자서 파에톤을 길렀어요. 파에톤은 늘 얼굴도 모르는 아버지가 그리웠지요.

"어머니, 이제는 저도 다 컸으니 아버지가 누구인지 알려 주세요."

어느덧 부쩍 커 버린 파에톤이 어머니 클리메네에게 말했어요. 잠시 생각하던 클리메네는 고개를 끄덕였어요.

"놀라지 마라, 파에톤. 너의 아버지는 태양신 헬리오스이시다."

클리메네의 말에 파에톤은 날아갈 듯 기뻐하며 친구들에게 자랑했어요. 하지만 친구들은 파에톤의 말을 믿어 주지 않았지요.

'내 아버지는 헬리오스셔. 감히 너희들이 나를 놀려?'

파에톤은 직접 헬리오스를 찾아가기로 마음먹었어요. 헬리오스를 찾아 나선 파에톤은 몇 날 며칠을 걸어 헬리오스의 신전에 다다랐어요.

"제 어머니 클리메네를 기억하시나요?"

헬리오스는 클리메네의 이름을 듣고 벌떡 일어나 높은 의자에서 내려오더니 파에톤의 손을 잡았어요.

"네가 내 아들 파에톤이냐?"

파에톤은 그제야 참아 온 눈물을 펑펑 쏟았어요. 헬리오스는 자신을 찾아 먼 길을 걸어온 아들 파에톤이 반갑고 또 미안했어요.

"울지 마라. 아들아, 내 너를 위해 소원 한 가지를 들어 주마. 너에게 주는 특별한 선물이라 여기고 어떤 소원이라도 말해 보거라."

헬리오스의 말에 파에톤은 눈물을 그치고 잠시 생각에 잠겼어요.

'어떤 걸 부탁드리지? 이 기회에 내가 헬리오스의 아들이라는 걸 똑똑히 보여 주는 거야. 그러려면 어떤 소원이 좋을까? …… 그래! 태양 마차, 바로 그거야!'

파에톤은 헬리오스에게 태양 마차를 몰아 보고 싶다고 말했어요. 하지만 헬리오스는 그 소원을 들어줄 수가 없었어요. 태양 마차는 태양신 헬리오스에게만 허락된, 말 그대로 태양을 끄는 마차이기 때문이었어요. 또 태양 마차는 정해진 길로만 다녀야 했어요. 너무 높게 가면 신들의 집이 불타고 또 너무 낮게 가면 땅이 불탔으니까요. 게다가 성질이 거친 말들을 다루는 것도 보통 일이 아니었지요.

혹시 궁금하지 않았나요?

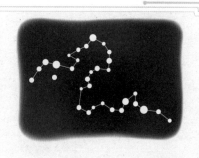

에리다누스자리* 겨울밤 남쪽 지평선 부근에서 볼 수 있는 에리다누스자리는 구불구불한 강처럼 알파벳 Z자 모양을 하고 있어요. 에리다누스자리 주변에는 약속이나 한 듯이 돌고래자리, 물병자리, 남쪽물고기자리, 고래자리 등 물과 관련된 별자리들이 자리하고 있는데요. 이들이 물에 뛰어들어도 좋을 만큼 매우 큰 별자리랍니다.

- **에리다누스** 에리다누스는 강의 신 이름이면서 동시에 본문처럼 강의 이름이기도 해요. 실제로 이탈리아에는 그리스어로 에리다누스라 불리는 강이 있지요.
- **고삐** 말이나 소를 몰거나 부리려고 잡아매는 줄이에요.

"제발…… 제발요. 딱 한 번만요. **아버지 딱 한 번만 제 소원을 들어 주세요.**"

파에톤은 헬리오스의 반대에도 포기하지 않고 끈질기게 졸랐어요. 마침내 헬리오스도 마지못해 파에톤의 말을 들어주었지요.

"딱 한 번만이다. 그리고 절대 고삐[•]를 놓쳐서는 안 된다. 알겠지?"

헬리오스의 허락이 떨어지자 파에톤은 날아갈 듯 기뻤어요. 바람처럼 태양 마차에 올라 말고삐를 잡았지요. 신나게 하늘로 올라간 파에톤은 한달음에 우주까지 날아갔어요. 하지만 말들은 곧 그가 주인이 아니란 걸 알아차렸어요. 그래서 이리저리 날뛰기 시작했지요. 태양 마차는 정해진 길을 벗어나 정신없이 내달렸어요. 태양 마차가 지나는 길은 모두 불바다로 변했답니다.

"콰광!"

보다 못한 제우스가 벼락을 내리쳤어요. 마차는 부서졌고 파에톤은 강에 빠져 죽고 말았어요. 파에톤이 빠져 죽은 그 강이 바로 에리다누스자리의 전설이 깃든 에리다누스강이었답니다.

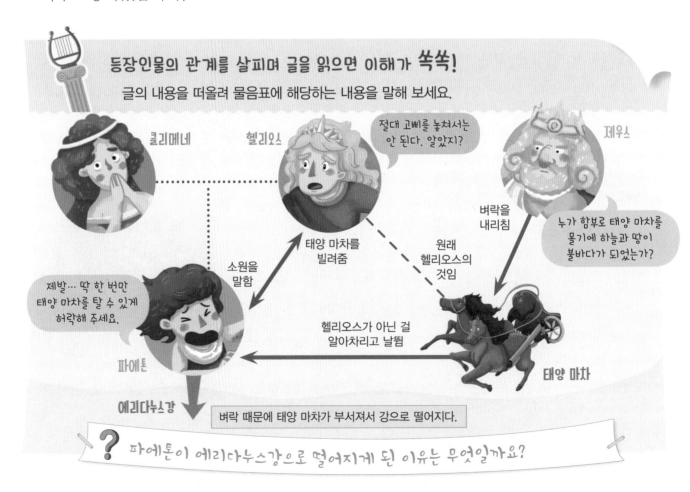

등장인물의 관계를 살피며 글을 읽으면 이해가 쏙쏙!
글의 내용을 떠올려 물음표에 해당하는 내용을 말해 보세요.

클리메네   헬리오스   절대 고삐를 놓쳐서는 안 된다. 알았지?   제우스

제발… 딱 한 번만 태양 마차를 탈 수 있게 허락해 주세요.

소원을 말함   태양 마차를 빌려줌   벼락을 내리침   원래 헬리오스의 것임   누가 함부로 태양 마차를 몰기에 하늘과 땅이 불바다가 되었는가?

파에톤   헬리오스가 아닌 걸 알아차리고 날뜀   태양 마차

에리다누스강   벼락 때문에 태양 마차가 부서져서 강으로 떨어지다.

? 파에톤이 에리다누스강으로 떨어지게 된 이유는 무엇일까요?

1 이야기와 만나는 문장 쓰기 다음 문장을 빈칸에 따라 써 보세요.

"	아	버	지	딱		한		번	만		제		소	원	을		들
어		주	세	요	.	"											

2 이해하는 문장 쓰기 헬리오스가 소원을 들어 주겠다고 하자 파에톤은 무엇을 부탁했나요?

파에톤은   다.

3 생각을 발견하는 문장 쓰기 파에톤이 태양 마차를 타겠다고 했을 때 헬리오스는 어떤 생각이 들었을까요?

헬리오스는   다.

4 상상하는 문장 쓰기 여러분이 파에톤이라면 헬리오스가 말릴 때 뭐라고 말했을까요?

내가 파에톤이라면   다.

모아쓰기 위에서 답으로 쓴 네 문장을 연결해서 써 보세요. 하나의 근사한 글이 될 거예요.

_____

_____

_____

_____

계절별 별자리를 구분해 볼까요?

지금까지 봄, 여름, 가을, 겨울 사계절 별자리와 그에 얽힌 그리스 신화에 대해 알아보았는데요.
여러분은 어떤 별자리가 가장 기억에 남았나요? 1장부터 4장까지 소개한 별자리들을
다시 떠올려 보면서 점선을 따라 별자리 모양을 완성해 보세요.

1 봄철 목동자리

목동자리는 봄철 밤하늘에서 가장 빛나는 별인 아르크투르스를 꼭지점으로 삼고 가늘고 긴 마름모꼴을 그리면 완성되지요.

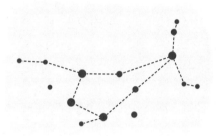

2 여름철 백조자리

두 날개를 쭉 펴고 날아가는 모습의 백조자리는 머리 부분이 땅을 향해 있어 당장이라도 레다 왕비에게 날아갈 듯 하답니다.

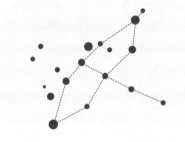

3 가을철 페가수스자리

커다랗게 보이는 정사각형은 페가수스의 몸통에 해당하며 '페가수스 사각형' 또는 '가을의 대사각형'으로 불리기도 한답니다.

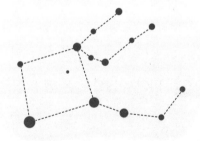

4 겨울철 큰개자리

큰개자리의 입 혹은 목으로 보이는 부분에는 별 중에서 가장 밝은 별인 시리우스가 빛나고 있어요. 시리우스는 태양 다음으로 빛나는 별로 그 뜻도 '빛나다', '불타다'랍니다.

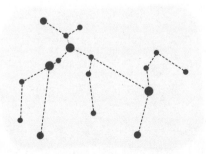

▶ 가이드북 56쪽에 정답

5장

북쪽하늘의 별자리

- 큰곰자리 ⭐ 헤라의 질투로 곰이 된 칼리스토
- 작은곰자리 ⭐ 엄마와 함께 밤하늘에 별이 된 아르카스
- 케페우스자리 ⭐ 이러지도 저러지도 못하는 에티오피아의 왕
- 카시오페이아자리 ⭐ 별자리가 되어서도 벌을 받는 카시오페이아
- 용자리 ⭐ 황금 사과를 찾아 떠난 헤라클레스의 모험

헤라의 질투로 곰이 된 칼리스토

변신의 왕 제우스는 사랑하는 사람을 만나기 위해 여러 가지 모습으로 변했는데요. 백조, 독수리…… 심지어 황금 비로도 변했어요. 제우스가 이처럼 변신할 수밖에 없었던 이유는 모두 아내 헤라의 눈을 속이기 위해서였어요. 헤라는 제우스가 자신을 속이고 한눈파는 걸 절대 용서하지 않았거든요. 그도 그럴 것이 헤라는 신성한 결혼을 지키는 결혼의 신이니까요.

사실 제우스는 헤라를 만나기 전에도 여러 명의 여신과 결혼을 했었어요. 툭하면 사랑에 빠지기 일쑤여서 결혼을 했다가도 금세 마음을 바꿨지만요. 헤라의 눈에는 분명 그런 제우스가 탐탁지 않았을 거예요.

하지만 헤라가 제우스와 결혼하게 된 중요한 계기가 있었어요. 바로 파리스의 판결● 때문이었지요. 신들의 결혼 축하 잔치에서 '가장 아름다운 여신에게'라고 적힌 황금 사과를 사이에 두고 아테나, 헤라, 아프로디테가 다툰 일을 기억하나요? 세 여신이 사과의 주인을 찾아 달라고 파리스에게 물어봤던 일 말이에요. 파리스는 아프로디테를 가장 아름다운 여신으로 꼽았는데요. 이 일로 질투의 여신 헤라는 파리스를 무척 미워했어요. 얼마나 미웠던지 파리스뿐만 아니라 그가 살고 있는 트로이 전체가 싫어졌지요. 마침 트로이는 그리스와 전쟁을 벌이고 있었는데요. 헤라는 어떻게든 트로이를 지게 만들고 싶었어요.

'좋아. 그리스를 지켜 주는 제우스를 내 편으로 만들어야겠어. 아니야. 아예 평생 제우스를 내 편으로 만들자.'

헤라는 제우스의 관심을 받기 위해 온갖 치장을 했어요. 허브향이 나는 향유를 온몸에 바르고 금색 곱슬머리는 곱게 땋아 내렸어요. 진주 귀걸이로 멋을 내고 멋진 수술●로 장식된 허리띠를 찼지요. 마지막으로 아프로디테에게 빌린 가슴 띠까지 두르고는 자신 있게 제우스 앞으로 갔어요. 올림포스 신전에 앉아 있던 제우스는 여느 때와 다른 헤라에게서 눈을 뗄 수가 없었어요.

"오! 헤라, 이렇게 아름다운 당신을 지금에서야 알아보다니……. 부디 내 사랑을 받아 주오."

제우스는 헤라 앞에서 무릎꿇고 사랑을 고백했어요. 헤라는 한껏 미소를 짓고는 제우스를 향해 좋다고 말했어요. 헤라의 대답에 제우스는 어린 아이처럼 함박웃음을 지었지요.

"날 사랑한다면 나와 결혼해 줘요. 단, 조건이 있어요. **이제부터 절대로 다른 신이나 인간과 결혼하지 않겠다고 맹세해요.**"

혹시 궁금하지 않았나요?

큰곰자리* 일 년 내내 볼 수 있는 별자리 중 큰곰자리는 북두칠성을 중심으로 이루어진 북쪽 하늘의 큰 별자리인데요. 북두칠성은 큰곰자리의 허리와 긴 꼬리 부분을 이루고 있어요. 큰곰자리가 항상 북쪽 하늘에 떠 있는 것을 두고 별이 된 것조차 얄미웠던 헤라가 물을 마시지 못하게 옮겨 놓은 거라는 말도 있답니다. 영원히 북쪽 하늘에 머물며 바다 아래에서 쉴 수 없도록 말이에요.

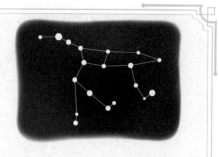

- **판결** 옳고 그름이나 좋고 나쁨을 결정해 주는 걸 말하는데요. 여기서는 파리스가 내린 결정을 말해요.
- **수술** 실을 꼬거나 엮어서 만든 걸 뜻하며 주로 테두리에 모양을 낼 때 달아요.

제우스의 얼굴은 금세 어두워졌어요. 사랑은 제우스 힘의 근원이었으니까요. 헤라 외에 다른 누구도 사랑할 수 없다니……. 제우스는 쉽게 대답하지 못했어요. 그렇다고 헤라를 놓치기는 더 싫었던 제우스. 일단은 헤라의 요구를 들어주기로 했어요. 지금 당장은 헤라만 사랑할 수 있다면 아무래도 상관없었거든요.

드디어 헤라와 제우스는 결혼을 했어요. 헤라의 말대로 헤라는 제우스의 마지막 아내가 되었어요. 제우스는 그 후 누구와도 결혼을 하지 않았으니까요. 하지만 제우스의 사랑은 멈추지 않았어요. 제우스는 헤라와 결혼한 후에도 수시로 다른 사람과 사랑에 빠졌답니다. 그때마다 헤라는 질투에 눈이 멀어 제우스가 사랑한 여인이나 그들 사이에서 낳은 자식을 해치고는 했어요.

큰곰자리는 헤라의 질투 때문에 곰으로 변해 버린 요정 칼리스토의 별자리예요. 칼리스토가 제우스의 아이를 낳자 화가 난 헤라가 그녀를 곰으로 만들어 버렸거든요. 큰곰자리는 작은곰자리와 함께 별자리가 되었는데요. 큰곰자리로 변한 칼리스토에 대해서는 다음 소개할 작은곰자리에서 좀 더 자세히 알아볼까요?

등장인물의 관계를 살피며 글을 읽으면 이해가 쏙쏙!
글의 내용을 떠올려 물음표에 해당하는 내용을 말해 보세요.

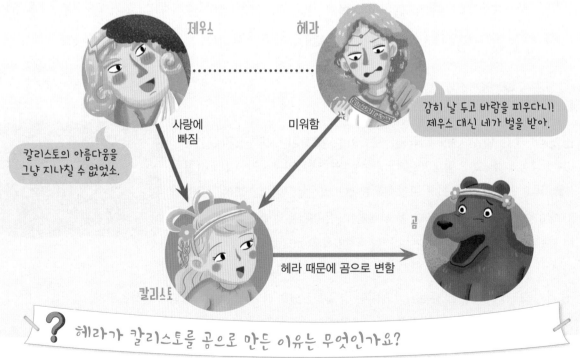

제우스   헤라

사랑에 빠짐   미워함

감히 날 두고 바람을 피우다니! 제우스 대신 네가 벌을 받아.

칼리스토의 아름다움을 그냥 지나칠 수 없었소.

헤라 때문에 곰으로 변함   곰

칼리스토

? 헤라가 칼리스토를 곰으로 만든 이유는 무엇인가요?

1 이야기와 만나는 문장 쓰기   다음 문장을 빈칸에 따라 써 보세요.

"	이	제	부	터		절	대	로		다	른		신	이	나		인	간
과		결	혼	하	지		않	겠	다	고		맹	세	해	요	.	"	

2 이해하는 문장 쓰기   제우스는 헤라와 결혼하기 위해 어떤 약속을 했나요?

제우스는   다.

3 생각을 발견하는 문장 쓰기   헤라는 제우스의 어떤 점 때문에 화가 났을까요?

헤라는   다.

4 상상하는 문장 쓰기   여러분이 자신 몰래 칼리스토를 사랑한 제우스를 알게 된 헤라라면, 제우스에게 어떻게 행동했을까요?

내가 헤라라면   다.

모아쓰기   위에서 답으로 쓴 네 문장을 연결해서 써 보세요. 하나의 근사한 글이 될 거예요.

엄마와 함께 밤하늘에 별이 된 아르카스

큰곰자리를 소개하면서, 큰곰자리가 요정 칼리스토의 별자리라는 말을 했는데요. 작은곰자리는 큰곰자리와 동시에 하늘로 올라간 별자리랍니다. 이번에는 큰곰자리와 작은곰자리가 된 칼리스토와 그의 아들 아르카스에 대해 들려줄게요.

칼리스토는 달과 사냥의 신 아르테미스를 따라다니던 아홉 요정들 중 한 명이었어요. 요정들은 모두 아름다웠지만 특히 칼리스토의 외모는 돋보였지요. 아르테미스는 평생 결혼하지 않고 혼자 살겠다고 다짐하고는 외딴 숲에서 사냥을 즐기며 지냈는데요. 그래서 아르테미스를 처녀의 신이라고도 한답니다. 아르테미스를 따르는 요정들도 마찬가지였어요. 아르테미스와 영원히 함께 하기를 맹세°하고 사랑이나 결혼에는 관심을 두지 않았지요.

하루는 사냥을 끝낸 아르테미스와 요정들이 호수에서 물놀이를 하고 있었는데요. 지나가던 제우스가 우연히 이 모습을 보게 되었어요. 아니나 다를까 제우스는 눈에 띄게 아름다운 칼리스토에게 반해 버리고 말아요.

그날부터 제우스는 칼리스토를 어떻게든 아르테미스에게서 떼어내 보려고 애썼어요. 하지만 칼리스토는 좀처럼 아르테미스에게서 떨어지지 않았지요. 사랑에도 전혀 관심이 없었고요. 오직 아르테미스의 시중을 들고 사냥하는 일에만 열중*할 뿐이었어요.

궁리 끝에 제우스는 아르테미스를 신전으로 불러들였어요. 그 사이 제우스는 아르테미스의 모습으로 변신한 채 칼리스토에게 다가갔고요. 제우스를 아르테미스라고 착각한 칼리스토는 스스럼없이 함께 목욕을 했어요. 그로부터 몇 달 후, 칼리스토의 배가 불룩해졌어요. 제우스와의 사이에서 아이가 생겨 버렸거든요. 아르테미스는 자신을 따르는 요정이 아이를 가졌다는 사실에 부끄럽고 화가 났어요.

"칼리스토! 모두들 처녀의 신인 나를 비웃을 거야. 지금 당장 내 눈 앞에서 사라져 버려!"

아르테미스 무리로부터 쫓겨난 칼리스토는 혼자서 아이를 낳았어요. 칼리스토가 이제 막 태어난 아이를 안으려는 순간, 잔뜩 화가 난 헤라가 나타났어요.

"감히 제우스의 아이를 낳다니, 네 아름다움도 오늘로 끝인 줄 알아!"

"제발 한 번만……."

칼리스토는 두 손을 모아 애원했어요. 하지만 칼리스토의 두 팔은 어느새 털로 뒤덮였어요. 희고 가늘던 두 발은 뭉툭하게 변하고 커다란 발톱도 돋아났지요. 아름다운 외모의 칼리스토는 온데간데없이 사라지고, 덩치 크고 사나운 곰 한 마리만이 남

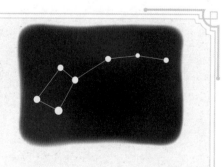

혹시 궁금하지 않았나요?

작은곰자리 작은곰자리는 큰곰자리와 함께 북쪽 하늘에서 언제나 볼 수 있어요. 북극성을 포함하고 있는 작은곰자리는 북두칠성을 작게 줄여놓은 듯한 엎어 놓은 국자 모양이에요. 큰곰자리와 작은곰자리는 옛날 그리스 사람들 말고 다른 많은 지역에서도 곰 모양이라고 했다는데요. 이번 기회에 여러분도 직접 한 번 찾아서 이름 붙여 볼까요?

- **맹세** 어떤 약속이나 목표를 꼭 실천하겠다고 다짐하는 일을 말해요.
- **열중** 한 가지 일에 정신을 쏟아 열심히 하는 모습이에요.

앉어요. 다행히 칼리스토의 아들, 아르카스는 지나가던 사냥꾼의 눈에 띄어 살아남을 수 있었어요.

시간이 흐르고 흘러 아르카스는 잘생기고 늠름한 청년으로 자라났어요. 반면, 칼리스토는 아르카스를 낳은 후부터 한 순간도 아르카스를 잊지 못했지요.

청년이 된 아르카스는 사냥을 무척 좋아했어요. **어느 날 칼리스토는 숲으로 사냥 나온 아르카스를 우연히 보게 되었어요.**

'아! 사랑하는 내 아들, 아르카스구나!'

단번에 아르카스가 아들임을 알아본 칼리스토는 너무나도 반가웠답니다. 자신이 곰이라는 사실도 잊은 채 달려가 두 팔 가득 안아 주려고 할 정도로요. 그러나 그 사실을 전혀 몰랐던 아르카스는 곰이 달려오자 재빨리 화살을 뽑아 활에 걸었어요.

이 모습을 지켜보던 제우스는 어머니와 아들인 두 사람이 서로를 해치지 않도록 그대로 별자리로 만들어 주었어요. 그 별자리가 바로 지금의 큰곰자리와 작은곰자리 랍니다.

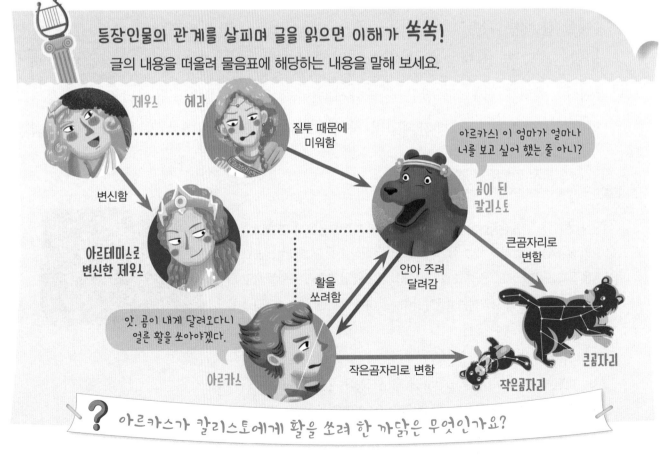

등장인물의 관계를 살피며 글을 읽으면 이해가 쏙쏙!
글의 내용을 떠올려 물음표에 해당하는 내용을 말해 보세요.

제우스   헤라
질투 때문에 미워함

변신함

아르테미스로 변신한 제우스

곰이 된 칼리스토
아르카스! 이 엄마가 얼마나 너를 보고 싶어 했는 줄 아니?

큰곰자리로 변함

안아 주려 달려감

활을 쏘려함

앗, 곰이 내게 달려오다니 얼른 활을 쏘아야겠다.

아르카스

작은곰자리로 변함

작은곰자리   큰곰자리

? 아르카스가 칼리스토에게 활을 쏘려 한 까닭은 무엇인가요?

1 이야기와 만나는 문장 쓰기   다음 문장을 빈칸에 따라 써 보세요.

어	느		날		칼	리	스	토	는		숲	으	로		사	냥		나
온		아	르	카	스	를		우	연	히		보	게		되	었	어	요	.

2 이해하는 문장 쓰기   칼리스토는 아르카스를 보자마자 어떻게 하려고 했나요?

칼리스토는 _____ 다.

3 생각을 발견하는 문장 쓰기   아르카스는 자신에게 달려오는 곰을 보고 무슨 생각을 했을까요?

아르카스는 _____ 다.

4 상상하는 문장 쓰기   여러분이 제우스라면 아르카스가 칼리토스를 활로 쏘려는 상황을 어떻게 해결했을까요?

내가 제우스라면 _____ 다.

모아쓰기   위에서 답으로 쓴 네 문장을 연결해서 써 보세요. 하나의 근사한 글이 될 거예요.

_____

_____

_____

_____

_____

이러지도 저러지도 못하는 에티오피아의 왕

그리스 신화의 영웅들 중 페르세우스라는 이름을 들어본 적 있나요? 페르세우스는 3장 가을철 페가수스자리에서 잠깐 등장했었는데요. 하늘을 나는 말인 페가수스를 탄 두 사람의 영웅 중 한 사람이라고 말이에요. 나머지 한 사람은 벨레로폰이었고요.

사실 페가수스는 페르세우스가 없었다면 세상에 나오지 못했을 거예요. 왜냐하면 페르세우스가 괴물 메두사의 머리를 자르는 순간, 그 피가 바닷물과 만나 페가수스가 태어났기 때문이지요. 그 덕에 페르세우스는 자연스럽게 페가수스의 주인이 되었어요.

페르세우스가 페가수스를 타고 고향으로 돌아가는 길에 있었던 일이에요. 구름 사이를 날아가던 페르세우스는 바닷가 절벽에 기대어 서 있는 미모의 여인을 보았어요. 이상하게 여긴 페르세우스가 여인에게 다가갔어요. 갈색 머리카락을 휘날리는 여인은 쇠사슬로 두 손, 두 발이 꽁꽁 묶여 있었지요. 가까이서 보니 더욱 아름다워서 조각상이라고 해도 믿을 정도였어요. 놀란 페르세우스가 물었어요.

"당신은 누구신데 여기에 이렇게 묶여 있나요?"

여인은 대답 없이 눈물만 흘렸어요. 페르세우스는 여인의 사연이 궁금해 사람들에게 물어보았어요. 여인은 다름 아닌 에티오피아의 공주 안드로메다였어요. 한 나라의 공주가 바닷가 절벽에 묶여 있다니 도대체 무슨 일일까요? 더더욱 궁금해진 페르세우스는 페가수스를 타고 그 즉시 궁으로 날아갔어요. 에티오피아의 왕 케페우스가 근심 가득한 얼굴로 페르세우스를 맞아 주었어요.

"왕이시여, 이곳을 지나가다 공주님을 만나 뵈었습니다. 도대체 어떤 이유로 절벽에 묶여 계신 건지 여쭤 봐도 될까요?"

페르세우스의 질문에 케페우스 왕은 그동안 있었던 일들에 대해 이야기했어요. 약 20년 전 케페우스 왕은 누구나 부러워할 만큼 아름다운 카시오페이아를 아내로 맞았어요. 안드로메다는 카시오페이아 왕비와의 사이에서 낳은 딸이었지요. 안드로메다 역시 자랄수록 아름다워졌어요. **카시오페이아 왕비의 콧대는 하늘 높은 줄 몰랐답니다.** 심지어는 자신과 딸이 바다 요정보다 훨씬 예쁘다고 자랑을 늘어놓는 바람에 바다의 신 포세이돈을 화나게 했지요. 화가 난 포세이돈은 집채만 한 괴물 고래를 보냈고, 괴물 고래는 불쑥불쑥 나타나 사람들을 습격°했어요. 사람들은 왕에게 제발 괴물 고래가 나타나지 않게 해 달라고 간절히 청했어요.

"바다의 신 포세이돈 님. 괴물 고래를 막기 위해서는 어떻게 해야 하는지 알려 주십시오."

혹시 궁금하지 않았나요?

케페우스자리 * 북쪽 하늘에서 일 년 내내 볼 수 있는 케페우스자리는 오각형과 비슷한 형태를 이루고 있어요. 바로 옆에는 자신의 아내인 카시오페이아 왕비의 이름을 딴 카시오페이아자리가 있답니다. 케페우스자리는 별들의 밝기가 크게 밝지 않아 수수한 느낌마저 주기 때문에 조금 더 밝은 카시오페이아자리부터 확인한 후 찾는 걸 추천해요.

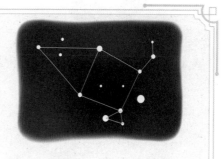

- **습격** 갑자기 덮쳐서 공격하는 걸 뜻해요.
- **사정** 어떤 일의 형편이나 까닭을 말해요.

케페우스 왕은 포세이돈의 신전에 사신을 보내 물었어요.

"왕이시여, 괴물 고래를 잠재우기 위해서는 안드로메다 공주를 바닷가 절벽에 묶어 두어야 합니다."

포세이돈의 말을 듣고 온 사신은 안드로메다 공주를 절벽에 묶어야 한다고 말했어요. 하나밖에 없는 사랑스러운 딸을 잃게 된 케페우스 왕의 얼굴은 그야말로 하얗게 변하고 말았지요. 뒤늦게 카시오페이아 왕비를 원망한들 어쩔 수 없는 노릇이었어요.

결국 안드로메다 공주를 절벽에 묶어 둔 후 케페우스 왕은 슬픔에 빠져 일어날 힘조차 없었어요.

사정*을 모두 전해들은 페르세우스는 공주를 구하기 위해 바닷가 절벽으로 향했어요. 페가수스를 탄 페르세우스에게 두려운 일이란 없었어요. 순식간에 괴물 고래를 물리친 페르세우스는 안드로메다 공주를 구해 궁전으로 돌아왔어요.

이 일로 케페우스, 카시오페이아, 안드로메다 그리고 페르세우스까지 모두 죽은 후에 별이 되었답니다.

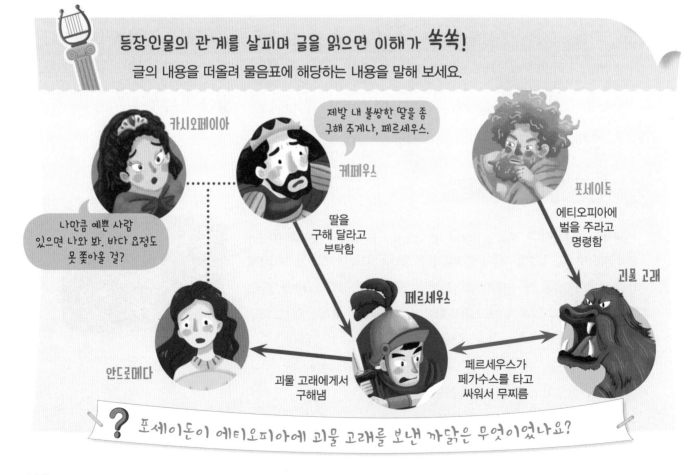

등장인물의 관계를 살피며 글을 읽으면 이해가 쏙쏙!
글의 내용을 떠올려 물음표에 해당하는 내용을 말해 보세요.

카시오페이아
나만큼 예쁜 사람 있으면 나와 봐. 바다 요정도 못 쫓아올 걸?

제발 내 불쌍한 딸을 좀 구해 주게나, 페르세우스.
케페우스
딸을 구해 달라고 부탁함

포세이돈
에티오피아에 벌을 주라고 명령함

괴물 고래

안드로메다
괴물 고래에게서 구해냄

페르세우스
페르세우스가 페가수스를 타고 싸워서 무찌름

❓ 포세이돈이 에티오피아에 괴물 고래를 보낸 까닭은 무엇이었나요?

✏️ **다음 네 가지 질문에 대한 답을 각각 한 문장으로 써 보세요.**

1 이야기와 만나는 문장 쓰기 · 다음 문장을 빈칸에 따라 써 보세요.

카	시	오	페	이	아		왕	비	의		콧	대	는		하	늘		높
은		줄		몰	랐	답	니	다	.									

2 이해하는 문장 쓰기 · 카시오페이아 왕비가 자신과 안드로메다 공주가 바다 요정보다 예쁘다고 한 말을 전해 듣고 포세이돈은 어떻게 했나요?

포세이돈은 　　　　　　　　　　　　　　　　　　다.

3 생각을 발견하는 문장 쓰기 · 사신에게 안드로메다 공주를 절벽에 묶어야 한다는 말을 들은 케페우스 왕은 어떤 기분이 들었을까요?

케페우스 왕은 　　　　　　　　　　　　　　　　다.

4 상상하는 문장 쓰기 · 여러분이 케페우스 왕이라면 안드로메다 공주를 절벽에 묶어야 한다고 했을 때 어떻게 행동했을까요?

내가 케페우스 왕이라면 　　　　　　　　　　　　다.

모아쓰기 · 위에서 답으로 쓴 네 문장을 연결해서 써 보세요. 하나의 근사한 글이 될 거예요.

별자리가 되어서도 벌을 받는 카시오페이아

카시오페이아 왕비는 케페우스 왕과 함께 북쪽 하늘의 별자리가 되었는데요. 바다 요정들은 별자리가 된 카시오페이아 왕비를 그냥 둘 수 없었어요.

"바다의 신 포세이돈이시여. 잘못을 저지른 카시오페이아 왕비를 별자리로 올려 주시려면 벌도 함께 주셔야 해요."

포세이돈은 바다 요정들의 요청을 받아들여 카시오페이아 왕비에게 하루 중 반은 거꾸로 매달려 있어야 하는 벌을 내렸어요. 뿐만 아니라 잠시도 바다에서 쉬는 걸 허락하지 않았지요. 그래서 카시오페이아자리는 영원히 하늘 위에 떠 있게 되었어요.

사실 카시오페이아 왕비가 이토록 바다 요정들의 미움을 받게 된 건 허영심●과 오만함이 도를 지나쳤기 때문이었어요.

"내 미모를 돋보이게 할 새로운 보석이 필요해. 어서 보석상을 불러 줘."

"내 얼굴은 언제 봐도 예쁘단 말이야. 바다 요정들도 날 못 따라올 정도라니까. 호호호."

카시오페이아 왕비는 자신의 미모를 자랑하며 치장하기를 좋아했어요. 값비싼 보석과 드레스를 사들이고 돈을 물 쓰듯 펑펑 써댔지요.

"저러다 바다 요정의 미움을 받으면 어쩌시려고……."

"그러게 말이야. 바다의 신 포세이돈의 부인 암피트리테도 바다 요정이라며? 바다가 노할까 그게 걱정이군."

카시오페이아 왕비의 자만심*이 하늘을 찌르자 왕비의 태도를 걱정하는 사람들이 하나둘 늘어났어요. 케페우스 왕도 그중 하나였어요.

"카시오페이아, 바다 요정을 화나게 하면 안 된다오. 앞으로는 말과 행동을 조심하시오. 알겠소?"

케페우스 왕은 카시오페이아 왕비에게 단단히 일렀어요.

"알겠어요. 걱정 마세요. 앞으로는 그러지 않을게요."

카시오페이아 왕비는 말조심을 하겠다고 다짐했지만 거울을 보는 순간 이내 약속을 어기고는 혼잣말을 했어요.

"어머나. 내 얼굴 좀 봐. 이렇게 예쁠 수가 있을까. 새로 한 머리 장식이 너무 잘 어울리네. **아무리 바다 요정이 아름답다고 해도 날 따라올 수는 없지.**"

이 말을 들은 바다 요정들은 더 이상 참지 못하고 포세이돈의 아내 암피트리테에

![혹시 궁금하지 않았나요?]

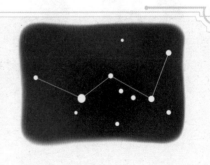

카시오페이아자리* 카시오페이아자리는 우리나라에서 사계절 내내 볼 수 있어요. 북극성 주변에 있고 다른 별자리 별들보다 빛나서 비교적 찾기 쉽지요. 다만 계절마다 별의 위치가 달라지기 때문에 가장 높이 뜨는 가을철에 더 잘 보여요. 카시오페이아자리는 거꾸로 매달리는 벌을 받았다는 전설처럼 봄에는 W자 모양이었다가 가을에는 M자 모양으로 바뀐답니다.

- **허영심** 자기 분수에 넘치도록 필요 이상의 겉치레를 하려는 마음을 뜻해요.
- **자만심** 자신이나 자신과 관련된 것을 스스로 자랑하며 뽐내는 마음을 말해요.

게 달려갔어요.

"암피트리테님. 에티오피아의 카시오페이아 왕비가 바다의 신과 요정들을 업신여기고 있사옵니다. 그냥 두시면 더 많은 사람들이 우리를 무시하게 될 거예요."

"뭐라고? 절대 그냥 두지 않겠다. 포세이돈에게 말해서 카시오페이아가 아니라 에티오피아 전체를 벌해 달라고 할 거야."

암피트리테는 불같이 화를 내며 포세이돈에게 달려갔어요. 암피트리테 자신이 바다 요정이었으니 화가 날 법도 했지요. 암피트리테는 바다 요정을 무시하는 건 바다의 신을 모욕하는 일이라며 포세이돈을 부추겼어요. 그리하여 포세이돈이 에티오피아에 괴물 고래를 보내게 된 것이었지요.

하지만 왜 포세이돈은 정작 함부로 말한 카시오페이아 왕비를 제물로 바치라고 하지 않았을까요? 아마도 인간들의 지극한 자식 사랑을 알기 때문에 그런 것이 아니었을까요? 자신을 꼭 닮은 데다가 하나밖에 없는 자식인 안드로메다 공주를 데려감으로써 카시오페이아 왕비에게 더 큰 고통을 줄 수 있다고 말이지요.

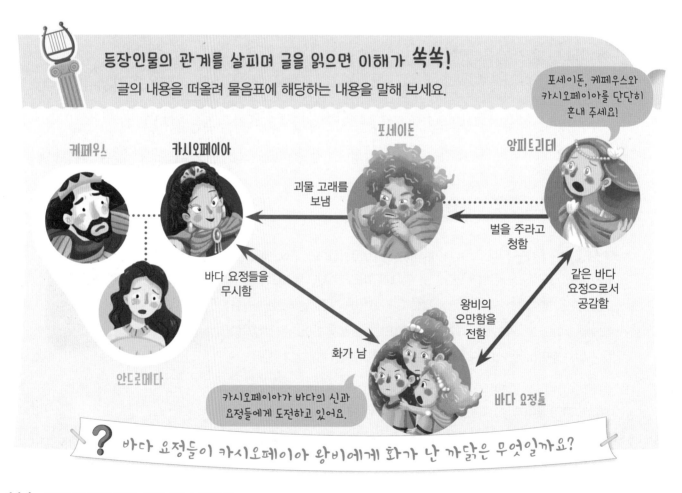

등장인물의 관계를 살피며 글을 읽으면 이해가 쏙쏙!
글의 내용을 떠올려 물음표에 해당하는 내용을 말해 보세요.

포세이돈, 케페우스와 카시오페이아를 단단히 혼내 주세요!

케페우스　카시오페이아　포세이돈　암피트리테

괴물 고래를 보냄

벌을 주라고 청함

바다 요정들을 무시함

같은 바다 요정으로서 공감함

왕비의 오만함을 전함

화가 남

안드로메다

카시오페이아가 바다의 신과 요정들에게 도전하고 있어요.

바다 요정들

❓ 바다 요정들이 카시오페이아 왕비에게 화가 난 까닭은 무엇일까요?

1 이야기와 만나는 문장 쓰기   다음 문장을 빈칸에 따라 써 보세요.

"	아	무	리		바	다		요	정	이		아	름	답	다	고		해
도		날		따	라	올		수	는		없	지	.	"				

2 이해하는 문장 쓰기   바다 요정들을 화나게 한 카시오페이아 왕비는 무엇을 좋아했나요?

카시오페이아 왕비는   다.

3 생각을 발견하는 문장 쓰기   자신이 바다 요정보다 아름답다는 카시오페이아의 말을 듣고 암피트리테는 어떤 기분이 들었을까요?

암피트리테는   다.

4 상상하는 문장 쓰기   여러분이 카시오페이아 왕비라면 자신이 가장 아름답는 생각이 들 때 어떻게 했을까요?

내가 카시오페이아 왕비라면   다.

모아쓰기   위에서 답으로 쓴 네 문장을 연결해서 써 보세요. 하나의 근사한 글이 될 거예요.

_____

_____

_____

_____

_____

황금 사과를 찾아 떠난 헤라클레스의 모험

헤라클레스가 12가지 과제를 모두 해내고 신이 되었다는 걸 기억하나요? 봄철 별자리 편에서 소개한 사자자리는 헤라클레스의 첫 번째 과제였던 네메아의 사자가 별자리가 된 이야기를 들려주었는데요. 마지막으로 전하는 이번 이야기에서는 헤라클레스의 열한 번째 과제였던 황금 사과를 가져온 일에 대해 말해 볼게요.

미케네의 왕 에우리스테우스는 사람이 절대 할 수 없는 일들만을 골라서 헤라클레스에게 과제로 내주었어요. 황금 사과를 가져오는 일도 마찬가지였답니다. 황금 사과는 헤스페리데스의 정원에 있다고 알려져 있었어요. 헤스페리데스는 거인신족 중 하나인 아틀라스의 세 딸을 부르는 이름인데요. 황금 사과를 지키는 세 명의 요정인 헤스페리데스의 이름을 따서 '헤스페리데스의 정원'이라 부른 것이에요.

황금 사과는 사실 모든 신들의 어머니인 가이아가 헤라에게 준 선물이었어요.

"헤라, 제우스와의 결혼을 축하한다. 영원한 생명을 주는 이 황금 사과를 네게 줄 테니 잘 지키고 가꾸도록 해라."

"네. 알겠습니다. 가이아님."

헤라는 가이아에게 받은 황금 사과를 세계의 서쪽 끝에 심었어요. 그리고 헤스페리데스에게 나무를 가꾸도록 했지요. 그것만으로는 모자랐던지 100개의 머리가 달린 용, 라돈을 보내 한시도 눈을 떼지 않도록 했어요. 이 정도면 헤라가 얼마나 황금 사과를 아꼈는지 짐작할 수 있겠죠?

황금 사과를 심은 후 자라난 나무는 온통 금빛으로 빛났어요. 시간이 지나자 나무에는 주렁주렁 황금 사과가 열렸답니다. 해가 질 무렵 서쪽 하늘이 온통 금빛으로 빛나게 된 이유도 이 때문이라고 해요. 하지만 헤라클레스는 황금 사과를 따기는커녕 헤스페리데스의 정원조차 찾을 수 없었어요. 그저 서쪽으로 서쪽으로 나아갈 뿐이었지요. 그러다 한 요정을 만나 자신을 도와줄 바다의 노인이 있는 곳을 알게 되는데요. 요정은 헤라클레스에게 당부●했어요.

"바다의 노인을 만나면 절대로 손을 놓지 말아요."

헤라클레스는 요정의 말대로 바다의 노인을 붙잡고 절대 손을 놓지 않았어요. 바다의 노인은 도망치기 위해 돌고래, 물뱀 등으로 변신했지만 힘센 헤라클레스의 손아귀에서 벗어날 수는 없었어요.

"내가 졌소. 서쪽으로 향하는 길에 절벽에 묶인 한 남자를 만나게 될 거요. 그에게 물어보시오."

혹시 궁금하지 않았나요?

용자리 ★ 용자리는 북극성 부근에 있는 거대한 S자 모양의 별자리인데요. 마치 북극성을 둘러싸고 있는 듯한 모습이랍니다. 북쪽 하늘에 작은곰자리 부근에서 볼 수 있는 별자리로 원래는 일 년 내내 볼 수 있어요. 하지만 눈에 띄게 밝은 별이 없어 찾기가 쉽지 않아요. 조금 더 뚜렷하게 보려면 늦은 봄부터 초여름 사이에 찾아보기를 추천해요.

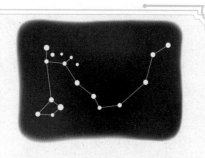

- **당부** 말로 단단히 부탁하는 걸 의미해요. 신신당부는 거듭해서 간곡하게 하는 부탁을 뜻하는 한자말이에요.
- **신세** 불행한 일과 관련해 처하게 된 상황을 말해요.

황금 사과를 향한 헤라클레스의 여정은 계속되었어요. **마침내 헤라클레스는 바위에 두 손과 발이 묶인 프로메테우스를 만났어요.** 그리고 프로메테우스에게 물었어요.

"무슨 일로 이런 벌을 받고 계신 건가요?"

"인간에게 불을 가져다 준 죄로 영원히 이곳에 묶여 있어야 하는 신세*라네."

헤라클레스는 그 자리에서 프로메테우스를 풀어 주고는 말했어요.

"프로메테우스, 이제 내게 헤스페리데스의 정원으로 가는 길을 알려 주세요."

프로메테우스는 헤라클레스에게 헤스페리데스의 정원이 어디 있는지를 알려 주었어요. 헤라클레스는 갖은 고생 끝에 헤스페리데스의 정원에 다다를 수 있었어요. 인간의 발길이 닿지 않았던 헤스페리데스의 정원에 들어간 첫 번째 사람이었지요.

그리스의 위대한 영웅 헤라클레스는 100개의 머리가 달린 용, 라돈의 공격을 받았지만 여러 날을 싸운 끝에 결국 황금 사과를 손에 넣었어요. 영원히 사는 황금 사과를 먹고 헤라클레스는 죽은 뒤 신이 되었고요. 제우스는 헤라클레스의 승리를 기념하기 위해 라돈을 별자리로 만들었답니다.

등장인물의 관계를 살피며 글을 읽으면 이해가 **쏙쏙!**

글의 내용을 떠올려 물음표에 해당하는 내용을 말해 보세요.

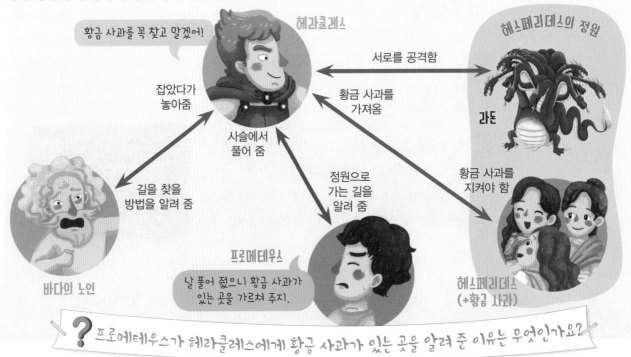

✎ **다음 네 가지 질문에 대한 답을 각각 한 문장으로 써 보세요.**

1 이야기와 만나는 문장 쓰기   다음 문장을 빈칸에 따라 써 보세요.

마	침	내		헤	라	클	레	스	는		바	위	에		두		손	과
발	이		묶	인		프	로	메	테	우	스	를		만	났	어	요	.

2 이해하는 문장 쓰기   프로메테우스는 왜 바위에 두 손과 발이 묶이는 벌을 받았을까요?

프로메테우스는 　　　　　　　　　　　　　　　　　　　　　　　다.

3 생각을 발견하는 문장 쓰기   헤라클레스는 프로메테우스를 만난 뒤 어떻게 헤스페리데스의 정원으로 가는 길을 알아냈나요?

헤라클레스는 　　　　　　　　　　　　　　　　　　　　　　　다.

4 상상하는 문장 쓰기   여러분이 말을 할 수 있는 라돈이라면 헤라클레스를 만났을 때 어떤 말을 했을까요?

내가 라돈이라면 　　　　　　　　　　　　　　　　　　　　　　　다.

모아쓰기   위에서 답으로 쓴 네 문장을 연결해서 써 보세요. 하나의 근사한 글이 될 거예요.

스스로 신화 속 주인공이 되어 볼까요?

5장에서는 가족이 함께 별자리가 된 그리스 신화를 만나 보았는데요.
특히 케페우스 가족은 가족 전체가 별자리가 된 특별한 경우입니다. 케페우스자리와 카시오페이아자리의
이야기를 떠올리면서 아래 인물관계도에서 등장인물들이 다른 인물에게 했을 법한 말을 상상해서 써 보세요.

예시   케페우스 왕 ➡ 페르세우스   **불쌍한 내 딸을 좀 구해 주게나.**

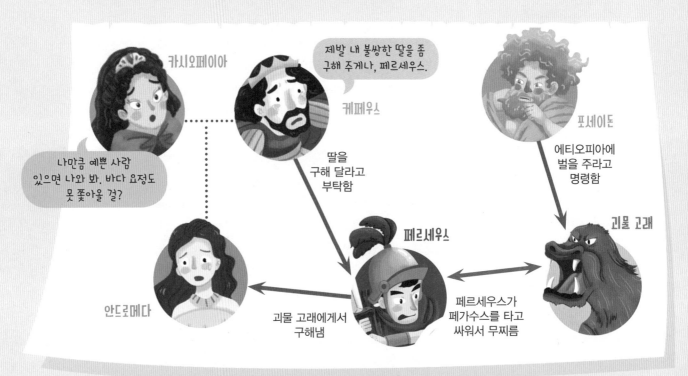

1   케페우스 왕 ➡ 카시오페이아 왕비

2   카시오페이아 왕비 ➡ 포세이돈

3   페르세우스 ➡ 안드로메다 공주

4   안드로메다 공주 ➡ 괴물 고래

▶ 가이드북 56쪽에 정답

책을 좋아하는 아이도 **글쓰기**는 **연습**이 필요하다

하루 한 문단 쓰기

휘리릭

초등
4문장
글쓰기

손상민 지음

속 별자리

그리스 신화 편

과학
교과서 속

계절별 별자리에 얽힌 신화로 훈련하는

1 필사 **+** **3** 중심문장 만들기 시스템

정답 및 가이드북

동양북스

하루 한 문단 쓰기

휘리릭

초등
4문장
글쓰기

속 별자리

그리스 신화 편

손상민 지음

차례

이렇게 활용하세요!

《휘리릭 초등 4문장 글쓰기 그리스 신화 속 별자리 편》은 '책을 좋아하는 아이도 글쓰기는 연습이 필요하다'는 취지에서 만들어진 《휘리릭 초등 4문장 글쓰기》 시리즈의 세 번째 책입니다. 무엇을, 어떻게 써야 할지 어려워하는 아이들에게 글감을 제공하고 자신이 직접 쓴 한 문단의 글을 보며 자신감을 성취할 수 있도록 돕는 《휘리릭 초등 4문장 글쓰기》 시리즈의 앞선 책들처럼, 이번 '그리스 신화 속 별자리 편' 역시 별자리와 관련한 그리스 신화를 읽고 자연스럽게 글쓰기를 이어가도록 구성되었습니다.

특히 이번 '그리스 신화 속 별자리 편'은 교과과정에서 배우는 계절별 별자리들을 그리스 신화를 통해 보다 흥미롭고 깊이 있게 접할 수 있다는 점에서 특별합니다. 아이들은 이 책을 통해 밤하늘의 별자리를 교과과정의 과학적 접근뿐만 아니라, 그리스 신화라는 인문학적 관점에서도 볼 수 있지요.

하지만 가이드의 입장에서 그리스 신화를 읽다 보면 난감할 때가 적지 않습니다. 신들이 윤리적인 기준을 제시하기는커녕 비도적인 행동도 서슴지 않으니까요. 거기다 아이들이 도덕적이지 못한 신들의 태도를 못마땅해 하고, 이 책과 저 책의 이야기가 왜 다른지 물어보면 어떻게 대답해야 할지 당황스럽기도 합니다.

하다못해 우리나라에 그리스 신화를 거의 처음 소개한 고(故) 이윤기 선생님까지도 자신이 신화를 좋아하는 이유로 '신화의 특성인 설명과 정의의 어려움 때문'이라고 했으니, 아이들에게 그리스 신화의 주제나 장면을 설명하는 일은 그야말로 어려운 일일 수 있습니다.

그럼에도 그리스 신화를 읽어야 하는 까닭은 분명합니다. 그리스 신화는 서구 문명의 뿌리이자 인류 문명의 보고, 인간 무의식의 원형이기 때문입니다. 그리스 신화에는 인간의 이성이나 논리를 넘어선 그 무언가가 자리하고 있습니다. 실제로 아이들과 함께 그리스 신화를 읽다 보면 오히려 아이들이 그 '무언가'를 어른들보다 훨씬 더 잘 받아들인다는 걸 알 수 있지요.

그래도 만약 아이들이 그리스 신화를 이해하기 어려워 한다면 그리스 신화가 만들어진 당시 사회를 설명해 주세요.

고대 그리스 사람들은 과학과 역사가 기록되기 이전 시대에 살았습니다. 그들은 그리스가 세계의 중심에 있다고 생각하고 세계의 끝은 한없는 절벽이라고 상상했습니다. 고대 그리스인들은 과학이 없던 시절 세상이 어떻게 처음 시작됐는지, 낮과 밤은 어떻게 생겼는지, 계절의 변화는 왜 나타나는지, 홍수나 가뭄은 왜 생기는지 등을 이해할 배경 지식이 부족했습니다. 신화는 이 모든 궁금증에 대한 옛 그리스 사람들의 대답입니다. 그리스 신화가 지금의 상식으로는 이해할 수 없는 이야기로 가득 차 보이는 이유입니다.

《휘리릭 초등 4문장 글쓰기 그리스 신화 속 별자리 편》에 수록된 그리스 신화는 원전 번역서와 해설서를 참고해 가장 원전에 가깝고 널리 알려진 이야기를 토대로 작성되었습니다. 그리스 신화의 여러 책을 함께 살펴볼 때 조금씩 차이가 나는 것은 그리스 신화 자체가 입에서 입으로 전해진 데다, 후에 추가되거나 변경된 부분들이 많기 때문입니다. 이 부분을 참고하여 지도해 주시기를 당부 드립니다.

〈부모님과 선생님을 위한 가이드북〉 활용 원칙

1 틀린 맞춤법과 답안에 집중하지 않습니다.

의외로 많은 아이들이 맞춤법을 지적할 때 글쓰기에 흥미를 잃습니다. 글의 내용은 봐 주지 않고 맞춤법부터 고치려 들면 아이들은 자신의 생각을 표현하는 일을 주저할 수밖에 없습니다. 평가 받는다는 부담 대신 이해 받는다는 공감의 기억을 전해 주세요. 맞춤법에 대한 지적은 그 후에 해도 늦지 않습니다.

2 질문을 주고받으며 생각을 키워 나갈 수 있도록 돕습니다.

본문에 이어 제시된 질문들은 아이들이 보다 편안하게 글쓰기를 시작할 수 있도록 돕습니다. 제시된 질문 외에도 다양한 질문을 통해 아이의 생각이 커 나가도록 이끌어 주세요. 이때 본문의 내용을 재차 확인하게 하거나 학습한다는 느낌을 주기보다 즐거운 상상 놀이를 한다는 기분이 들게 해 주세요. 그리스 신화로 본 별자리 이야기는 상상력을 키우는 가장 좋은 학습 도구입니다.

3 예시 답안을 강요하지 않습니다.

예시 답안은 말 그대로 예시 답안일 뿐이라는 사실을 기억해 주세요. 예시 답안과 아이들의 답안을 비교하며 '틀리다'라고 지적하거나 평가하지 말아 주세요. 오히려 예시 답안과 전혀 다른 독특하고 기발한 상상일수록 칭찬 받아 마땅합니다.

4 논리적 타당성이 부족하다면 스스로 점검할 수 있도록 안내합니다.

질문의 의도를 파악하지 못한 답안, 본문 이야기와는 아무 상관없는 답안, 성의 없는 답안 등 학습 지도가 필요한 경우, 질문을 통해 아이가 스스로 문제를 파악하도록 안내합니다. 본문의 내용을 여러 번 살펴보도록 지도하고 나름의 근거와 타당성이 있는 답안을 작성하도록 도와주세요.

위대한 영웅 헤라클레스의 첫 번째 과제

사자자리

세상을 다스리는 제우스와 미케네의 공주 알크메네 사이에서 태어난 헤라클레스는 그리스뿐만 아니라 전 세계에서도 사랑받는 위대한 영웅이에요. 특히 아주 옛날 전쟁이 끊이지 않았던 그리스에서는 자신들을 지켜 줄 헤라클레스와 같은 영웅을 애타게 기다렸답니다. 그래서 옛날 그리스 사람들은 어려움에 처할 때마다 헤라클레스에게 도움을 청했어요.

헤라클레스는 태어날 때부터 남달랐어요. 헤라클레스가 태어나던 날, 제우스는 기쁨에 들떠 신들에게 말했어요.

"올림포스 신들이여, 오늘 밤 세상에서 가장 위대한 영웅이 탄생할 것이다. 모든 그리스인이 복종하게 될 그의 이름은 헤라클레스다."

올림포스 신전에 모인 신들이 모두 축하를 보내는 사이 유일하게 화가 난 신이 있었어요. 바로 제우스의 아내인 헤라였지요. 그도 그럴 것이 제우스는 아내 헤라를 두고 신이든 인간이든 가리지 않고 사랑에 빠지기 일쑤였거든요. 결혼의 신 헤라를 약 올리기라도 하듯이 말이에요. 참을 수 없었던 헤라는 말했어요.

"정말로 우리 모두의 앞에서 오늘 밤 태어나는 아이가 위대한 영웅이 될 거라고 맹세할 수 있나요? 모든 그리스인이 그의 말에 복종해야 하고요? 물론 그 아이는 오늘 밤 가장 먼저 태어나는 아이겠지요?"

제우스는 당연하다는 듯 고개를 세 번 끄덕였어요. 그리고 다른 모든 신들 앞에서 잔을 들어 맹세했지요.

헤라는 곧바로 미케네로 향했어요. 알크메네의 출산을 방해하기 위해서였어요. 대신 출산을 두 달이나 남겨 둔 다른 아이를 일찍 태어나게 했지요. 그 아이가 후에 미케네의 왕이 되는 에우리스테우스였어요. 이를 어쩌나요? 제우스의 말대로라면 헤라클레스가 그리스인들의 지도자가 되어야 하는데요. 에우리스테우스가 먼저 태어나는 바람에 헤라클레스는 왕의 자리를 놓치고 말아요.

제우스는 무척 안타까웠어요. 그래서 제우스는 헤라클레스가 지도자는 될 수 없지만 12가지 과제를 해내면 죽은 후에 신이 되리라고 예언했어요. 헤라클레스는 제우스의 예언에 따라 무려 12년 동안 에우리스테우스가 시키는 12가지 과제를 해결했답니다.

그중 첫 번째가 네메아의 사자를 물리치는 일이었어요. 네메아라는 골짜기에는 어마어마하게 크고 번개처럼 빠른 사자 한 마리가 살았는데요. 헤라가 내려보낸 이 사자는 아주 오랫동안 그곳 사람들을 괴롭히고 있었어요. 헤라클레스는 화살과 창, 그리고 올리브 나무로 만든 몽둥이를 들고 네메아의 사자를 찾아갔어요.

하지만 사자는 화살로 쏘고 창으로 찔러도 죽지 않았어요. 몽둥이로 내리쳐도 순식간에 동굴로 도망가기 일쑤였어요. 게다가 동굴은 양쪽 모두 뚫려 있어 도망치기에 좋았지요. 헤라클레스는 동굴의 한쪽을 막아 사자가 도망칠 수 없게 만들고는 사자와 싸움을 시작했어요. 엎치락뒤치락 막상막하인 헤라클레스와 사자의 싸움은 한 달 동안이나 계속되었답니다.

싸움을 시작한 지 30일이 되던 날, 드디어 헤라클레스가 동굴 밖으로 비척비척 걸어 나왔어요. 네메아 사자의 가죽을 뒤집어쓴 채 말이에요.

헤라클레스도 헤라클레스지만 한 달이나 싸운 사자도 대단하지 않나요? 제우스의 생각도 마찬가지였어요. 제우스는 이 용맹한 사자를 기리며 밤하늘의 별로 만들었어요. 그 별자리가 바로 '사자자리'랍니다.

인물관계도 예시 답안

헤라클레스가 남편인 제우스와 알크메네 사이에서 낳은 아들이기 때문입니다.

답변으로 나올 수 있는 4개의 문장은 주인공 헤라클레스의 운명을 결정한 핵심적인 문장을 찾아내고, 헤라클레스가 거쳐야 했던 모험을 사건의 순서대로 따라가도록 구성되었습니다.

> ① 핵심 문장 따라 쓰기 → ② 본문에 제시된 주요 사건 이해하기 → ③ 주인공의 문제 해결 방법 생각해 보기 → ④ 사자의 입장에서 상상하며 쓰기

를 통해 다양한 등장인물의 생각과 행동을 이해하고 주인공과 정반대의 입장에 대해서도 상상해 볼 수 있도록 도와주세요.

읽기 전 생각해 볼 것들

본문을 읽기 전 제목, 삽화, 표시된 문장을 보면서 본문의 내용을 유추하게 해 주세요.

1. 헤라클레스는 어떤 인물이었을지 미리 이야기 나눠 보세요.

2. 삽화 속 장면을 보고 헤라클레스의 첫 번째 과제가 무엇일지 유추해 보세요.

3. 본문 속 따라 쓰는 문장(초록 글씨)을 보고 제우스가 헤라클레스를 어떻게 생각할지 상상해 보세요.

✏️ **참고하세요** 본책 p.15 정답 예시

1 이야기와 만나는 문장 쓰기 이야기의 핵심이 되는 본문 속 문장을 따라 씁니다. (왼쪽 초록색 문장 따라 쓰기)

2 이해하는 문장 쓰기 헤라클레스의 첫 번째 과제가 무엇이었는지 확인합니다.

예시 첫 번째 과제는 네메아의 사자를 죽이는 일이었습니다.

3 생각을 발견하는 문장 쓰기 헤라클레스가 어떻게 사자를 물리칠 수 있었는지 생각합니다.

예시1 헤라클레스는 동굴 한쪽 입구를 막고 싸워서 사자를 물리쳤습니다.
예시2 헤라클레스는 동굴의 한쪽 입구를 막고 한 달 동안이나 사자와 싸웠습니다.

4 상상하는 문장 쓰기 자신이 헤라클레스와 맞서 싸웠던 사자라면 어떤 생각을 했을지 상상해 봅니다.

예시1 내가 싸움에 진 사자라면 졌지만 잘 싸워서 별이 됐다고 생각했을 것입니다.
예시2 내가 싸움에 진 사자라면 별이 되어도 억울하다고 생각했을 것입니다.

• 모아쓰기 네 개의 문장을 이어서 하나의 문단을 완성합니다.

예시1 제우스는 헤라클레스가 지도자는 될 수 없지만 12가지 과제를 해내면 죽은 후에 신이 되리라고 예언했어요. 첫 번째 과제는 네메아의 사자를 죽이는 일이었습니다. 헤라클레스는 동굴 한쪽 입구를 막고 싸워서 사자를 물리쳤습니다. 내가 싸움에 진 사자라면 졌지만 잘 싸워서 별이 됐다고 생각했을 것입니다.

예시2 제우스는 헤라클레스가 지도자는 될 수 없지만 12가지 과제를 해내면 죽은 후에 신이 되리라고 예언했어요. 첫 번째 과제는 네메아의 사자를 죽이는 일이었습니다. 헤라클레스는 동굴의 한쪽 입구를 막고 한 달 동안이나 사자와 싸웠습니다. 내가 싸움에 진 사자라면 별이 되어도 억울하다고 생각했을 것입니다.

가이드의 읽을거리 ● 헤라클레스는 그리스 신화에 등장하는 대표적인 영웅입니다. 이번 이야기에서는 헤라클레스의 탄생과 그가 해결해야 했던 12과제 중 첫 번째 과제에 대해 설명하고 있습니다.

그리스 신화에서 보통 별자리가 되려면 큰 공을 세우거나 기억할 만한 일을 해야 합니다. 하지만 특이하게도 네메아의 사자는 싸움에서 졌는데도 불구하고 별자리로 올라갑니다. 헤라클레스에 맞서 한 달 동안 열심히 싸웠다는 이유로요. 마치 누가 이기고 지느냐보다는 얼마나 열심히 싸웠느냐가 더 중요하다고 말하는 것만 같습니다.

사자자리의 입장에서 헤라클레스와의 싸움을 상상해 보고 상대의 마음도 헤아려 볼 수 있도록 지도해 주세요. 여러 관점으로 생각해 보는 연습은 세계를 확장시키는 가장 좋은 방법이니까요.

두 번째 이야기

하늘을 떠받치는 벌

봄에서 초여름까지 동쪽 밤하늘에서 가장 빛나는 별을 찾아보세요. 태양보다 100배나 밝은 이 별의 이름은 아르크투르스입니다. '곰을 쫓는 자'라는 뜻이에요. 아르크투르스와 12개의 별을 이으면 목동자리가 되는데요. 목동자리에는 두 가지 이야기가 전해지고 있어요.

하나는 '목동'이라는 말과 관련이 있어요. 목동은 가축을 치는 아이를 의미해요. 그래서 목동자리는 소를 치다가 쟁기를 발명한 목동 아르카스를 기리며 만든 별자리라는 거예요. 쟁기가 만들어지기 전에는 일일이 사람의 손으로 농사를 지어야 했어요. 그러니 얼마나 힘이 들었겠어요? 소가 농사일을 도우면서부터 일을 훨씬 덜 수 있었지요. 쟁기를 발명한 아르카스를 농사의 신이라고 부르는 이유예요.

또 다른 이야기는 목동자리가 아틀라스의 모습이라는 거예요. 목동자리가 하늘 가장 끝에 자리한 듯 보였기 때문이에요. 그리스 사람들은 이 별자리가 세계의 끝에서 하늘을 떠받치고 있는 아틀라스라고 생각했답니다. 비록 별자리의 한국식 이름은 목동인 아르카스에서 따왔지만, 옛날 그리스 사람들은 왜 아틀라스를 기리는 별이라고 생각했는지 함께 알아볼까요?

아틀라스는 거인신족이었는데요. 제우스와 올림포스의 신들이 나타나기 전에 세상을 다스린 건 바로 이 거인신족이었어요. 그 중에서도 제우스의 아버지이자 가장 높은 신인 크로노스가 신 중의 신, 최고신이었어요. 하지만 크로노스 이전에는 우라노스가 최고신이었어요. 제우스가 크로노스의 자리를 빼앗았듯 크로노스도 우라노스의 자리를 빼앗은 것이었거든요. 그러니까 최고신의 자리가 우라노스에게서 크로노스로, 크로노스에게서 제우스로 옮겨간 셈이에요.

크로노스는 최고신이 되었을 때 가장 먼저 자식에게 왕좌를 빼앗기게 될 일을 걱정했어요. 자신이 아버지의 자리를 빼앗았던 것처럼 말이에요. 그래서 크로노스는 아내 레아와의 사이에서 낳은 자식들을 태어나는 족족 잡아먹어 버렸답니다.

다행히 막내 제우스만은 살아남을 수 있었는데요. 청년이 된 제우스가 이 모든 사실을 알고는 형제들을 구하고 크로노스를 쫓아내기 위해 전쟁을 시작했어요. 제우스는 가장 먼저 사촌 아틀라스를 찾아갔어요.

"아틀라스! 나 제우스가 새로운 세상의 왕이 될 수 있도록 도와줘."

"천만의 말씀. 나도 거인신족이야. 네가 세상의 왕이 되도록 놔둘 수는 없어."

아틀라스는 제우스의 부탁을 거절했어요. 심지어 거인신족들을 이끌며 제우스와의 전쟁에 앞장섰어요.

신들의 전쟁은 10년 동안이나 계속됐어요. 신들이 전쟁을 벌이는 동안 그리스에는 난리가 났어요. 집채만 한 파도가 솟구쳐 오르고 우르르 쾅쾅 쉴 새 없는 벼락이 내리쳤어요. 숲에 불이 붙고 큰 지진으로 온 땅이 흔들리고 찢겼지요. 기나긴 싸움 끝에 거인신족들의 힘이 약해지자 전쟁은 제우스의 승리로 끝이 났어요. 제우스는 크로노스를 도왔던 거인신족들에게 벌을 내려 지옥으로 떨어지도록 했어요.

"아틀라스! 넌 내 말을 거역했다. 너에게 이제부터 영원히 하늘을 떠받드는 벌을 내리노라."

제우스는 아틀라스에게 가장 무겁고 큰 벌을 내렸어요. 세상 끝에서 영원히 하늘을 떠받들어야 하는 벌이었어요. 아틀라스의 이름도 '짊어지는 자'라는 뜻이에요. 거인신족들 중에서도 가장 크고 힘이 센 아틀라스였으니 그에 걸맞은 벌을 받은 걸까요? 벌을 받은 후 돌이 될 때까지 아틀라스는 무려 30만 년 동안이나 하늘을 떠받쳐야 했답니다. 한편 아프리카에 길게 뻗어 있는 아틀라스 산맥의 이름은 바로 이 아틀라스 신에게서 따온 것이에요.

인물관계도 예시 답안

제우스가 자기 편이 되어 달라고 부탁했지만 아틀라스가 거절했기 때문입니다.

◎ 가이드 tip 질문의 의도

답변으로 나올 수 있는 4개의 문장은 제우스가 아틀라스에게 벌을 내리게 된 이유를 찾아보고, 아틀라스가 받게 된 벌이 적절한지 생각해 보도록 구성되었습니다.

> ① 주요 사건 관련 대화문 따라 쓰기 → ② 제우스의 요청에 대한 아틀라스의 반응 이해하기 → ③ 아틀라스가 거절한 이유 생각하기 → ④ 다른 벌은 없을지 상상하며 쓰기

를 하면서 자신이 최고신 제우스라면 어떻게 행동할지 고민해 보도록 이끌어 주세요.

읽기 전 생각해 볼 것들

본문을 읽기 전 제목, 삽화, 표시된 문장을 보면서 본문의 내용을 유추하게 해 주세요.

1. 제목을 보고 본문이 어떤 내용일지 미리 이야기 나눠 보세요.

2. 삽화를 보고 각 등장인물이 어떤 말을 하고 있는지 유추해 보세요.

3. 본문 속 따라 쓰는 문장(초록 글씨)을 보고 누가 어떤 상황에서 한 말일지 상상해 보세요.

✎ 참고하세요 본책 p.19 정답 예시

1 이야기와 만나는 문장 쓰기 주요 사건이 일어나게 된 원인의 대화문을 따라 씁니다. (왼쪽 초록색 문장 따라 쓰기)

2 이해하는 문장 쓰기 제우스의 요청에 대해 아틀라스가 어떻게 반응했는지 확인합니다.

예시 아틀라스는 제우스의 부탁을 거절했습니다.

3 생각을 발견하는 문장 쓰기 아틀라스가 제우스의 요청을 거절한 이유를 생각합니다.

예시 1 아틀라스는 크로노스와 같은 거인신족이었기 때문입니다.
예시 2 아틀라스는 제우스가 세상의 왕이 되는 건 두고 볼 수 없었기 때문입니다.

4 상상하는 문장 쓰기 자신이 최고신 제우스라면 아틀라스에게 어떤 벌을 내렸을지 상상해 봅니다.

예시 1 내가 제우스라면 힘이 센 아틀라스에게 부서진 건물들을 고치라고 하겠습니다.
예시 2 내가 제우스라면 전쟁에서 진 아틀라스에게 평생 부하가 되라고 하겠습니다.

모아쓰기 네 개의 문장을 이어서 하나의 문단을 완성합니다.

예시 1 "아틀라스! 나 제우스가 새로운 세상의 왕이 될 수 있도록 도와줘."
아틀라스는 제우스의 부탁을 거절했습니다. 아틀라스는 크로노스와 같은 거인신족이었기 때문입니다. 내가 제우스라면 힘이 센 아틀라스에게 부서진 건물들을 고치라고 하겠습니다.

예시 2 "아틀라스! 나 제우스가 새로운 세상의 왕이 될 수 있도록 도와줘."
아틀라스는 제우스의 부탁을 거절했습니다. 아틀라스는 제우스가 세상의 왕이 되는 건 두고 볼 수 없었기 때문입니다. 내가 제우스라면 전쟁에서 진 아틀라스에게 평생 부하가 되라고 하겠습니다.

가이드의 읽을거리 ● 그리스 신화에서 빼놓을 수 없는 최고신 제우스는 아버지 크로노스와 맞서 10년 이상을 싸웠습니다. 거인신족 즉, 티탄(타이탄)족 신들과의 싸움은 구세대와의 전쟁을 상징하며, 제우스와 올림포스 12신은 새로운 세대의 등장을 의미합니다. 아틀라스는 크로노스와 같은 구세대 신입니다. 구세대 신들은 어마어마하게 큰 거인신족들이며 그중에서도 아틀라스는 대단히 큰 신이어서 하늘을 떠받칠 수 있을 정도이지요. 그림이나 조각에서 아틀라스는 지구를 들고 있는 모습으로 많이 등장하는데요. 그래서 아틀라스를 세계 지도의 이름쯤으로 기억하는 분들도 많습니다.
아이와 함께 아틀라스와 같은 거인신족들이 세상을 만든 일에 대해 상상해 보세요. 거인신족이 신발 속 흙을 털어 내면 산이 되고 방귀를 끼면 천둥이 울린다는 등 각자의 상상을 더해 가며 이야기를 만들다 보면 자연스럽게 신화가 만들어지는 과정을 경험해 볼 수 있으니까요.

세 번째 이야기

아폴론의 뼈아픈 실수

까마귀자리

까마귀를 본 적 있나요? 옛날 할머니, 할아버지들은 까치를 보면 반가운 손님이 온다고 하고, 까마귀를 보면 '재수가 없다'고들 했어요. 까마귀는 온몸이 새까맣고 '까악까악'하며 우는 소리가 기분 나쁘게 들리기 때문이래요. 하지만 원래 까마귀는 검은색이 아니라 흰색인 데다 두 날개는 눈이 부시도록 아름다운 은빛이었다고 해요. 까마귀의 몸 색깔이 변해 버린 이야기, 궁금하지 않나요?

그리스 신화에는 많은 신과 영웅들이 나오는데요. 신들에게는 저마다 자신만의 새가 있었답니다. 제우스에게는 독수리, 헤라에게는 공작새가 있었지요. 아폴론에게는 까마귀가 있었어요.

신들은 원래 이것저것 못하는 게 없다지만 특히 이 태양의 신 아폴론은 할 줄 아는 게 정말 많았어요. 미래를 예언하고 화살은 쏘기만 해도 백발백중. 음악의 신이라고도 불릴 정도로 연주와 노래 실력도 대단했답니다. 게다가 병을 고치는 능력까지. 못하는 게 없는 신이었어요. 할 줄 아는 게 많은 만큼 바쁘기는 또 얼마나 바빴던지요. 태양 마차를 타고 동에 번쩍 서에 번쩍 눈코 뜰 새 없이 돌아다니는 게 일이었답니다.

하지만 이렇게 바쁜 아폴론에게도 사랑하는 연인이 있었어요. 코로니스라는 이름의 공주였지요.

'아, 나의 아폴론 님은 또 언제 오시려나.'

코로니스 공주는 늘 바쁜 아폴론을 기다리는 게 일이었어요.

'아폴론 님이 날 잊은 건 아닐까? 난 언제까지 이렇게 기다리고만 있어야 하는 걸까.'

코로니스 공주는 몇 달째 오지 않는 아폴론이 자신을 떠났다고 생각하며 큰 슬픔에 빠졌어요. 이때 남몰래 코로니스를 좋아했던 청년 이스키스가 다가왔어요. 이스키스는 음악을 연주하고 재미있는 이야기를 들려주면서 외로운 코로니스를 위로해 주었어요. 코로니스는 이스키스와 있는 동안만큼은 모든 걱정을 잊을 수 있었어요. 그러는 동안 차츰 아폴론에 대한 사랑은 희미해지고 이스키스에 대한 사랑이 커져갔지요. 이스키스는 때를 놓치지 않고 코로니스에게 청혼을 했어요.

"코로니스, 아폴론은 당신을 떠난 게 분명해요. 이제 내 사랑을 받아 주세요."

결국 코로니스는 이스키스의 청혼을 받아들이고 마는데요. 하지만 이 사실을 까맣게 몰랐던 아폴론은 까마귀 카라스에게 코로니스의 소식을 알아 오라고 시켰어요. 카라스가 코로니스를 보고 와서는 말했어요.

"코로니스가 아폴론 님을 버리고 다른 남자와 결혼했어요."

카라스의 말을 전해 들은 아폴론은 불같이 화가 났어요. 그 즉시 황금 마차를 타고 코로니스에게로 달려갔지요. 마침 멀리서 정원을 거닐고 있는 코로니스가 보였어요. 성질을 참지 못한 아폴론은 코로니스에게 활을 겨눴어요. 명사수 아폴론이 쏜 화살은 코로니스의 심장에 정확히 꽂혔답니다.

"아폴론, 당신이 날 버린 줄 알았어요. 비록 나는 죽지만 내 배 속에 있는 당신의 아이만큼은 꼭 살려 주세요."

코로니스는 마지막 말을 전하며 숨을 거뒀어요. 그제야 자신의 잘못을 깨달은 아폴론은 눈물을 흘리며 코로니스의 배 속에 있는 아이를 꺼냈어요.

"나의 코로니스! 내가 너무 경솔했소. 아이는 잘 키울 테니 걱정 말고 편히 눈을 감아요."

아폴론은 이 모든 게 앞뒤 사정을 설명하지 않고 소식을 전한 까마귀의 잘못이라 여겼어요. 화가 난 아폴론은 까마귀를 까맣게 태워 버렸고, 그때부터 까마귀는 새까만 지금의 모습이 되었대요. 까마귀자리는 아폴론에게 벌을 받은 카라스가 하늘로 올라가 만들어진 별자리랍니다.

인물관계도 예시 답안

아폴론은 까마귀가 조심성 없이 말해서
온몸을 까맣게 태워 버렸습니다.

답변으로 나올 수 있는 4개의 문장은 아폴론이 화가 난 이유가 드러난 문장을 따라 쓰고 카라스가 벌을 받지 않기 위해서는 어떻게 행동해야 할지 상상해 보도록 구성되었습니다.

> ① 사건이 벌어지게 된 핵심 이유 따라 쓰기 → ② 화가 난 아폴론의 행동 확인하기 → ③ 아폴론이 화가 난 이유 생각하기 → ④ 나쁜 소식을 전하는 다른 방법 상상하기

를 통해 카라스가 화를 피할 수 있는 다른 행동은 없었을지 생각해 보도록 지도해 주세요.

본문을 읽기 전 제목, 삽화, 표시된 문장을 보면서 본문의 내용을 유추하게 해 주세요.

1. 제목을 보고 어떤 내용일지 미리 이야기 나눠 보세요.

2. 삽화를 보고 '아폴론의 뼈아픈 실수'가 무엇일지 유추해 보세요.

3. 본문 속 따라 쓰는 문장(초록 글씨)을 들은 아폴론은 어떤 기분이었을지 생각해 보세요.

참고하세요 본책 p.23 정답 예시

1 이야기와 만나는 문장 쓰기 사건이 벌어지게 된 이유가 나온 문장을 찾아 따라 씁니다. (왼쪽 초록색 문장 따라 쓰기)

2 이해하는 문장 쓰기 화가 난 아폴론이 어떤 행동을 했는지 확인합니다.

예시 아폴론은 카라스의 말을 듣고 코로니스에게 화살을 쏘았습니다.

3 생각을 발견하는 문장 쓰기 아폴론이 화살을 쏠 만큼 화가 난 이유를 생각합니다.

예시1 코로니스가 자신을 기다리지 않았다고 생각했기 때문입니다.
예시2 코로니스가 아폴론을 버리고 이스키스와 결혼했기 때문입니다.

4 상상하는 문장 쓰기 자신이 나쁜 소식을 전해야 할 카라스라면 성격 급한 아폴론에게 어떻게 말할지 상상해 봅니다.

예시1 내가 카라스였다면 말을 전하지 않고 꾹 참았을 것입니다.
예시2 내가 카라스였다면 다른 까마귀에게 대신 심부름을 시켰을 것입니다.

모아쓰기 네 개의 문장을 이어서 하나의 문단을 완성합니다.

예시1 "코로니스가 아폴론 님을 버리고 다른 남자와 결혼했어요."
아폴론은 카라스의 말을 듣고 코로니스에게 화살을 쏘았습니다. 코로니스가 자신을 기다리지 않았다고 생각했기 때문입니다. 내가 카라스였다면 말을 전하지 않고 꾹 참았을 것입니다.

예시2 "코로니스가 아폴론 님을 버리고 다른 남자와 결혼했어요."
아폴론은 카라스의 말을 듣고 코로니스에게 화살을 쏘았습니다. 코로니스가 아폴론을 버리고 이스키스와 결혼했기 때문입니다. 내가 카라스였다면 다른 까마귀에게 심부름을 대신 시켰을 것입니다.

가이드의 읽을거리 ● 그리스 신화의 신들은 어쩌면 인간보다 더 결함이 많은 존재들처럼 보이기도 합니다. 이번 이야기에서 아폴론 역시 전후사정을 듣지 않고 사랑하는 여인 코로니스에게 화살을 쏘는 실수를 저지릅니다. 또 자신이 화살을 쏘아 놓고, 그 잘못을 까마귀 카라스에게 뒤집어씌우기도 하지요. 자신이 본 그대로를 전한 카라스로서는 억울할 수밖에 없는 일입니다.
또 다른 구전에서는 카라스가 아폴론을 속이고 게으름을 피우는 바람에 벌을 받았다고도 하는데요. 모두 은빛이었던 까마귀가 까맣게 변한 이유를 설명하기 위해 만들어진 이야기들입니다.
본문을 통해 자신이 까마귀였다면 어떤 꾀를 내었을지 생각해 보도록 이끌어 주세요. 아폴론이 늘 데리고 다니던 새인 만큼, 아폴론의 성격을 잘 알고 있다는 전제를 둔다면 조금은 나은 대처 방법을 찾을 수 있지 않을까요?

부모님, 선생님도 함께 읽고 아이들과 나누고 싶은 이야기를 생각해 보세요.

봄, 여름, 가을, 겨울은 왜 생겼을까

신과 인간이 함께 어울려 살아가던 아주아주 먼 옛날에는 봄, 여름, 가을, 겨울이 없었다고 해요. 언제나 좋은 날씨 덕분에 농사를 지을 필요 없이 땅 위에 널린 과일과 곡식을 가져와 먹기만 하면 되었어요. 하지만 사계절이 생기면서 농사를 짓고 추운 겨울을 견디기 위해 집을 지어야 했지요.

그럼 봄, 여름, 가을, 겨울은 언제부터 생겨났냐고요? 그건 봄이 되면 동쪽 하늘에서 떠오르는 처녀자리와 관련이 있대요. 이번에는 처녀자리와 사계절이 생겨난 이유에 대해 들려줄게요.

제우스가 임명한 12명의 신들 중 데메테르는 대지의 신이에요. 또 제우스가 사랑한 여신이기도 했지요. 둘 사이에는 페르세포네라는 딸이 있었는데요. 밝고 마음씨 좋은 페르세포네는 외모 또한 뛰어났는데, 자랄수록 더욱 아름다워졌답니다. 페르세포네는 대지의 신 데메테르의 딸답게 꽃과 열매, 곡식을 가꾸는 솜씨도 일품이었어요. 페르세포네가 다가가기만 해도 죽은 꽃과 나무가 살아날 정도였으니까요. 데메테르는 그런 페르세포네를 마음 속 깊이 사랑했어요. 그런데 어느 날 갑자기 산책을 나간 페르세포네가 사라지고 말아요.

"페르세포네! 너 어디 있는 거니? 페르세포네!"

데메테르는 흔적도 없이 사라져 버린 페르세포네를 찾아 헤맸어요. 언제나 부르기만 하면 함박웃음을 지으며 달려오던 딸이었건만, 이제는 아무리 목청껏 불러도 인기척조차 들리지 않았어요. 하루, 이틀, 사흘, 나흘…… 데메테르는 모든 걸 제쳐 두고 페르세포네를 찾는 일에만 매달렸어요.

대체 페르세포네는 어디로 간 것일까요? 사실 페르세포네는 지하 세계의 신 하데스에게 붙잡혀 있었어요. 얼음장 같이 차디찬 심장을 가진 하데스가 페르세포네를 보고 첫눈에 반해 버리고 말았거든요. 데메테르는 페르세포네가 지하 세계로 끌려갔다는 걸 알고는 제우스에게 달려가 사정했어요.

"제우스! 내 하나밖에 없는 딸 페르세포네를 어서 데

리고 올 수 있게 도와줘요. 그렇지 않으면 난 이 땅에 풀 한 포기도 자랄 수 없게 만들겠어요!"

데메테르의 말대로 땅은 쩍쩍 갈라지고 곡식은 자라지 못했어요. 결국 제우스는 데메테르를 돕겠다고 약속하는데요. 조건이 있었어요.

"단 한 가지, 페르세포네가 지하 세계에서 어떤 음식도 입에 대지 않았다는 조건이오. 아주 조금이라도 먹을 걸 입에 댔다면 그땐 이미 늦은 거라오."

데메테르는 고개를 끄덕였어요. 하지만 데메테르가 페르세포네를 찾아갔을 때는 이미 페르세포네가 석류 한 알을 먹고 난 후였어요. 하데스의 아내가 된 페르세포네를 보고 데메테르는 눈물을 쏟으며 돌아와야 했지요. 페르세포네 역시 어머니와 함께 지상으로 돌아가지 못해 눈물로 세월을 보냈어요.

데메테르가 슬픔에 빠지자 땅은 아무것도 자라지 않는 황무지가 되어 버렸어요. 보다 못한 제우스가 하데스를 설득했어요. 다행히 제우스의 도움으로 페르세포네는 1년 중 4개월만 지하에서 보내고 나머지는 지상에서 보낼 수 있게 되었어요.

데메테르는 페르세포네가 지상으로 올라올 때면 따뜻한 봄을, 함께 있는 즐거움에 들뜨면 여름을 만들어요. 그러다 지하로 돌아갈 날을 걱정하며 서늘한 가을을 불러오지요. 마침내 페르세포네가 지하로 가면 데메테르는 슬픔에 빠져 대지를 꽁꽁 얼려 버리는데요. 이것이 사계절이 생겨난 이유래요. 그래서 봄에 떠오르는 처녀자리를 두고 지하 세계에서 어머니를 만나러 지상으로 오는 페르세포네라고 한답니다.

인물관계도 예시 답안

페르세포네가 지하 세계에서 머무는 동안 데메테르가 슬픔에 빠지면서 사계절이 생겨났습니다.

답변으로 나올 수 있는 4개의 문장은 데메테르와 페르세포네의 이야기를 통해 사계절이 생겨난 이유를 알아보고, 겨울이 없는 상황을 상상해 보도록 구성되었습니다.

> ① 핵심 문장 따라 쓰기 → ② 하데스를 설득한 제우스의 제안 확인하기 → ③ 페르세포네가 없는 동안의 대지 묘사하기 → ④ 겨울이 없으면 어떠할지 상상하기

를 통해 사계절이 없을 때 우리의 삶의 모습은 어떨지 떠올려 보도록 이끌어 주세요.

읽기 전 생각해 볼 것들

본문을 읽기 전 제목, 삽화, 표시된 문장을 보면서 본문의 내용을 유추하게 해 주세요.

1. 제목처럼 '봄, 여름, 가을, 겨울은 왜 생겼을지' 미리 상상해 보세요.

2. 삽화를 보고 지상과 지하에 있는 등장인물들이 각각 어떤 상황에 처했는지 유추해 보세요.

3. 단어 뜻풀이에 나오는 '임명'을 내 주변 상황에 적용해 문장을 만들어 보세요.

참고하세요 본책 p.27 정답 예시

1 | 이야기와 만나는 문장 쓰기 | 이야기 전개에 핵심이 되는 문장을 따라 씁니다. (왼쪽 초록색 문장 따라 쓰기)

2 | 이해하는 문장 쓰기 | 하데스를 설득한 제우스의 제안을 확인합니다.

예시 하데스를 설득한 제우스는 페르세포네에게 1년 중 4개월만 지하에서 지내라고 했습니다.

3 | 생각을 발견하는 문장 쓰기 | 페르세포네가 없는 동안 대지는 어떻게 변했을지 묘사합니다.

예시1 페르세포네가 없는 동안 대지는 추운 겨울로 변합니다.
예시2 페르세포네가 없는 동안 데메테르는 대지를 꽁꽁 얼려 버립니다.

4 | 상상하는 문장 쓰기 | 페르세포네가 하데스에게 붙잡혀 가지 않아 겨울이 없다면 어떨지 상상해 봅니다.

예시1 만약 겨울이 없었다면 힘들게 농사를 짓지 않아도 괜찮았을 것입니다.
예시2 만약 겨울이 없었다면 스키를 탈 수 없어서 재미없을 것 같습니다.

모아쓰기 | 네 개의 문장을 이어서 하나의 문단을 완성합니다. 글이 자연스럽게 연결되도록 접속어를 활용해 보세요.

예시1 데메테르가 슬픔에 빠지자 땅은 아무것도 자라지 않는 황무지가 되어 버렸어요. 하데스를 설득한 제우스는 페르세포네에게 1년 중 4개월만 지하에서 지내라고 했습니다. (그런데) 페르세포네가 없는 동안 대지는 추운 겨울로 변합니다. 만약 겨울이 없었다면 힘들게 농사를 짓지 않아도 괜찮았을 것입니다.

예시2 데메테르가 슬픔에 빠지자 땅은 아무것도 자라지 않는 황무지가 되어 버렸어요. 하데스를 설득한 제우스는 페르세포네에게 1년 중 4개월만 지하에서 지내라고 했습니다. (그런데) 페르세포네가 없는 동안 데메테르는 대지를 꽁꽁 얼려 버립니다. 만약 겨울이 없었다면 스키를 탈 수 없어서 재미없을 것 같습니다.

가이드의 읽을거리 ● 데메테르는 제우스와의 사이에서 페르세포네를 낳습니다. 페르세포네라면 지옥도 마다하지 않고 쫓아갈 정도로 데메테르에게 페르세포네는 너무나도 귀한 자식입니다. 그리스 신화에서 데메테르는 모성애를 상징하는 신입니다. 그도 그럴 것이 데메테르는 대지의 신이기 때문입니다. 인간이 수확하는 모든 열매와 작물의 어머니이므로 대지에 생명을 불어넣기 위해서는 데메테르의 모성애가 꼭 필요하지요.
옛 그리스인들은 데메테르의 모성을 사계절이 생겨난 이유와 연결시킵니다. 추수 후 황량해진 그리스의 겨울 들판은 페르세포네를 그리워하는 데메테르의 마음이라고요. 하지만 긴 겨울이 지나고 온 봄이 더욱 반갑게 느껴지듯 사계절을 통해 인간은 기다림을 배웁니다. 아이에게 페르세포네를 기다리는 데메테르의 마음은 어떨지 물어봐 주세요. 또 사계절이 있어 좋은 점들은 무엇인지 이야기 나누어 보세요.

마지막까지 인간을 지킨 신 아스트라이아

신들의 세계에서 큰 전쟁이 일어났다는 이야기를 목동자리 편에서 들려준 적이 있지요? 크로노스와 거인신족들이 한편, 크로노스의 아들 제우스와 그의 형제들이 다른 한편으로 나뉘어서 싸웠다는 이야기 말이에요. 기나긴 전쟁에서 제우스와 형제들이 이기자 세상을 지배하는 신은 바뀌었지요.

그렇다면 사람은 언제 처음 세상에 나타났고 어떤 모습으로 살고 있었을까요? 그리스 신화에서는 크로노스가 다스리던 시대부터라고 해요. 이 시대를 '금의 시대'라고 부르는데요. 신과 사람이 어울려 행복하기만 했기 때문이에요. 계절은 늘 따뜻해서 씨를 뿌리지 않아도 먹을 것이 넘쳐났고요. 사람들은 서로 사랑하고 나쁜 짓을 하지 않았답니다. 당연히 법도 필요 없었고 자연을 해치는 사람도 없었어요.

하지만 겨울이 생기면서 사정이 달라졌어요. 페르세포네가 하데스에게 잡혀 가고 봄, 여름, 가을, 겨울이 생겨난 걸 기억하나요? 사계절이 생겨난 후 '은의 시대'가 오자 사람들은 더위와 추위를 견뎌야 했어요. 먹을 것을 얻기 위해 농사도 지어야 했고요. 종일 땀 흘려 일해야 먹고 살 수 있었어요. 가끔 먹을 것을 더 많이 차지하기 위해 사람들 사이에 싸움도 일어났어요.

"또 싸움질이구나."

"서로 더 갖겠다고 매번 저렇게 싸우다니…… 쯧쯧쯧."

신들은 금의 시대를 그리워하며 하나 둘 하늘로 올라갔어요.

"떠납시다. 더는 두고 보지 못하겠어요."

"저도요. 함께 가지요."

무기를 만들어 서로 싸우기 시작한 '청동의 시대'가 오자 더 많은 신들이 떠나갔어요.

"아스트라이아, 거기서 뭐해요. 당신도 함께 가요."

"아니에요. 전 좀 더 있어 볼래요. 사람들이 다시 예전으로 돌아올 수도 있잖아요."

"그럴 리가 없어요. 사람들은 점점 더 나빠질 뿐이에요."

"그래도 어쩌면 제가 도움이 될지도 몰라요. 누가 더 잘못했는지 알려줄 수 있으니까요."

정의의 여신 아스트라이아는 신들의 설득에도 지상에 남았어요. 아스트라이아는 사람들이 예전처럼 사이좋게 지내게 될 거라고 믿었거든요. 또 아스트라이아의 오른손에는 항상 천칭이 들려 있었는데요. 사람들 사이에 싸움이 일어나면 이들을 천칭 위에 올려놓고 잘잘못을 가려 주기 위해서였어요. 아스트라이아의 천칭에서 죄를 지은 사람은 접시가 내려가고 죄가 없는 사람은 접시가 올라갔지요.

'철의 시대'가 오자 상황은 더 심각해졌어요. 아스트라이아의 노력에도 사람들은 점점 더 나빠졌어요. 사람들은 서로 자신의 땅이라며 땅에 금을 그어 댔어요. 또 칼, 도끼와 같은 무기를 만드는 철을 구하려고 땅을 마구 파헤쳤지요. 끊임없이 전쟁이 일어났고 땅은 피로 물들었어요.

'아, 아무리 노력해도 소용이 없는 것일까.'

사람들을 지켜보던 아스트라이아의 마음은 찢어질 듯 아팠어요. 옳고 그른 것을 구분하는 일도 의미 없게 느껴졌지요. 결국 아스트라이아마저 인간을 포기하고 하늘로 올라갔어요. 아스트라이아의 천칭은 마지막까지 사람들 곁을 지켰던 아스트라이아의 정신을 기리기 위해 하늘에 올려졌어요. 그게 바로 천칭자리랍니다.

그 후에 인간들은 어떻게 됐냐고요? 머리끝까지 화가 난 제우스는 인간들을 벌하기 위해 세상을 물바다로 만들었어요. 끝도 없이 장대비가 쏟아졌고 강과 바다가 넘쳐 땅 위의 모든 것들을 쓸어 버렸대요. 이때 살아남은 남자와 여자 단 두 사람이 지금 인류의 조상이랍니다. 물론 그리스 신화 속 이야기지만요.

인물관계도 예시 답안

아스트라이아는 자신이 도와주면 사람들이 예전처럼 사이좋게 지낼 수 있을 거라고 믿었기 때문입니다.

답변으로 나올 수 있는 4개의 문장은 천칭자리의 유래를 통해 마지막까지 인간을 지킨 정의의 신 아스트라이아에 대해 알아보기 위해 구성되었습니다.

> ① 주요 인물 관련 핵심 문장 따라 쓰기 → ② 아스트라이아를 제외한 신들의 결정 확인하기 → ③ 아스트라이아마저 인간 세계를 떠난 이유 생각하기 → ④ 주인공의 입장에서 자신의 선택 상상하기

를 통해 인간이 지켜야 할 정의란 무엇인지에 대해 학습할 수 있도록 지도해 주세요.

읽기 전 생각해 볼 것들

본문을 읽기 전 제목, 삽화, 표시된 문장을 보면서 본문의 내용을 유추하게 해 주세요.

1. 제목을 보고 본문이 어떤 내용일지 미리 이야기 나눠 보세요.

2. 삽화를 보고 천칭을 들고 있는 아스트라이아가 왜 걱정스러운 표정을 짓고 있는지 유추해 보세요.

3. 본문 속 따라 쓰는 문장(초록 글씨)을 보고 아스트라이아가 어떤 성격의 신일지 생각해 보세요.

✏️ **참고하세요** 본책 p.31 정답 예시

1 이야기와 만나는 문장 쓰기 본문의 주요 인물과 관련된 핵심 문장을 따라 씁니다. (왼쪽 초록색 문장 따라 쓰기)

2 이해하는 문장 쓰기 아스트라이아를 제외한 신들의 결정을 확인합니다.

예시 신들은 금의 시대를 그리워하며 하나둘 떠나갔습니다.

3 생각을 발견하는 문장 쓰기 아스트라이아마저 인간 세계를 떠난 이유를 생각합니다.

예시1 인간들이 시간이 갈수록 점점 사납고 나빠졌기 때문입니다.

예시2 인간들이 서로 다투고 무기를 만들어 전쟁까지 일으키는 모습을 보고 실망했기 때문입니다.

4 상상하는 문장 쓰기 아스트라이아의 입장이었다면 어떻게 행동했을지 상상해 봅니다.

예시1 내가 아스트라이아였다면 다른 신들과 함께 미리 하늘로 떠났을 것입니다.

예시2 내가 아스트라이아였다면 인간들에게 옳고 그른 것을 가르쳐 주었을 것입니다.

모아쓰기 네 개의 문장을 이어서 하나의 문단을 완성합니다.

예시1 정의의 여신 아스트라이아는 신들의 설득에도 지상에 남았어요. 신들은 금의 시대를 그리워하며 하나둘 떠나갔습니다. 인간들이 시간이 갈수록 점점 사납고 나빠졌기 때문입니다. 내가 아스트라이아였다면 다른 신들과 함께 미리 하늘로 떠났을 것입니다.

예시2 정의의 여신 아스트라이아는 신들의 설득에도 지상에 남았어요. 신들은 금의 시대를 그리워하며 하나둘 떠나갔습니다. 인간들이 서로 다투고 무기를 만들어 전쟁까지 일으키는 모습을 보고 실망했기 때문입니다. 내가 아스트라이아였다면 인간들에게 옳고 그른 것을 가르쳐 주었을 것입니다.

가이드의 읽을거리 ● 정의의 여신 아스트라이아는 법원 등에서도 확인할 수 있을 정도로 우리에게 친숙합니다. 아스트라이아는 두 눈에 헝겊을 두른 채 오른손에는 천칭을 들고 있는 경우가 많습니다. 이는 지위, 재산, 피부색, 성별 등 외부 요소에 차별을 두지 않고 공평하게 판결한다는 의미입니다. 또 아스트라이아의 왼손에는 칼이나 법전이 들려 있기도 한데요. 엄격하게 법을 집행하고 모든 사람이 예외 없이 판결을 따라야 한다는 법의 힘을 보여 주는 것이지요. (다만 우리 책은 '천칭자리'를 강조하고 아스트라이아의 심경 변화에 초점을 맞춘 이야기이므로 삽화는 조금 다르게 표현되었습니다.) 하지만 '정의'가 사라진 세상은 희망도 없다는 걸 보여 주는 걸까요? 신들이 모두 떠나도 끝까지 남았던 아스트라이아마저 외면한 세상은 결국 물바다가 되고 맙니다.

이번 이야기를 통해 정의가 필요한 이유와 상황에 대해 이야기해 보세요. 아이의 눈높이에 맞게 친구, 형제와의 갈등 상황을 예로 들면 더욱 좋겠습니다.

아르테미스가 사랑한 유일한 사냥꾼

전갈자리

그리스 신화에서 가장 크고 잘생긴 사냥꾼을 꼽으라면 단연 오리온이에요. 마트에서 쉽게 볼 수 있는 과자 회사 이름인 오리온도 여기에서 나왔답니다. 오리온은 오리온자리라는 별자리로도 잘 알려져 있어요. 이번에 소개할 전갈자리는 이 오리온자리와 떼려야 뗄 수 없는 별자리입니다.

바다의 신 포세이돈의 아들인 오리온은 거인인데다 힘도 세고 잘생기기까지 해서 많은 여신들의 사랑을 받았어요. 포세이돈은 특별히 오리온에게 바다 아래를 걸어 다닐 수 있는 능력을 주었는데요. 덕분에 오리온은 머리만 내밀고 걸어서 바다를 건널 수도 있었답니다. 또 오리온은 아주 뛰어난 사냥꾼이기도 했어요. 이 세상에 오리온이 잡지 못하는 사냥감은 없다는 소문이 돌 정도였지요.

키오스섬에 괴물이 나타나 많은 사람들을 해칠 때도 오리온이 있어 다행이었어요. 키오스섬의 공주 메로페에게 홀딱 반한 오리온이 괴물을 손쉽게 물리쳤으니까요. 메로페도 힘세고 잘생긴 오리온이 무척 마음에 들었어요.

하지만 메로페의 아버지 오이노피온 왕은 오리온과의 결혼을 허락하지 않았어요. 오히려 오리온의 술에 약을 타서 쫓아내려 했지요. 약을 탄 술을 마신 오리온은 앞이 보이지 않았어요. 고생 끝에 태양신 헬리오스를 만나고 나서야 시력을 되찾을 수 있었답니다.

"이 세상에서 나보다 강한 자가 있으면 어디 한번 나와 보시지."

헬리오스 덕분에 시력을 되찾은 오리온은 이전보다 더 의기양양해졌어요.

이런 오리온을 눈여겨보는 두 여신이 있었어요. 하나는 제우스의 아내 헤라였고 또 하나는 달의 여신 아르테미스였어요.

헤라에게 오리온은 눈엣가시였어요.

'저런 거만하고 오만한 자식을 혼내 줄 방법이 없을까?'

헤라는 호시탐탐 오리온을 해칠 생각을 했어요. 버젓이 신들이 보고 있는 와중에도 자신이 최고라고 큰소리치는 오리온이 꼴사나웠거든요.

'옳지! 포세이돈이 지키고 있는 바다에서는 해치기 어려우니 사막을 지날 때 공격해야겠어.'

헤라는 오리온이 사막을 지날 때 거대한 전갈을 풀어놓아 죽이려 했어요. 하지만 오리온은 뛰어난 활 솜씨로 전갈을 한 번에 쏘아 죽여 버렸어요. 헤라의 계획은 또다시 실패하고 말았답니다.

반면 또 다른 여신인 아르테미스는 오리온을 아주 많이 사랑했어요. 아르테미스는 사냥의 여신이기도 했는데, 오리온이 사냥하는 모습을 보고 사랑에 빠지고 말았던 거예요. 아르테미스는 태양의 신 아폴론과 쌍둥이였는데요. 아폴론은 아르테미스와 오리온이 친하게 지내는 게 영 못마땅했어요. 거만한 오리온이 아르테미스와 결혼이라도 하는 날에는 콧대가 하늘을 찌를 게 분명해 보였거든요.

어느 날 아폴론은 바다를 건너는 오리온을 보고는 다급히 아르테미스를 불렀어요.

"아르테미스, 아무리 화살을 잘 쏘는 너라도 저 멀리 바다에 떠 있는 점을 맞출 수는 없겠지?"

아르테미스는 아폴론의 말에 코웃음을 치며 화살을 쏘았어요. 화살은 정확히 목표물을 맞혔지요. 목표물은 다름 아닌 오리온이었는데도요. 결국 오리온은 자신을 끔찍이도 사랑하는 여신에게 화살을 맞아 죽고 말았어요.

아르테미스는 눈물을 흘리며 오리온을 별자리로 올려 주었고요. 헤라는 오리온을 공격한 전갈을 별자리로 만들었답니다.

인물관계도 예시 답안

오리온이 자신은 최고의 사냥꾼이라며 거만하게 굴었기 때문입니다.

답변으로 나올 수 있는 4개의 문장은 그리스 최고의 사냥꾼이었던 오리온이 신들의 미움을 받게 된 이유를 알아보고, 오리온에게 필요한 태도는 무엇인지 생각해 보도록 구성되었습니다.

> ① 사건의 원인이 된 핵심 대화문 따라 쓰기 → ② 오리온의 태도 확인하기 → ③ 오리온이 거만해진 이유 생각하기 → ④ 전갈의 입장에서 상상하며 쓰기

를 통해 거만한 태도 때문에 결국 죽음을 맞았던 오리온 이야기가 의미하는 바는 무엇인지 생각해 보도록 지도해 주세요.

읽기 전 생각해 볼 것들

본문을 읽기 전 제목, 삽화, 표시된 문장을 보면서 본문의 내용을 유추하게 해 주세요.

1. 제목을 보고 본문이 어떤 내용일지 미리 이야기 나눠 보세요.

2. 삽화를 보고 각 인물들이 처한 상황과 감정을 유추해 보세요.

3. 본문 속 따라 쓰는 문장(초록 글씨)을 말한 인물의 태도는 어땠을지 상상해 보세요.

✏️ **참고하세요** 본책 p.37 정답 예시

1 이야기와 만나는 문장 쓰기 사건의 원인이 된 핵심 대화문을 따라 씁니다. (왼쪽 초록색 글씨 참조)

2 이해하는 문장 쓰기 최고의 사냥꾼으로 자부하는 오리온의 태도는 어땠는지 확인합니다.

예시 오리온은 자신이 세상에서 제일 뛰어난 사냥꾼이라고 생각했습니다.

3 생각을 발견하는 문장 쓰기 오리온이 거만한 성품을 갖게 된 이유를 생각합니다.

예시 1 오리온은 키오스섬의 괴물을 물리치고 잃어버린 시력도 되찾았기 때문입니다.

예시 2 오리온은 잡지 못하는 사냥감이 없는 아주 뛰어난 사냥꾼이었기 때문입니다.

4 상상하는 문장 쓰기 자신이 오리온과 맞서 싸운 전갈이었다면 어떻게 말했을지 상상해 봅니다.

예시 1 내가 헤라의 전갈이라면 겸손하게 살라고 충고했을 것입니다.

예시 2 내가 헤라의 전갈이라면 지금이라도 신들께 사과하라고 말했을 것입니다.

모아쓰기 네 개의 문장을 이어서 하나의 문단을 완성합니다.

예시 1 "이 세상에서 나보다 강한 자가 있으면 어디 한번 나와 보시지."
오리온은 자신이 세상에서 제일 뛰어난 사냥꾼이라고 생각했습니다. 오리온은 키오스섬의 괴물을 물리치고 잃어버린 시력도 되찾았기 때문입니다. 내가 헤라의 전갈이라면 겸손하게 살라고 충고했을 것입니다.

예시 2 "이 세상에서 나보다 강한 자가 있으면 어디 한번 나와 보시지."
오리온은 자신이 세상에서 제일 뛰어난 사냥꾼이라고 생각했습니다. 오리온은 잡지 못하는 사냥감이 없는 아주 뛰어난 사냥꾼이었기 때문입니다. 내가 헤라의 전갈이라면 지금이라도 신들께 사과하라고 말했을 것입니다.

가이드의 읽을거리 ● 우리에게 매우 익숙한 이름인 오리온은 잘생기고 멋진데다 그리스 최고의 사냥꾼입니다. 문제는 자신이 그 사실을 너무나 잘 알고 있다는 데에 있었지요.

오리온의 죽음에 대해서는 몇 가지 설이 있는데요. 헤라가 보낸 전갈에 물려 죽었다는 설과 본문처럼 전갈에게서는 살아남았지만 아폴론의 꾐에 넘어간 아르테미스의 화살에 죽음을 맞았다는 설, 오리온을 짝사랑하다 질투심에 눈이 먼 아르테미스가 일부러 쏘아 죽였다는 설 등이 있습니다.

어찌됐건 오리온은 모든 이야기 유형에서 공통적으로 죽을 고비를 많이 겪고 살아나지만 결국엔 신에게 죽임을 당하는 운명입니다. 이처럼 오리온이 가혹한 운명에 처한 이유는 자만심 때문이었습니다. 유독 그리스 신화의 신들이 왜 가장 경계해야 할 마음으로 자만심을 꼽았을지 오리온의 사례를 들어 함께 이야기 나누어 보세요.

부모님, 선생님도 함께 읽고 아이들과 나누고 싶은 이야기를 생각해 보세요.

지하 세계까지 감동시킨 오르페우스의 연주

리라자리

여러분은 음악을 듣고 눈물을 흘리거나 가슴이 두근 거린 적 있나요? 때로는 감미로운 음악 한 곡이 마술처 럼 우리의 마음을 바꾸어 놓을 때가 있는데요. 옛날 그 리스에서도 음악으로 세상을 감동시킨 사람이 있었어 요. 바로 오르페우스였답니다.

오르페우스는 태양과 음악의 신인 아폴론과 음악의 아홉 여신 중 하나인 칼리오페 사이에서 태어났어요. 아버지와 어머니 모두 음악의 신이었으니 오르페우스 가 얼마나 대단한 음악가였는지는 말하지 않아도 상상 할 수 있겠지요?

오르페우스에게는 아버지 아폴론이 물려준 리라가 있었어요. 거북이 등껍질에 줄을 이어 만든 리라는 지 금의 하프와 비슷하게 생겼는데요. 보통은 허벅지 위에 올려 두고 손가락으로 줄을 뜯어 소리를 낸답니다.

오르페우스가 리라를 연주할 때면 동물, 나무, 꽃, 심지어는 바위까지도 귀를 기울였어요. 그 음악이 얼마 나 아름다웠던지 지나가던 바람도 걸음을 멈출 정도였 지요. 이런 오르페우스에게 사랑하는 여인이 있었어요. 숲의 요정 에우리디케였어요.

"에우리디케, 당신이 없는 하루는 상상할 수 없어요. 나와 결혼해 주겠어요?"

"오르페우스, 나 역시 당신 없이는 살 수 없어요. 우 리 평생 함께 서로 사랑하며 살아요."

오르페우스와 에우리디케는 요정들의 축복 속에서 결혼식을 올렸어요. 사랑하는 에우리디케를 아내로 맞 은 오르페우스는 세상에 부러울 게 하나도 없었지요. 하지만 행복은 오래가지 않았어요. 결혼식을 한 다음 날, 에우리디케가 독사에 물려 죽고 말았거든요. 슬픔 에 빠진 오르페우스는 몇 날 며칠 물 한 모금 먹지 않고 울부짖었어요. 신들에게 에우리디케를 되살려 달라고 애원도 해 보았지요.

'이럴 게 아니야. **내가 직접 지하 세계에 가서 에우리디 케를 데리고 와야겠어.**'

오르페우스는 에우리디케를 찾아 지하 세계에 가기

로 결심했어요. 그 누구도 가 본 적 없는 길이었지요. 지하 세계는 세상의 끝에서 아홉 낮, 아홉 밤을 떨어진 후 스틱스강을 지나 머리 셋 달린 괴물 케르베로스가 지키는 문을 통과해야 겨우 닿을 수 있는 곳이었어요. 하지만 오르페우스는 어려움이 닥칠 때마다 감미로운 리라 연주로 간신히 지하 세계에 들어갈 수 있었어요.

드디어 지하 세계의 신 하데스와 그의 아내 페르세 포네의 앞까지 가게 된 오르페우스. 에우리디케를 돌려 달라고 간절히 부탁하며 음악을 연주하기 시작해요. 에 우리디케를 향한 안타까운 사랑 노래는 하데스의 얼음 장 같던 마음도 움직이고 마는데요. 하데스는 에우리디 케와 돌아가는 대신, 지상으로 올라가기 전까지는 절대 로 뒤를 돌아봐선 안 된다고 말해요.

오르페우스는 절대로 뒤돌아보지 않겠다고 약속하 며 왔던 길을 되돌아갔어요. 머리 셋 달린 괴물 케르베 로스를 지나고 스틱스강을 건너 아홉 밤과 아홉 낮 동 안 지상을 향해 올라갔지요. 마침내 멀리서 빛이 보이 자 기쁨에 들뜬 오르페우스가 자신도 모르게 뒤를 돌아 보았어요. 그 순간 뒤따르던 에우리디케가 눈 깜짝할 사이 지하 세계로 빨려 들어가고 말았어요. 오르페우스 는 다시 지하 세계로 향했지만 이번에는 스틱스강을 건 널 수조차 없었어요.

지상으로 올라온 오르페우스는 전보다 더 깊은 슬픔 에 빠져 먹지도 자지도 않았어요. 결국 죽음에 이르러 서야 스틱스강을 건널 수 있었지요.

가여운 오르페우스! 제우스는 그가 두고 간 리라를 하늘에 올려 별자리로 만들어 주었어요. 그 별자리가 리라자리랍니다.

인물관계도 예시 답안

오르페우스는 지상으로 올라가기 전까지 절대로 뒤를 돌아보지 않기로 했습니다.

◎ 가이드 tip   질문의 의도

답변으로 나올 수 있는 4개의 문장은 오르페우스가 에우리디케를 찾아 지하 세계로 가게 된 과정과 혼자 지상으로 돌아올 수밖에 없었던 상황이 상징하는 바가 무엇인지 가늠해 보도록 구성되었습니다.

┌───┐
│ ① 핵심 문장 따라 쓰기 → ② 지하 세계로의 여정 확인하기 → ③ │
│ 오르페우스가 지하 세계로 갈 수 있었던 이유 생각하기 → ④ 자신이 │
│ 에우리디케라면 어떻게 말할지 상상하며 쓰기 │
└───┘

를 통해 죽음이란 무엇인지, 가까운 사람의 죽음을 어떻게 받아들여야 할지에 대해 조심스럽게 대화해 보세요.

읽기 전 생각해 볼 것들

본문을 읽기 전 제목, 삽화, 표시된 문장을 보면서 본문의 내용을 유추하게 해 주세요.

1. 제목을 보고 본문이 어떤 내용일지 미리 이야기 나눠 보세요.

2. 삽화를 보고 각 인물들이 어떤 상황에 처해 있는지 유추해 보세요.

3. 본문 속 따라 쓰는 문장(초록 글씨)을 말한 인물의 마음가짐은 어땠을지 상상해 보세요.

✏ 참고하세요   본책 p.41 정답 예시

1 이야기와 만나는 문장 쓰기 │ 주요 사건과 관련된 핵심 문장을 따라 씁니다. (왼쪽 초록색 글씨 참조)

2 이해하는 문장 쓰기 │ 오르페우스가 거쳐야 했던 지하 세계로의 여정을 확인합니다.

예시 오르페우스는 스틱스강을 지나 케르베로스가 지키는 문을 통과해서 지하 세계로 갔습니다.

3 생각을 발견하는 문장 쓰기 │ 오르페우스가 지하 세계까지 갈 수 있었던 이유를 생각합니다.

예시 1 오르페우스가 지하 세계로 갈 수 있었던 건 리라 연주를 아주 잘했기 때문이었습니다.

예시 2 오르페우스가 지하 세계로 갈 수 있었던 건 에우리디케를 사랑하는 마음이 있었기 때문입니다.

4 상상하는 문장 쓰기 │ 자신이 에우리디케라면 스스로 죽음을 앞당겼던 오르페우스에게 뭐라고 말할지 상상해 봅니다.

예시 1 내가 죽은 에우리디케라면 지하에서 리라 연주를 듣겠다고 말하겠습니다.

예시 2 내가 죽은 에우리디케라면 행복하게 살라고 말하겠습니다.

◆모아쓰기◆ 네 개의 문장을 이어서 하나의 문단을 완성합니다.

예시 1 '내가 직접 지하 세계에 가서 에우리디케를 데리고 와야겠어.'
오르페우스는 스틱스강을 지나 케르베로스가 지키는 문을 통과해서 지하 세계로 갔습니다. 오르페우스가 지하 세계로 갈 수 있었던 건 리라 연주를 아주 잘했기 때문이었습니다. 내가 죽은 에우리디케라면 지하에서 리라 연주를 듣겠다고 말하겠습니다.

예시 2 '내가 직접 지하 세계에 가서 에우리디케를 데리고 와야겠어.'
오르페우스는 스틱스강을 지나 케르베로스가 지키는 문을 통과해서 지하 세계로 갔습니다. 오르페우스가 지하 세계로 갈 수 있었던 건 에우리디케를 사랑하는 마음이 있었기 때문입니다. 내가 죽은 에우리디케라면 행복하게 살라고 말하겠습니다.

가이드의 읽을거리 ● 오르페우스는 나무나 꽃 심지어는 바위까지도 감동시키는 리라 연주의 대가였습니다. 인류 최초의 예술가였던 셈이지요. 그런 오르페우스에게 목숨과도 같던 연인, 에우리디케가 결혼한 지 겨우 하루 만에 독사에 물려 죽다니 참 하늘도 무심합니다.

이에 굴하지 않고 지하 세계로 향한 오르페우스. 사랑하는 에우리디케를 되찾는가 싶더니 뒤를 돌아보지 말라는 하데스의 말을 어겨 또 한 번 아내를 잃고 말지요. 두 번이나 아내를 잃은 오르페우스는 더 이상 견디지 못하고 자신도 아내의 뒤를 따라 지하 세계로 갑니다. 이번에는 리라 연주도 통하지 않아 자신의 목숨마저 버리고 나서야 갈 수 있었지만요.

인간의 죽음까지도 뛰어넘으려했던 오르페우스. 아이와 함께 오르페우스가 느꼈을 감정들에 대해 이야기 나누어 보세요. 그리고 현재의 감정은 어떤지도 물어봐 주세요. 감정은 우리가 살아 있는 인간이라는 가장 분명한 증거니까요.

여덟 번째 이야기

사랑을 얻기 위한 제우스의 변신

미운 오리 새끼가 자라나 백조가 된다는 동화 〈미운 오리 새끼〉와 마법에 의해 백조로 변한 공주의 사랑을 그린 〈백조의 호수〉 이야기를 알고 있나요? 온몸이 하얗고 우아한 백조의 모습은 전 세계 많은 사람들에게 수많은 상상을 불러왔어요. 백조에 대한 시와 노래, 동화가 많은 이유랍니다. 별자리에도 백조자리가 있어요. 어떤 사연으로 생겨난 자리인지 알아볼까요?

헤라의 눈을 피해 많은 여신, 여인과 사랑을 나눈 제우스를 기억하고 있지요? 이번 백조자리는 바로 그 제우스의 또 다른 사랑 이야기와 관련이 있어요. 옛날 그리스는 여러 도시국가가 모여서 하나의 나라를 이루었어요. 그중에 스파르타라는 도시국가도 있었어요. **스파르타에는 아름답기로 유명한 레다 왕비가 살았답니다.**

"거참. 정말 아름다우시단 말이야."

"누구 말인가?"

"누구긴 누구야. 레다 왕비님 말이지. 방금 내가 궁에 잠깐 다녀오지 않았겠나. 마침 레다 왕비님이 지나가는 걸 봤는데 소문보다 더하면 더했지 덜하지는 않더군. 그리스 최고의 미녀라고 해도 지나친 말은 아닐세."

"과연 소문이 사실이었군."

두 남자의 말을 유심히 듣고 있던 아프로디테가 올림포스 신전으로 돌아와 불평했어요.

"도대체 사람들은 알다가도 모르겠어. 언제는 내가 가장 예쁘다고 난리더니……."

그리스를 대표하는 아름다움의 여신 아프로디테가 그런 말을 들었으니 기분이 나쁠 만도 했지요.

"아프로디테, 무슨 일 있었니?"

왕좌에 앉아 지켜보던 제우스가 다정하게 물었어요. 아프로디테는 제우스에게 레다 왕비의 소문에 대해 말했답니다. 아프로디테의 말을 전해 들은 제우스는 조금이라도 빨리 레다 왕비를 보고 싶어 몸이 들썩거렸어요. 하지만 제우스는 아내 헤라의 눈을 피할 방법을 생각해야 했어요. 제우스가 다른 여인에게 관심을 두는

걸 헤라가 절대 지켜만 볼 리 없으니까요.

"백조로 변신하면 어떨까요? 레다 왕비는 에우로타스강에서 목욕하기를 좋아하니까요."

"옳지! 좋은 생각이구나."

제우스는 아프로디테의 말을 듣고는 순식간에 백조로 변했어요. 그사이 기분이 풀린 아프로디테는 독수리로 변신했고요. 두 신은 레다 왕비가 시녀들과 함께 목욕하고 있는 에우로타스강 근처로 날아갔어요. 과연 레다 왕비는 소문대로 투명하리만치 하얀 피부와 별빛처럼 빛나는 두 눈을 가진 아름다운 여인이었어요.

제우스는 레다 왕비를 보는 순간 사랑에 빠져 버렸어요. 좋은 생각이 떠오른 제우스는 아프로디테에게 자신을 공격하라는 신호를 보냈어요. 독수리로 변한 아프로디테는 제우스를 공격하는 시늉을 했지요. 이때다 싶었던 제우스는 레다 왕비의 품에 달려들었어요. 레다 왕비는 독수리를 피해 자신에게 오는 백조를 품에 꼭 안아 주었답니다. 백조자리는 바로 레다 왕비에게 다가가기 위해 변신한 제우스의 모습이에요.

그 후 레다 왕비는 어떻게 됐냐고요? 몇 개월 후 레다 왕비는 두 개의 알을 낳았어요. 알에서는 네 명의 아이들이 태어났지요. 이중 헬레네는 레다 왕비를 닮아 그 누구보다 빼어난 아름다움으로 그리스 역사를 뒤바꿔 놓았고요. 형제 사랑이 남달랐던 폴룩스와 카스토르는 함께 별자리가 되었답니다. 폴룩스와 카스토르의 이야기는 겨울철 별자리 쌍둥이자리에서 다시 만나 보도록 해요.

인물관계도 예시 답안

제우스는 헤라 몰래 레다 왕비에게 다가가기 위해 백조로 변신했습니다.

답변으로 나올 수 있는 4개의 문장은 제우스가 백조로 변해서 레다 왕비에게 다가가게 된 이유와 제우스의 변신이 의미하는 바를 생각해 보도록 구성되었습니다.

> ① 사건의 시작을 알리는 핵심 문장 따라 쓰기 → ② 변신 후 제우스의 행동 확인하기 → ③ 레다 왕비의 기분 헤아려 보기 → ④ 자신이 제우스라면 어떻게 했을지 상상하기

를 통해 보다 자유롭게 상상력을 펼칠 수 있도록 지도해 주세요.

읽기 전 생각해 볼 것들

본문을 읽기 전 제목, 삽화, 표시된 문장을 보면서 본문의 내용을 유추하게 해 주세요.

1. 제목을 보고 본문이 어떤 내용일지 미리 이야기 나눠 보세요.

2. 삽화를 보고 제우스가 변신한 동물은 무엇일지, 독수리와 백조는 어떤 상황일지 유추해 보세요.

3. 본문 속 따라 쓰는 문장(초록 글씨)이 어떤 상황을 불러왔을지 생각해 보세요.

✏ 참고하세요   본책 p.45 정답 예시

1 [이야기와 만나는 문장 쓰기] 사건의 시작을 알리는 핵심 문장을 찾아 따라 씁니다. (왼쪽 초록색 글씨 참조)

2 [이해하는 문장 쓰기] 백조로 변신한 후 제우스가 어떤 행동을 했는지 확인합니다.

> **예시** 백조로 변한 제우스는 아프로디테와 짜고 레다 왕비의 품에 안겼습니다.

3 [생각을 발견하는 문장 쓰기] 레다 왕비가 알을 낳은 후 느꼈을 기분을 헤아려 봅니다.

> **예시1** 알을 낳은 레다 왕비는 정말 이상한 일이라고 생각했을 것입니다.
> **예시2** 알을 낳은 레다 왕비는 무엇을 잘못 먹었는지 생각해 보았을 것 같습니다.

4 [상상하는 문장 쓰기] 자신이 제우스라면 어떻게 행동했을지 상상해 봅니다.

> **예시1** 내가 제우스라면 좀 더 멋있는 동물로 변신해서 레다 왕비를 만났을 것입니다.
> **예시2** 내가 제우스라면 자신의 모습을 그대로 보여 주고 만났을 것입니다.

◆ 모아쓰기   네 개의 문장을 이어서 하나의 문단을 완성합니다. 문장을 매끄럽게 연결해 줄 접속어를 고민해 보세요.

> **예시1** 스파르타에는 아름답기로 유명한 레다 왕비가 살았답니다. 백조로 변한 제우스는 아프로디테와 짜고 레다 왕비의 품에 안겼습니다. (그러고 나서) 알을 낳은 레다 왕비는 정말 이상한 일이라고 생각했을 것입니다. 내가 제우스라면 좀 더 멋있는 동물로 변신해서 레다 왕비를 만났을 것입니다.

> **예시2** 스파르타에는 아름답기로 유명한 레다 왕비가 살았답니다. 백조로 변한 제우스는 아프로디테와 짜고 레다 왕비의 품에 안겼습니다. (그러고 나서) 알을 낳은 레다 왕비는 무엇을 잘못 먹었는지 생각해 보았을 것 같습니다. 내가 제우스라면 자신의 모습을 그대로 보여 주고 만났을 것입니다.

가이드의 읽을거리 ● 그리스 신화에서 제우스는 수많은 여신, 여인과 바람을 피우며 어떤 면에서 최고신답지 않은 모습을 보이기도 하는데요. 아내를 두고 바람을 피우느라 여러 가지 동물로 변신하는 모습은 위엄이 떨어져 안쓰럽기까지 합니다. 본문도 사랑에 빠진 제우스가 백조로 변신해 레다 왕비에게 다가갔다가 헬레네와 폴룩스를 낳게 한다는 이야기인데요. 사실 이 이야기는 그리스 신화에서 빠질 수 없는 트로이 전쟁의 전사(前事) 즉, 프리퀄입니다. 트로이 전쟁의 원인인 절세미녀 헬레네의 등장을 예고하기 때문이지요.

제우스와 레다 왕비의 이야기는 많은 예술가들의 상상력을 자극했습니다. 그래서 백조와 사랑을 나누는 레다 왕비의 모습을 그린 명화들이 많이 있는데요. 아이와 함께 본문 속 장면을 그림으로 그려 보세요. 그리고 다른 예술가들이 그린 같은 장면의 명화를 찾아 이야기 나누어 보세요. 제우스와 레다 왕비에 얽힌 신화를 더 잘 이해할 수 있을 것입니다.

아홉 번째 이야기

죽은 사람을 살리고 벌을 받은 아스클레피오스 　뱀주인자리

아폴론이 사랑한 사람 중에는 테살리아의 공주 코로니스가 있었어요. 아폴론과 코로니스의 안타까운 사랑 이야기는 까마귀자리 편에서 들려준 적이 있지요? 아폴론이 자신을 두고 다른 남자와 결혼해 버린 코로니스에게 화살을 쏘았던 일을 기억하나요? 아폴론은 후회의 눈물을 흘렸지만 코로니스는 끝내 죽고 말았어요. 그나마 다행스러운 건 죽어 가는 코로니스의 몸에서 아이를 꺼내 살려 낸 일인데요. 아폴론은 아이에게 아스클레피오스라는 이름을 붙여 주었어요.

아폴론은 아스클레피오스를 세상에서 가장 지혜롭기로 유명한 케이론에게 맡겼어요. 케이론은 허리 위로는 사람의 모습을, 허리 아래로는 말의 모습을 한 켄타우로스족이었어요. 켄타우로스족은 대체로 성격이 급하고 생각이 짧았지만 케이론만큼은 인간과 신을 능가할 만큼 머리가 좋았다고 해요.

아스클레피오스는 케이론과 함께 지내며 많은 것을 배웠어요. 지리, 역사, 자연…… 그중에서도 의학에 대한 지식들을 스펀지처럼 빨아들였답니다. 덕분에 어느 순간부터 의학만은 선생님 케이론의 실력을 훌쩍 뛰어넘었어요. 이제 아스클레피오스가 치료하지 못하는 병은 없었어요. 게다가 신비한 힘을 가진 뱀에게서 죽은 사람을 살리는 방법까지 알게 되었지요. 뱀을 통해 생명의 비밀을 알게 된 아스클레피오스는 그날부터 뱀 모양 지팡이를 들고 다니기도 했어요.

하지만 케이론은 아스클레피오스의 의술이 문제가 될까봐 걱정했어요.

"아스클레피오스야, 넌 아무도 넘보지 못하는 의술을 가졌지만 절대 이를 함부로 사용해서는 안 된다. 알겠지?"

케이론의 걱정은 곧 현실이 되었답니다. 어느 날이었어요. 아스클레피오스는 아테네의 왕 테세우스가 자신을 다급히 찾는다는 말을 듣고 궁으로 들어갔어요.

"아스클레피오스여, 제발 나의 사랑하는 아들을 살려 주시오. 분명 그대라면 할 수 있을 거요."

왕은 아스클레피오스에게 마차 사고로 죽은 아들을 살려 달라고 애원했어요.

"왕이시여, 제가 아무리 뛰어나다 한들 죽은 사람을 되살릴 수 있겠습니까?"

"제발……, 제발…… 살려 주시오. 내 목숨보다 귀한 자식이라오. 제발……."

테세우스의 간절한 부탁을 차마 거절하지 못한 아스클레피오스는 죽은 왕자에게 생명의 약을 먹였어요. 그러자 멈췄던 왕자의 심장이 다시 뛰고 검게 변했던 얼굴도 복숭아 빛으로 돌아왔지요. 테세우스는 기쁨의 눈물을 흘리며 살아 돌아온 아들을 품 안에 꼭 안았답니다.

이 모습을 멀리서 지켜본 신이 있었으니 그는 다름 아닌 지하 세계의 신 하데스였어요. 하데스는 죽어야 할 사람이 다시 살아나는 걸 보고 머리끝까지 화가 났어요. 하데스는 제우스에게도 이 사실을 알렸지요.

"누가 감히 세상의 질서를 어지럽힌단 말인가?"

제우스는 아스클레피오스에게 벼락을 내리쳤어요. 벼락을 맞은 아스클레피오스는 테세우스의 아들 대신 지하 세계에 가고 말았답니다.

아폴론은 자신의 아들 아스클레피오스가 죽은 걸 알고는 크게 슬퍼했어요. 제우스는 아폴론을 달래고 아스클레피오스의 뛰어난 의술을 기리기 위해 뱀주인자리를 만들었어요. 그래서 뱀주인자리를 자세히 살펴보면 뱀을 붙잡고 있는 아스클레피오스가 보인답니다.

인물관계도 예시 답안

아스클레피오스가 죽은 사람을 살려서 세상의 질서를 어지럽혔기 때문입니다.

⊙가이드 tip 질문의 의도

답변으로 나올 수 있는 4개의 문장은 아스클레피오스가 죽게 된 배경을 이해하고 그리스 신화에서 인간의 죽음이 어떤 의미가 있는지 생각해 보도록 구성되었습니다.

> ① 주요 사건의 핵심 원인 따라 쓰기 → ② 하데스의 말을 들은 이후 제우스의 행동 확인하기 → ③ 제우스가 벼락을 내린 이유 생각하기 → ④ 자신이 아스클레피오스였다면 어떻게 행동했을지 상상하기

를 통해 죽은 사람을 되살리는 일이 왜 신을 화나게 한 일인지 이해하도록 이끌어 주세요.

읽기 전 생각해 볼 것들

본문을 읽기 전 제목, 삽화, 표시된 문장을 보면서 본문의 내용을 유추하게 해 주세요.

1. 제목을 보고 본문이 어떤 내용일지 미리 이야기 나눠 보세요.

2. 삽화를 보고 각 등장인물이 느꼈을 감정을 유추해 보세요.

3. 본문 속 따라 쓰는 문장(초록 글씨)이 어떤 상황을 불러왔을지 상상해 보세요.

✏ 참고하세요 본책 p.49 정답 예시

1 이야기와 만나는 문장 쓰기 주요 사건의 핵심 원인이 담긴 문장을 따라 씁니다. (왼쪽 초록색 글씨 참조)

2 이해하는 문장 쓰기 하데스의 말을 전해 들은 제우스의 행동을 확인합니다.

예시 제우스는 죽은 왕자를 다시 살린 아스클레피오스에게 벼락을 내리쳤습니다.

3 생각을 발견하는 문장 쓰기 제우스가 아스클레피오스에게 벼락을 내린 이유를 생각합니다.

예시1 아스클레피오스가 세상의 질서를 어지럽혔다고 생각했기 때문입니다.

예시2 아스클레피오스가 죽은 사람을 다시 살리면 지하 세계에 갈 사람이 아무도 없기 때문입니다.

4 상상하는 문장 쓰기 자신이 아스클레피오스였다면 어떻게 행동했을지 상상해 봅니다.

예시1 내가 아스클레피오스였다면 과감히 부탁을 거절했을 것입니다.

예시2 내가 아스클레피오스였다면 부탁을 들어주되 나도 생명의 약을 미리 마시겠습니다.

모아쓰기 네 개의 문장을 이어서 하나의 문단을 완성합니다.

예시1 테세우스의 간절한 부탁을 차마 거절하지 못한 아스클레피오스는 죽은 왕자에게 생명의 약을 먹였어요. 제우스는 죽은 왕자를 다시 살린 아스클레피오스에게 벼락을 내리쳤습니다. 아스클레피오스가 세상의 질서를 어지럽혔다고 생각했기 때문입니다. 내가 아스클레피오스였다면 과감히 부탁을 거절했을 것입니다.

예시2 테세우스의 간절한 부탁을 차마 거절하지 못한 아스클레피오스는 죽은 왕자에게 생명의 약을 먹였어요. 제우스는 죽은 왕자를 다시 살린 아스클레피오스에게 벼락을 내리쳤습니다. 아스클레피오스가 죽은 사람을 다시 살리면 지하 세계에 갈 사람이 아무도 없기 때문입니다. 내가 아스클레피오스였다면 부탁을 들어주되 나도 생명의 약을 미리 마시겠습니다.

가이드의 읽을거리 ● 아폴론의 아들 아스클레피오스는 의학의 신입니다. 태양의 신이면서 예술, 의학, 예언까지 못하는 게 없었던 아폴론에게서 병을 고치는 능력을 타고난 데다, 그리스 최고의 스승 케이론에게 온갖 의술을 전수 받아 급기야 죽은 사람을 살아나게 하는 방법까지 알게 되지요. 뱀을 통해 생명의 약을 개발하는 방법을 알게 된 아스클레피오스는 그 뒤부터 뱀 모양이 새겨진 지팡이를 들고 다니는데요. 이처럼 옛 그리스 사람들은 여러 번 허물을 벗는 뱀이 재생, 부활을 의미한다고 보았습니다. 그래서 지금도 의술을 상징하는 문양으로 지팡이에 뱀이 감긴 모양을 많이 볼 수 있습니다.

아스클레피오스 이야기는 인간이 어디까지 생명에 관여해야 하는지를 고민하게 합니다. 인간의 생명을 복제하거나 냉동한 후 살려내는 기술에까지 접근한 현대 의학의 고민이기도 하지요. 현재 우리 사회에서도 같은 문제에 대해 고민하고 있다는 것을 알려 주고 사람을 복제하거나 살려내는 기술을 그대로 활용해도 좋을지 아이와 이야기 나누어 보세요.

열 번째 이야기

그리스 최고의 스승 케이론

궁수자리는 케이론을 기리는 별자리예요. 케이론에 대해서는 뱀주인자리에서 이야기한 적 있었지요? 지혜로운 케이론이 아스클레피오스에게 의술을 가르쳤다고 말이에요.

케이론의 아버지는 크로노스예요. 맞아요! 제우스의 아버지이기도 하지요. 어머니는 요정이고요. 요정은 신과 인간 중간 정도에 속해 있다고 보면 되는데요. 아버지는 한때 신 중에서도 가장 높은 최고신이었고 어머니도 신에 가까웠으니 케이론의 부모는 모두 신이라고 할 수 있어요.

신이 인간과 가장 크게 다른 점은 죽지 않는다는 것이에요. 케이론 역시 상처를 입거나 공격을 당하더라도 절대 죽지 않는 신이었지요. 케이론은 반은 사람이고 반은 말인 켄타우로스족에 속했지만 모습이 같을 뿐 성격은 판이하게 달랐어요.

켄타우로스족이 산이나 들을 뛰어다니며 사냥을 할 때 케이론은 세상의 이치를 발견하고 탐구하는 데 관심을 기울였지요. 아폴론과 아르테미스는 케이론에게 음악, 의술, 사냥술 등을 알려 줬어요. 아폴론은 케이론에게 앞날의 일을 점칠 수 있도록 예언하는 법을 가르쳐 주기도 했어요. 이처럼 신들에게 가르침을 받은 케이론은 그리스 최고의 선생님이 될 수 있었답니다.

케이론을 거쳐 간 제자들은 모두 내로라하는 인물들이었어요. 죽은 사람도 살려낸 의술의 천재 아스클레피오스는 물론이고요. 그리스 최고의 영웅 헤라클레스와 트로이 전쟁의 영웅 아킬레우스, 황금 양털을 찾으러 떠난 아르고 원정대의 대장 이아손도 있었지요. 그중 12가지 과제를 해내야 했던 헤라클레스가 케이론을 찾아왔어요.

"선생님! 에리만토스에 논과 밭을 엉망으로 만들고 사람까지 해치는 멧돼지가 있다고 들었는데 맞나요?"

"에리만토스의 멧돼지가 골치 아프긴 하지. 멧돼지를 해치우는 것이 다음 과제인가?"

헤라클레스가 고개를 끄덕였어요. 헤라클레스에게는 12가지 과제가 주어졌는데 에리만토스의 멧돼지는 그의 네 번째 과제였지요.

"내일 멧돼지가 있는 곳을 알려줄 테니 오늘은 푹 쉬도록 해."

케이론은 헤라클레스에게 쉴 곳을 마련해 주었어요. 헤라클레스가 온 걸 알게 된 켄타우로스족은 그를 환영한다는 핑계로 선물 받은 포도주를 꺼내 왔어요. 그전까지는 케이론이 반대하는 바람에 술을 전혀 맛보지 못했거든요. 아니나 다를까 켄타우로스들은 포도주를 맛보고는 정신없이 뛰어다니기 시작했어요. 원래 성격이 거친 데다가 난생 처음 포도주를 맛보았으니 흥분을 누를 길이 없었지요.

거침없이 달려드는 켄타우로스들을 피하던 헤라클레스는 화가 나서 활을 쏘았어요. 그사이 동굴에 있던 케이론도 밖으로 나와 켄타우로스들을 말리고 있었는데요. 마침 헤라클레스의 화살이 케이론에게 날아가 케이론의 발을 맞혔어요. 웬만한 상처나 공격에도 끄떡없는 케이론이었지만 히드라의 독이 묻은 헤라클레스의 화살은 전혀 달랐어요. 상처는 낫지 않고 날이 갈수록 심해졌지요. 케이론은 온몸이 찢어지는 고통에 몸부림쳤어요.

"제우스 신이시여! 저를 딱히 여기신다면 제발 그만 저를 죽여 주세요."

고통 속에서 영원히 사느니 죽기를 원한 케이론. 제우스는 그의 소원을 들어주었어요. 그리하여 케이론은 제자들의 머리 위에서 영원히 빛나는 별이 되었답니다.

인물관계도 예시 답안

케이론은 헤라클레스가 쏜 화살에 맞은 상처가 너무 아프지만 죽지는 못해서 제우스에게 죽음을 부탁했습니다.

답변으로 나올 수 있는 4개의 문장은 케이론이 헤라클레스의 화살을 맞게 된 상황을 이해하고 죽음을 청할 수밖에 없었던 케이론의 입장을 헤아려 보도록 구성되었습니다.

> ① 주요 사건 관련 핵심 문장 따라 쓰기 → ② 케이론이 다친 부분 확인하기 → ③ 화살을 맞은 케이론이 원한 것 생각해 보기 → ④ 케이론의 입장에서 어떻게 할지 상상하기

를 통해 케이론처럼 온몸이 찢어지는 고통 속에서 어떤 행동을 할 수 있을지 생각해 보도록 지도해 주세요.

읽기 전 생각해 볼 것들

본문을 읽기 전 제목, 삽화, 표시된 문장을 보면서 본문의 내용을 유추하게 해 주세요.

1. 제목을 보고 본문이 어떤 내용일지 미리 이야기 나눠 보세요.

2. 삽화를 보고 각 등장인물이 어떤 상황에 처해 있는지 유추해 보세요.

3. 단어 뜻풀이에 나오는 '핑계'를 활용해 내가 핑계를 댄 경험을 문장으로 만들어 보세요.

✎ **참고하세요** 본책 p.53 정답 예시

1 이야기와 만나는 문장 쓰기 본문의 주요 사건과 관련된 핵심 문장을 따라 씁니다. (왼쪽 초록색 글씨 참조)

2 이해하는 문장 쓰기 헤라클레스가 쏜 화살에 누가 어디를 맞았는지 확인합니다.

예시 화살은 케이론의 발을 맞히고 심한 상처를 냈습니다.

3 생각을 발견하는 문장 쓰기 화살을 맞은 케이론은 괴로움 때문에 어떻게 하기를 원했는지 생각합니다.

예시1 케이론은 너무 고통스러워서 제우스에게 제발 죽여 달라고 말했습니다.
예시2 케이론은 온몸이 찢어지는 고통 때문에 죽기를 원했습니다.

4 상상하는 문장 쓰기 자신이 케이론의 입장이었다면 어떻게 행동했을지 상상해 봅니다.

예시1 내가 케이론이었다면 켄타우로스들을 혼내 달라고 부탁했을 것입니다.
예시2 내가 케이론이었다면 아프지 않게 해 달라고 부탁했을 것입니다.

▸ **모아쓰기** 네 개의 문장을 이어서 하나의 문단을 완성합니다.

예시1 거침없이 달려드는 켄타우로스들을 피하던 헤라클레스는 화가 나서 활을 쏘았어요. 화살은 케이론의 발을 맞히고 심한 상처를 냈습니다. 케이론은 너무 고통스러워서 제우스에게 제발 죽여 달라고 말했습니다. 내가 케이론이었다면 켄타우로스들을 혼내 달라고 부탁했을 것입니다.

예시2 거침없이 달려드는 켄타우로스들을 피하던 헤라클레스는 화가 나서 활을 쏘았어요. 화살은 케이론의 발을 맞히고 심한 상처를 냈습니다. 케이론은 온몸이 찢어지는 고통 때문에 죽기를 원했습니다. 내가 케이론이었다면 아프지 않게 해 달라고 부탁했을 것입니다.

가이드의 읽을거리 ● 케이론은 그리스 최고의 영웅들을 가르친 그리스 최고의 스승입니다. 헤라클레스, 아킬레우스, 이아손, 아스클레피오스, 카스토르와 폴룩스 등 케이론을 거쳐 간 영웅들만 해도 십여 명. 케이론은 이처럼 유명하고 현명한 스승이었지만 제자의 화살에 맞아 죽음을 청하게 될 줄은 꿈에도 몰랐을 것입니다. 게다가 그것도 보통 사람은 건드리기만 해도 죽어 버린다는 괴물 히드라의 독이 묻은 헤라클레스의 화살이라니. 영원한 생명을 가진 케이론에게 너무나 가혹한 형벌이었을 수밖에요.

상처를 입은 케이론은 신이 누릴 수 있는 가장 큰 혜택인 '영원한 생명'도 미련 없이 던져버릴 만큼 고통스러워합니다. 몸이 찢기는 아픔에 몸부림치는 케이론도 괴롭지만 스승의 고통을 바라보는 헤라클레스의 마음도 찢어지는 건 매한가지가 아니었을까요?

죽을 만큼 아프지만 영원히 사는 삶과 아프지 않지만 일찍 죽어야 하는 삶이 있다면 어느 쪽을 선택할까요? 아이와 함께 이야기 나누어 보세요.

부모님, 선생님도 함께 읽고 아이들과 나누고 싶은 이야기를 생각해 보세요.

제우스를 구해 신들을 놀라게 한 판

염소자리

그리스 신화에는 인간을 닮은 신과 요정 외에도 켄타우로스족처럼 인간과 동물의 모습이 섞인 낮은 계급의 신들이 나오는데요. 숲과 목축의 신인 판도 그 중 하나랍니다. 다만 켄타우로스족이 반은 인간, 반은 말인데 비해 판은 염소에 조금 더 가까웠어요. 머리에 뿔이 있고 염소처럼 털이 무성한 두 개의 다리를 가지고 있었지요.

여러분은 '패닉(panic)'이라는 말을 들어본 적 있나요? 패닉은 깜짝 놀라 어쩔 줄 모르는 상태를 뜻하는 영어 표현인데요. 판이 바로 이 패닉이라는 말을 만든 장본인이랍니다. 판은 느닷없이 나타나 상대방을 놀라게 하는 것으로 유명했거든요. 그래서 판이 나타난 상황 즉, 깜짝 놀랄 때 쓰는 말이 '패닉'이 된 거예요.

"어머. 깜짝이야!"

"또 판이야?"

"판은 도대체 왜 시도 때도 없이 불쑥불쑥 나타나는 거야?"

"게다가 얼굴도 지독하게 못생겨서 정말 심장 떨어지는 줄 알았다니까."

요정들은 판의 짓궂은 장난을 싫어했어요. 상대가 싫어하거나 말거나 판은 예쁜 요정이나 잘생긴 목동이 있으면 쫓아다니며 놀기를 좋아했답니다.

한번은 이런 일도 있었어요. 요정 중 달의 여신인 아르테미스를 따르는 시링크스라는 요정이 있었는데요. 시링크스는 아르테미스처럼 우아하고 아름다워서 특히 눈에 띄었어요.

"오, 내 사랑 시링크스! 나의 사랑을 받아 주오."

판은 시링크스를 처음 본 순간부터 다짜고짜 쫓아다니며 사랑을 얻으려 했어요. 반면 시링크스는 예의 없고 못생긴 판이 너무 싫었지요. 판에게 쫓기던 시링크스는 지치고 화가 났어요. 갈대밭을 지나던 시링크스는 판에게 붙잡히느니 차라리 갈대가 되고 싶었어요.

"숲의 요정들이여! 제발 이 불쌍한 나, 시링크스를 갈대로 만들어 주세요."

시링크스는 바람대로 그 자리에서 갈대로 변해 버렸어요. 판은 갈대로 변한 시링크스를 안타까워하며 그 갈대를 꺾어 풀피리로 만들었어요. 그날 이후 판은 풀피리를 시링크스라고 이름 붙이고는 항상 들고 다니면서 연주하기를 즐겼어요.

늘 장난만 치던 판이었지만 제우스가 별자리로 올려줄 만큼 큰일을 해내기도 했어요. 올림포스 신들의 잔치에서 있었던 일인데요. 잔치가 끝날 때쯤 판이 시링크스로 연주를 하려는 순간 티폰이 나타났어요. 티폰은 반은 인간, 반은 뱀의 모습을 한 괴물이에요. 하늘에 닿을 정도로 키가 크고 양팔을 벌리면 동쪽 끝과 서쪽 끝에 닿을 정도였지요. 입에서는 불을 뿜을 수도 있었어요.

티폰이 나타나자 신들은 도망치느라 정신이 없었어요. 티폰은 신들에게도 무서운 괴물이었거든요. 제우스는 양으로, 아르테미스는 고양이로, 디오니소스는 염소로 변신해 도망쳤어요. 판은 물고기로 변하려고 했는데요. 마침 쫓기는 제우스를 보고는 그를 돕기 위해 있는 힘껏 시링크스를 불었어요. 귀가 찢어질 듯한 풀피리 소리에 티폰은 두 귀를 막았어요. 이때다 싶었던 판은 더욱 힘껏 시링크스를 불었어요. 티폰은 그 소리가 너무나 듣기 싫어 도로 땅 아래로 들어가 버렸답니다.

판의 도움으로 위기를 면한 제우스는 판을 기리기 위해 염소자리를 만들었어요. 단, 염소자리를 찾을 때는 평소 판의 모습이 아닌 물고기로 변하려는 판의 모습이란 점을 유의하세요. 염소자리의 반은 염소, 반은 물고기 모습이니까요.

인물관계도 예시 답안

판이 물고기로 변신하려다 말고 제우스를 구하기 위해 시링크스를 불었기 때문입니다.

답변으로 나올 수 있는 4개의 문장은 요정들과 시링크스가 판을 싫어한 이유를 살펴보고, 판과 같이 장난이 심한 사람을 어떻게 대해야 할지 생각해 보도록 구성되었습니다.

> ① 판의 평판을 알 수 있는 대화문 따라 쓰기 → ② 시링크스가 갈대로 변한 이유 확인하기 → ③ 판의 성격적 특징 생각해 보기 → ④ 자신이 시링크스라면 어떻게 말할지 상상하며 쓰기

를 통해 장난이 심하지만 한편으로는 자신을 희생해 제우스를 구하기도 했던 판을 설득하는 방법을 고민할 수 있게 이끌어 주세요.

읽기 전 생각해 볼 것들

본문을 읽기 전 제목, 삽화, 표시된 문장을 보면서 본문의 내용을 유추하게 해 주세요.

1. 제목을 보고 본문이 어떤 내용일지 미리 이야기 나눠 보세요.
2. 삽화를 보고 각 인물은 누구이고 무슨 일이 벌어지고 있는지 유추해 보세요.
3. 본문 속 따라 쓰는 문장(초록 글씨)을 말한 인물은 판을 어떻게 생각하는지 상상해 보세요.

✏️ **참고하세요** 본책 p.59 정답 예시

1 이야기와 만나는 문장 쓰기 │ 판의 평판을 알 수 있는 대화문을 따라 씁니다. (왼쪽 초록색 글씨 참조)

2 이해하는 문장 쓰기 │ 시링크스가 갈대로 변한 이유가 무엇인지 확인합니다.

> 예시 시링크스는 판이 싫어서 갈대로 변했습니다.

3 생각을 발견하는 문장 쓰기 │ 상반된 행동을 한 판은 어떤 성격을 가졌는지 생각해 봅니다.

> 예시 1 판은 자기가 생각하기에 그냥 재미있어서 그런 장난을 쳤을 것입니다.
> 예시 2 판은 관심 받기를 좋아해서 그런 장난을 쳤을 것입니다.

4 상상하는 문장 쓰기 │ 자신이 시링크스라면 어떻게 말할지 상상해 봅니다.

> 예시 1 내가 시링크스라면 판에게 다가오지 말라고 분명히 말했을 것입니다.
> 예시 2 내가 시링크스라면 제우스에게 판을 혼내 달라고 했을 것입니다.

모아쓰기 │ 네 개의 문장을 이어서 하나의 문단을 완성합니다.

> 예시 1 "판은 도대체 왜 시도 때도 없이 불쑥불쑥 나타나는 거야?"
> 시링크스는 판이 싫어서 갈대로 변했습니다. 판은 자기가 생각하기에 그냥 재미있어서 그런 장난을 쳤을 것입니다. 내가 시링크스라면 판에게 다가오지 말라고 분명히 말했을 것입니다.

> 예시 2 "판은 도대체 왜 시도 때도 없이 불쑥불쑥 나타나는 거야?"
> 시링크스는 판이 싫어서 갈대로 변했습니다. 판은 관심 받기를 좋아해서 그런 장난을 쳤을 것입니다. 내가 시링크스라면 제우스에게 판을 혼내 달라고 했을 것입니다.

가이드의 읽을거리 ● 제우스를 구하기 위해 피리를 부는 판의 모습은 본래 상반신은 염소, 하반신은 물고기입니다. 티폰을 피하려고 물고기로 변하는 주문을 외웠으나 마음이 급해 그만 주문이 섞여 버린 것이지요. (다만 본문 삽화에서는 시링크스를 쫓는 판과 피리를 부는 판이 동일한 인물임을 나타내기 위해 같은 모습으로 표현했습니다.)

그리스 신화는 별자리 뿐 아니라 언어 표현에도 녹아 있습니다. 당황하는 모습을 나타내는 영어 표현 '패닉'도 요정들을 놀라게 하던 판에서 유래했죠. 어겨서는 안 되는 금기를 나타내는 '판도라의 상자'는 전쟁, 고통, 다툼 등이 담긴 상자를 연 판도라의 이야기에서 나왔고요. 가장 처음 달 착륙에 성공한 '우주선 아폴론'은 태양의 신 아폴론의 이름을 따서 지었지요. 뉴스에서 한 번쯤 들어 보았을 항공모함, '이지스함'은 제우스가 가지고 있던 무적의 방패, 이지스에서 따온 말입니다.

이외에도 이카루스의 날개, 아리아드네의 실, 다이달로스의 미로 등 그리스 신화에서 유래한 표현들이 많습니다. 아이와 함께 그리스 신화에서 따온 다양한 표현들을 찾아볼까요?

사랑으로 이어진 두 마리의 물고기

물고기자리

앞서 소개한 염소자리와 함께 소개하고 싶은 별자리가 있는데요. 같은 가을철에 볼 수 있는 물고기자리예요. 괴물 티폰이 신들의 잔치에 나타났을 때 제우스는 양으로, 아르테미스는 고양이로, 디오니소스는 염소로 변신했다고 한 말을 기억하나요? 이때 아프로디테와 에로스는 물고기로 변해 강가로 뛰어들었어요. 물고기자리는 물고기로 변한 아프로디테와 에로스의 모습이 하늘에 새겨진 별자리랍니다.

이번 이야기에서는 물고기자리의 주인공인 아프로디테와 에로스가 어떤 신들인지 알아보려고 해요. 여러분은 그리스 신화에 나오는 여신들 중 가장 아름다운 여신이 누구라고 생각하나요? 달처럼 은은한 아름다움을 자랑하는 아르테미스? 아니면 강인한 아름다움의 대표 주자 아테나? 그도 아니라면 툭하면 사랑에 빠지는 제우스에게 결혼 서약까지 받아낸 헤라? 모두 아름다움을 이야기할 때 빼놓고 말할 수 없는 여신들이에요. 하지만 아프로디테에 비할 바는 아니에요. 아프로디테는 누구나 인정하는 사랑과 아름다움의 여신이니까요.

한번은 이런 일이 있었어요. 신들의 결혼 축하 잔치가 열린 날, 초대받지 못한 불화의 여신이 황금 사과 하나를 던졌는데요. 그 사과에는 '가장 아름다운 여신에게'라고 적혀 있었지 뭐예요. 자신이 가장 아름답다고 생각했던 결혼의 여신 헤라, 전쟁의 여신 아테나, 사랑의 여신 아프로디테가 서로 사과의 주인이라며 다투기 시작했어요. 그때 제우스가 인간인 파리스에게 가장 아름다운 여신이 누구인지 물어보라고 말했어요. 그리하여 세 여신이 파리스에게 날아갔어요. 가장 먼저 헤라가 말했어요.

"나를 선택한다면 너에게 영원한 권력을 주겠다."

이에 뒤질세라 아테나가 말했어요.

"나를 선택한다면 전쟁의 승리를 약속하겠다."

마지막으로 아프로디테가 한껏 여유를 부리며 말했어요.

"나를 선택한다면 세상에서 가장 아름다운 여인을

아내로 삼게 해 주지."

파리스는 주저하지 않고 가장 아름다운 여신으로 아프로디테를 선택했어요.

"파리스는 '세상에서 가장 아름다운 여인'을 얻고 싶어서 거짓말을 한 거야!"

헤라가 불평했지만 아프로디테는 신경 쓰지 않았어요. 아프로디테는 이제 정말 누구나 인정하는 가장 아름다운 여신이 되었다는 사실만이 중요했거든요.

그렇다면 세상에서 가장 아름다운 여신 아프로디테의 남편은 누구일까요? 아프로디테의 남편은 신들 중 가장 못생겼다는 대장장이의 신 헤파이스토스였어요. 헤파이스토스는 대장간에 살다시피 했는데요. 그래서인지 아프로디테는 헤파이스토스를 두고도 여러 다른 신이나 인간과 사랑을 나누었대요. 전쟁의 신 아레스도 그 중 하나였고요.

사랑의 화살을 들고 다니는 에로스는 아레스와 아프로디테 사이에서 태어났어요. 사랑하면 빼놓을 수 없는 엄마와 아들, 아프로디테와 에로스는 언제 어디서나 붙어 다녔답니다. 괴물 티폰이 나타난 나일강가의 잔치에서도 마찬가지였어요.

"티폰이다! 모두 도망쳐!"

제우스조차 양으로 변신해 도망가자 신들은 흩어져 저마다 다른 동물로 변신해 달아나기 바빴어요. 아프로디테와 에로스도 물고기로 변해 나일강가로 뛰어들었는데요. 혹시나 헤어질까 봐 두 사람은 서로를 단단한 끈으로 연결했답니다. 가을철 밤하늘에서 끈으로 이어진 두 물고기를 보면 아프로디테와 에로스를 떠올려 보세요. 그리고 그들이 곧 '사랑'을 뜻한다는 사실도 잊지 마세요.

인물관계도 예시 답안

서로 자신이 '가장 아름다운 여신에게'라고 적힌 황금 사과의 주인이라고 생각했기 때문입니다.

답변으로 나올 수 있는 4개의 문장은 아프로디테라는 인물의 특징을 파악할 수 있는 사건을 이해하고 물고기로 변할 수밖에 없는 상황에서 아프로디테가 어떤 생각을 할지 상상해 보도록 구성되었습니다.

> ① 아프로디테의 특징을 설명할 수 있는 문장 따라 쓰기 → ② 파리스가 아프로디테를 선택한 이유 확인하기 → ③ 파리스의 선택을 받은 아프로디테의 기분 떠올려 보기 → ④ 자신이 아프로디테라면 어떻게 생각할지 상상하며 쓰기

를 통해 아름다움이란 무엇인지, 또 진정한 아름다움을 얻기 위해 어떤 노력이 필요한지 생각해 보도록 지도해 주세요.

읽기 전 생각해 볼 것들

본문을 읽기 전 제목, 삽화, 표시된 문장을 보면서 본문의 내용을 유추하게 해 주세요.

1. 제목을 보고 두 마리의 물고기가 누구일지 미리 이야기 나눠 보세요.

2. 삽화를 보고 사과를 들고 있는 인물은 왜 눈치를 보고 있는지 유추해 보세요.

3. 본문 속 따라 쓰는 문장(초록 글씨)이 어떤 상황을 불러왔을지 상상해 보세요.

✏️ **참고하세요** 본책 p.63 정답 예시

1 | 이야기와 만나는 문장 쓰기 | 아프로디테의 특징을 설명할 수 있는 주요 장면을 따라 씁니다. (왼쪽 초록색 글씨 참조)

2 | 이해하는 문장 쓰기 | 파리스가 세 여신 중 아프로디테를 선택한 이유를 확인합니다.

예시 아프로디테가 세상에서 가장 아름다운 여인을 아내로 삼게 해 준다고 했기 때문입니다.

3 | 생각을 발견하는 문장 쓰기 | 파리스의 선택을 받은 아프로디테가 어떤 기분이었을지 떠올려 봅니다.

예시1 아프로디테는 그 순간 세상에서 가장 기분이 좋았을 것입니다.
예시2 아프로디테는 그 순간 세상을 다 가진 기분이 들었을 것입니다.

4 | 상상하는 문장 쓰기 | 자신이 아프로디테라면 어떻게 생각할지 상상해 봅니다.

예시1 내가 아프로디테라면 물고기로 변하기 싫다고 생각했을 것입니다.
예시2 내가 아프로디테라면 세상에서 제일 예쁜 물고기로 변하겠다고 생각했을 것입니다.

모아쓰기 네 개의 문장을 이어서 하나의 문단을 완성합니다. 내용이 더욱 잘 연결되도록 적절한 접속어를 쓸 수 있게 도와주세요.

예시1 파리스는 주저하지 않고 가장 아름다운 여신으로 아프로디테를 선택했어요. 아프로디테가 세상에서 가장 아름다운 여인을 아내로 삼게 해 준다고 했기 때문입니다. 아프로디테는 그 순간 세상에서 가장 기분이 좋았을 것입니다. (그래서) 내가 아프로디테라면 물고기로 변하기 싫다고 생각했을 것입니다.

예시2 파리스는 주저하지 않고 가장 아름다운 여신으로 아프로디테를 선택했어요. 아프로디테가 세상에서 가장 아름다운 여인을 아내로 삼게 해 준다고 했기 때문입니다. 아프로디테는 그 순간 세상을 다 가진 기분이 들었을 것입니다. (그래서) 내가 아프로디테라면 세상에서 제일 예쁜 물고기로 변하겠다고 생각했을 것입니다.

가이드의 읽을거리 ● 그리스 신화의 신들은 어쩌면 우리 인간들보다 더 철없게 보이기도 합니다. 신들의 결혼식 연회 중 '가장 아름다운 여신에게'라는 문구가 적힌 황금 사과가 발견되자 아테나, 헤라, 아프로디테 사이에 분란이 일어납니다. 보다 못한 제우스가 파리스에게 판결을 명령하고 파리스는 아프로디테를 선택하면서 사건은 일단락됩니다. 한편, 명실공히 미의 여신으로 우뚝 선 아프로디테는 남편 헤파이스토스를 무시한 채 전쟁의 신 아레스와 사랑을 나누기도 합니다. 그런데 이 둘의 사랑은 결국 갖은 질투와 배신, 전쟁을 불러일으키죠.
아이와 함께 아프로디테를 대표하는 아름다움과 사랑이 가진 여러 가지 면에 대해 이야기 나누어 보세요. 아름다움에 대한 그리스인들의 시각에 대해 생각해 볼 수 있는 계기가 될 것입니다.

오만함이 부른 불행

희고 커다란 두 날개가 달린 말이 있다면 어떨까요? 또 그 말을 타고 다닐 수 있다면요? 페가수스는 천마 즉, 하늘을 달리는 말이라고 불리는 날개 달린 말이에요. 날개 달린 말이니 만큼 그리스 신화에 등장하는 수많은 영웅들이 갖고 싶어 했답니다.

하지만 페가수스를 탄 영웅은 단 두 사람, 페르세우스와 벨레로폰뿐이었어요. 페가수스를 탄 페르세우스의 활약에 대해서는 5장 북쪽 하늘 케페우스자리 편에서 다룰 거예요. 그러니 이번에는 벨레로폰이 페가수스를 타게 된 이야기를 들려줄게요.

벨레로폰은 그리스 신화의 또 다른 위대한 영웅이었어요. 무술 실력이 뛰어나고 용기와 배짱이 두둑했지요. 게다가 잘생기기까지 해서 수많은 여인들이 그에게 홀딱 반하고 말았어요. 그중에는 아르고스의 왕비 안테이아도 있었어요.

'벨레로폰은 어쩜 저렇게 멋있을까. 역시 소문대로야. 보고만 있어도 가슴이 두근거리는걸.'

안테이아 왕비는 아르고스를 방문한 벨레로폰에게 온 마음을 빼앗겨 고백하기에 이르렀어요. 자신이 왕비라는 사실도 까맣게 잊은 채로요.

하지만 벨레로폰은 꿈쩍도 하지 않았어요. 안테이아 왕비에게는 이미 남편인 아르고스의 왕 프로이토스가 있었으니까요. 고백을 거절당해 기분이 상한 안테이아 왕비는 프로이토스 왕에게 거짓말을 했어요. 바로 사랑을 고백한 사람이 자신이 아니라 벨레로폰이었다고 말이에요.

안테이아 왕비의 계획대로 질투에 눈이 먼 프로이토스 왕은 어떻게든 벨레로폰을 없애고 싶었어요. 프로이토스 왕은 궁리 끝에 벨레로폰을 옆 나라 이오바테스 왕에게 보내기로 했지요. 이오바테스 왕은 안테이아 왕비의 아버지 즉, 프로이토스 왕의 장인이었어요. 프로이토스 왕은 벨레로폰을 보내면서 편지 한 통을 전하라고 하는데요. 그 편지에는 편지를 들고 간 사람을 없애 달라는 말이 쓰여 있었어요.

이오바테스 왕은 편지를 보고 마침 골칫거리였던 괴물 키마이라를 떠올렸어요. 입에서 불을 뿜으며 사람들을 해치는 키마이라라면 벨레로폰도 당해내지 못할 거라고 생각했거든요. 벨레로폰은 이오바테스 왕의 명령을 받고 다음날 아침 일찍 자신만만한 모습으로 키마이라를 잡으러 떠났어요.

사실 전날 밤 벨레로폰은 꿈에서 아테나 여신을 만났어요. 아테나 여신은 벨레로폰에게 페가수스의 황금 고삐를 전해 주었는데요. 놀랍게도 꿈에서 깨어난 벨레로폰의 손에는 진짜 황금 고삐가 쥐어져 있었고 눈부시게 하얀 페가수스가 황금 고삐에 매인 채 서 있었답니다. 페가수스를 탄 벨레로폰은 키마이라를 찾아 단번에 물리쳤어요.

이후에도 이오바테스 왕은 여러 가지 어려운 과제를 내주었지만 그때마다 벨레로폰은 페가수스 덕분에 손쉽게 문제를 해결할 수 있었어요. 결국 이오바테스 왕도 벨레로폰의 실력을 인정했어요. 사람들은 벨레로폰을 입이 마르게 칭찬했지요. 어떤 이들은 마치 그가 신이라도 되는 것처럼 떠받들었답니다.

'어쩌면 난 너무 위대해서 신이 될 운명인지도 몰라.'

벨레로폰의 자신감도 하늘을 찔렀어요. 오만함이 지나쳤던 벨레로폰은 페가수스를 타고 신들의 궁전으로 향하는 지경에 이르렀지요. 이를 괘씸하게 여긴 제우스는 등에를 보내 페가수스를 공격하게 했어요. 등에게 엉덩이를 찔린 페가수스가 깜짝 놀라 온몸을 흔들어 대자 벨레로폰은 바닥으로 곤두박질치고 말았답니다. 이 일로 크게 다친 벨레로폰은 눈이 멀고 다리도 절뚝이게 되었어요.

제우스는 주인을 잃은 페가수스를 하늘로 올려 보내 별자리로 만들었어요. 이 별자리가 바로 페가수스자리예요.

인물관계도 예시 답안

벨레로폰은 스스로 신이 될 만큼 위대하다고 생각했기 때문입니다.

답변으로 나올 수 있는 4개의 문장은 신들이 벨레로폰에게 화가 난 이유를 찾고 제우스의 벌을 받은 벨레로폰이 무엇을 잘못했는지 생각해 보도록 구성되었습니다.

> ① 사건 발생 원인 따라 쓰기 → ② 신이 되려 했던 벨레로폰의 행동 확인하기 → ③ 벌을 내린 제우스의 생각 헤아려 보기 → ④ 자신이 페가수스를 타는 벨레로폰이라면 어떻게 할지 상상하기

를 통해 벨레로폰이 벌을 받은 이유와 인간이 신이 되려고 해서는 안 되는 이유에 대해 고민해 볼 수 있도록 이끌어 주세요.

읽기 전 생각해 볼 것들

본문을 읽기 전 제목, 삽화, 표시된 문장을 보면서 본문의 내용을 유추하게 해 주세요.

1. 제목을 보고 본문이 어떤 내용일지 미리 이야기 나눠 보세요.

2. 삽화를 보고 어떤 이야기가 펼쳐질지 유추해 보세요.

3. 단어 뜻풀이에 나오는 '골칫거리'를 활용해 새로운 문장을 만들어 보세요.

✏️ **참고하세요** 본책 p.67 정답 예시

1 │ 이야기와 만나는 문장 쓰기 │ 사건이 벌어지게 된 원인을 설명하는 핵심 문장을 따라 씁니다. (왼쪽 초록색 글씨 참조)

2 │ 이해하는 문장 쓰기 │ 신이 되려 했던 벨레로폰이 어떤 행동을 했는지 확인합니다.

예시 벨레로폰은 페가수스를 타고 신들의 궁전으로 향했습니다.

3 │ 생각을 발견하는 문장 쓰기 │ 벌을 내린 제우스는 어떤 생각이었을지 이해합니다.

예시1 제우스는 벨레로폰이 괘씸하다고 생각했습니다.
예시2 제우스는 벨레로폰의 오만함이 지나치다고 생각했습니다.

4 │ 상상하는 문장 쓰기 │ 자신이 페가수스를 타는 벨레로폰이라면 어떻게 할지 상상해 봅니다.

예시1 내가 벨레로폰이라면 신이 되지 않고 페가수스를 타고 하늘을 날아다니며 여행할 것입니다.
예시2 내가 벨레로폰이라면 제우스에게 신이 되어도 되는지 물어보겠습니다.

모아쓰기 네 개의 문장을 이어서 하나의 문단을 완성합니다.

예시1 '어쩌면 난 너무 위대해서 신이 될 운명인지도 몰라.'
벨레로폰은 페가수스를 타고 신들의 궁전으로 향했습니다. 제우스는 벨레로폰이 괘씸하다고 생각했습니다. 내가 벨레로폰이라면 신이 되지 않고 페가수스를 타고 하늘을 날아다니며 여행할 것입니다.

예시2 '어쩌면 난 너무 위대해서 신이 될 운명인지도 몰라.'
벨레로폰은 페가수스를 타고 신들의 궁전으로 향했습니다. 제우스는 벨레로폰의 오만함이 지나치다고 생각했습니다. 내가 벨레로폰이라면 제우스에게 신이 되어도 되는지 물어보겠습니다.

가이드의 읽을거리 ● 그리스 신화에는 인간의 오만함을 벌하는 이야기들이 많습니다. 다이달로스의 아들 이카로스가 비슷한 예입니다. 다이달로스는 대장장이의 신 헤파이스토스의 후손으로 손재주가 매우 좋았습니다. 미노스 왕은 다이달로스에게 절대로 밖으로 빠져나올 수 없는 미궁을 만들게 한 뒤 비밀 유지를 위해 그의 아들 이카로스와 함께 높은 탑에 가두었지요.
다이달로스는 절망하지 않고 솜씨를 발휘해 깃털과 밀랍으로 만든 날개를 달고 무사히 탑을 빠져 나왔습니다. 하지만 이카로스는 하늘을 나는 것에 취한 나머지 더 높이 날아올랐습니다. 결국 태양 가까이까지 올라갔고 태양의 열기 때문에 밀랍이 녹아 바다로 떨어져 죽고 말았습니다.
아이에게 이카로스의 이야기를 들려주고 두 이야기가 전하고자 하는 바는 무엇인지 생각해 볼 수 있도록 지도해 주세요.

신들의 시중을 들게 된 가니메데스

물병자리

그리스 신화를 읽으면서 신들과 인간의 다른 점에 대해 생각해 본 적 있나요? 그리스 신화 속 신들은 쉽게 사랑에 빠지고 질투로 속을 끓이기도 하고요. 싸움을 일으키거나 전쟁을 벌이기도 하는 등 우리들 사는 모습과 크게 다르지 않아요.

하지만 다른 점도 있어요. 동물로 변신하기도 하고 인간에게 벌을 내리거나 상을 줄 수도 있답니다. 무엇보다 가장 큰 차이는 신들은 절대 죽지 않는다는 점이에요. 신들이 죽지 않는 건 본래 그렇게 태어난 이유도 있지만 인간과 다른 음식을 먹고 마시기 때문이에요. 신들이 먹는 음식을 암브로시아, 마시는 음료를 넥타르라고 하는데요. 올림포스에 신들이 모일 때면 늘 암브로시아와 넥타르를 나눠 마시곤 하지요.

젊음의 신 헤베는 올림포스 12신에 들어가지는 않지만 신들의 잔치에 빠지지 않는 신이에요. 바로 신들의 시중을 들어야 했기 때문이랍니다. 헤베는 주로 신들에게 넥타르를 따라 주는 일을 했어요. 하지만 신이 된 헤라클레스에게 청혼을 받은 후로는 더 이상 올림포스 신들의 시중을 들지 않았지요.

"자, 그럼 새롭게 시중을 들 친구를 찾아볼까?"

제우스는 헤베를 대신할 사람을 고르고 있었어요.

"그리스에서 가장 아름다운 소년 가니메데스는 어떨까요?"

제우스의 심부름꾼이자 바람처럼 발이 빠른 헤르메스가 말했어요.

"그리스에서 가장 아름다운 소년?"

제우스는 솔깃했어요. 제우스에게 '아름다움'이란 절대 지나칠 수 없는 유혹이었으니까요. 제우스는 당장 가니메데스를 보러 가기로 했어요. 하지만 제우스의 사랑을 독차지하고 싶어 하는 아내 헤라의 눈을 피해야 했지요.

'좋아. 이번에는 독수리로 변해야겠어.'

제우스는 재빨리 독수리로 변해 가니메데스가 있는 트로이로 날아갔어요. 가니메데스는 트로이 왕의 세 아들 중 한 명이었어요. 세 아들 모두 잘생겼지만 가니메데스는 그중에서도 가장 잘생겨서 눈을 뗄 수가 없을 정도였어요.

'과연 헤르메스의 말대로 정말 아름다운 소년이로군. 매일 보고 싶을 정도야. 데려가서 헤베 대신 신들의 시중을 들라고 해야겠어.'

독수리로 변한 제우스는 하늘 위에서 서너 바퀴를 돌더니 날카로운 발톱으로 가니메데스를 낚아챘어요. **그길로 제우스는 가니메데스를 데리고 올림포스로 돌아왔습니다.**

"오늘부터 가니메데스가 신들의 시중을 들게 될 것이오."

제우스가 올림포스 신들 앞에서 말했어요. 헤라가 눈을 흘겼지만 그럴수록 제우스는 가니메데스를 더욱 가까이에 두었어요.

가니메데스는 정든 고향을 떠나게 되어 무척 속상했어요.

"가니메데스, 너무 속상해하지 마. 대신 너도 신처럼 영원한 삶을 살 수 있게 되었잖아."

헤르메스는 가니메데스를 위로했어요. 신들의 음식인 암브로시아와 넥타르를 함께 먹고 마시는 동안 가니메데스 역시 다른 신들처럼 영원히 살 수 있었으니까요.

한편, 사랑하는 막내아들을 잃은 트로이의 왕은 깊은 슬픔에 잠겼어요. 슬퍼하는 왕을 지나칠 수 없었던 제우스는 죽지 않는 말 두 필과 포도나무 한 그루를 선물했어요. 가니메데스를 잘 보살펴 주겠다는 약속과 함께 말이지요.

물병을 든 가니메데스가 넥타르를 따라 주는 모습의 물병자리를 보면서 아름다운 소년의 얼굴을 상상해 볼까요?

제우스는 헤베를 대신해 잘생긴 가니메데스가 신들의 시중을 들게 하고 싶었기 때문입니다.

답변으로 나올 수 있는 4개의 문장은 가니메데스가 올림포스로 오게 된 계기를 이해하고 억지로 끌려온 가니메데스와 한순간에 자식이 사라진 가니메데스의 아버지가 어떤 기분일지 상상해 보도록 구성되었습니다.

> ① 핵심 사건 관련 문장 따라 쓰기 → ② 제우스가 가니메데스를 데리고 간 이유 확인하기 → ③ 가니메데스의 기분 생각해 보기 → ④ 가니메데스의 아버지라면 제우스에게 어떻게 말했을지 상상하기

를 통해 신들의 시중을 들며 영원히 사는 일이 가족과 함께 지내며 짧은 인생을 사는 일 보다 더 좋을지 생각해 보도록 이끌어 주세요.

읽기 전 생각해 볼 것들

본문을 읽기 전 제목, 삽화, 표시된 문장을 보면서 본문의 내용을 유추하게 해 주세요.

1. 제목을 보고 본문이 어떤 내용일지 미리 이야기 나눠 보세요.

2. 삽화를 보고 독수리는 누구이며 어떤 일이 벌어지고 있는지 유추해 보세요.

3. 본문 속 따라 쓰는 문장(초록 글씨)이 어떤 상황을 불러왔을지 생각해 보세요.

✏️ **참고하세요** 본책 p.71 정답 예시

1 이야기와 만나는 문장 쓰기 | 주요 사건이 일어나게 된 핵심 문장을 따라 씁니다. (왼쪽 초록색 글씨 참조)

2 이해하는 문장 쓰기 | 제우스가 가니메데스를 데리고 간 이유를 확인합니다.

예시 가니메데스는 올림포스에서 신들의 시중을 들어야 했습니다.

3 생각을 발견하는 문장 쓰기 | 자신의 의사와 상관없이 제우스에게 끌려간 가니메데스의 기분을 생각해 봅니다.

예시1 가니메데스는 그래도 집으로 돌아가고 싶다고 생각했을 것입니다.
예시2 가니메데스는 영원히 살 수 있게 된 걸 기쁘게 생각했을 것입니다.

4 상상하는 문장 쓰기 | 자신이 가니메데스의 아버지였다면 제우스에게 어떻게 말했을지 상상해 봅니다.

예시1 내가 트로이의 왕이라면 선물 대신 아들을 돌려 달라고 했을 것입니다.
예시2 내가 트로이의 왕이라면 가니메데스와 함께 살 수 있게 해 달라고 했을 것입니다.

모아쓰기 네 개의 문장을 이어서 하나의 문단을 완성합니다.

예시1 그길로 제우스는 가니메데스를 데리고 올림포스로 돌아왔습니다. 가니메데스는 올림포스에서 신들의 시중을 들어야 했습니다. 가니메데스는 그래도 집으로 돌아가고 싶다고 생각했을 것입니다. 내가 트로이의 왕이라면 선물 대신 아들을 돌려 달라고 했을 것입니다.

예시2 그길로 제우스는 가니메데스를 데리고 올림포스로 돌아왔습니다. 가니메데스는 올림포스에서 신들의 시중을 들어야 했습니다. 가니메데스는 영원히 살 수 있게 된 걸 기쁘게 생각했을 것입니다. 내가 트로이의 왕이라면 가니메데스와 함께 살 수 있게 해 달라고 했을 것입니다.

가이드의 읽을거리 ● 호메로스의 표현에 의하면 가니메데스는 '필멸의 인간들 중 가장 아름다운 남자'였지요. 그리스 신화에는 아름다운 남성들이 많이 등장합니다. 아프로디테와 페르세포네가 동시에 사랑한 아도니스, 에코가 짝사랑했던 나르키소스, 아폴론의 사랑을 받은 히아킨토스가 그들입니다.

아름답다는 표현을 주로 여성에게만 사용하고 있는 현재의 관점에서는 본문의 이야기가 불편하게 다가올 수도 있습니다. 하지만 옛 그리스인들의 관점에서는 미소년에 대한 성인 남성의 사랑도 지극히 당연하게 받아들여졌습니다. 플라톤의 〈향연〉에서도 소크라테스가 사랑한 미소년이 등장하니까요.

현재의 시각으로 그리스 신화를 판단하기 이전에 옛 그리스인들이 생각한 아름다움과 사랑은 어떤 것이었을지 먼저 이야기해 보는 건 어떨까요?

황금 양의 전설

아시아와 유럽 사이에는 '헬레스폰토스'라는 이름의 바다가 있어요. 헬레스폰토스는 '헬레의 바다'라는 뜻이에요. 바다의 이름처럼 헬레스폰토스는 '헬레'라는 소녀의 이름에서 나왔어요. 이번에 소개할 양자리는 이 헬레와 관련이 있답니다.

그리스의 수많은 도시국가들 중에 보이오티아라는 나라가 있었어요. 헬레는 보이오티아의 공주였는데요. 헬레에게는 사랑하는 오빠 프릭소스와 보이오티아의 왕인 아버지 아타마스가 있었어요.

헬레의 어머니는 인자하고 아름다운 왕비였지만 일찍 세상을 떠나고 말았어요. 프릭소스와 헬레는 슬퍼할 틈도 없이 새어머니 이노를 맞아야 했지요. 질투심 많은 이노는 엄마를 잃은 프릭소스와 헬레를 위로하기는커녕 눈엣가시처럼 여겼어요.

'흥. 저 꼴 보기 싫은 프릭소스와 헬레를 어쩌면 좋지?'

이노는 무슨 수를 써서라도 프릭소스와 헬레를 눈앞에서 사라지게 하고 싶었어요.

어느 해 가을이었어요. 풍성한 곡식이 나오고 주렁주렁 열매가 열리는 계절이었지만 보이오티아에는 먹을 게 턱없이 부족했어요. 오랫동안 비가 오지 않아 작물들이 죄다 말라 버린 탓이었지요.

'옳지! 지금이 기회야.'

이노는 아타마스 왕에게 달려갔어요.

"아타마스, 지금 백성들이 굶어 죽고 있어요. 어서 빨리 신전에 사신을 보내야 해요."

아타마스 왕은 이노의 말대로 신전에 사신을 보내라고 명령했어요. 사신은 신의 말을 듣고 전하는 사람인데요. 사실 신전으로 간 사람은 이노의 편에 있던 가짜 사신이었어요.

"아타마스 왕이시여, 제우스 신은 프릭소스와 헬레를 제물로 바쳐야만 비를 내려 주겠다고 하셨습니다."

가짜 사신의 거짓말에 감쪽같이 속은 아타마스 왕은

어쩔 수 없이 프릭소스와 헬레를 데리고 제우스 신전으로 향했어요. 그리스 시대에 신전의 제물이 된다는 건 곧 죽음을 뜻하기 때문에 아버지의 손에 이끌려 신전으로 가는 프릭소스와 헬레는 당연히 두려움에 떨 수밖에 없었어요.

'그리운 어머니, 저희를 살려 주세요. 제발요.'

헬레는 돌아가신 어머니께 간절히 기도했어요. 다행히 제우스의 심부름꾼 헤르메스가 헬레의 기도를 듣고는 제우스에게 날아가 헬레와 프릭소스의 딱한 사정에 대해 이야기했어요.

"제우스 신이시여. 제게 가여운 두 아이를 구할 수 있도록 양 한 마리만 주세요."

사정을 들은 제우스는 헤르메스에게 양 한 마리를 내주었어요. 제우스의 선물답게 황금 가죽을 가진 하늘을 나는 양이었지요. 헤르메스는 곧장 신전으로 와서 프릭소스와 헬레를 황금 양의 등에 태웠어요. 남매를 태운 황금 양은 바다 건너편 나라를 향해 날아갔어요. 헬레는 오빠 프릭소스의 허리를 꽉 잡고 발이 땅에 닿기만을 바랐답니다.

프릭소스는 무서움에 떠는 헬레에게 말했어요.

"헬레, 바다를 보지 말고 하늘을 봐!"

하지만 겁을 먹은 헬레가 자신도 모르게 손을 놓는 바람에 바다 한가운데로 떨어지고 말았어요.

가을철에 볼 수 있는 양자리는 황금 양의 공로를 높이 산 제우스가 만들어 준 별자리예요. 비록 헬레는 구하지 못했지만 프릭소스를 살려 낸 황금 양의 전설을 별자리로 확인해 보세요.

인물관계도 예시 답안

헤르메스는 위험에 빠진 헬레와 프릭소스를 구하기 위해 제우스에게 황금 양을 보내 달라고 요청했습니다.

답변으로 나올 수 있는 4개의 문장은 헤르메스가 제우스에게 황금 양을 요청한 배경을 이해하고, 헬레가 바다에 빠진 신화가 만들어진 이유에 대해 생각해 보도록 구성되었습니다.

> ① 핵심 문제 해결 방법 따라 쓰기 → ② 제우스가 보낸 황금 양의 역할 이해하기 → ③ 헬레에게 일어난 일 확인하기 → ④ 헤르메스였다면 어떻게 했을지 상상하기

를 통해 아버지 아타마스 왕과 새어머니 이노, 헬레와 오빠 프릭소스의 성격, 그리고 관계에 대해 상상해 보도록 지도해 주세요.

읽기 전 생각해 볼 것들

본문을 읽기 전 제목, 삽화, 표시된 문장을 보면서 본문의 내용을 유추하게 해 주세요.

1. 제목을 보고 본문이 어떤 내용일지 미리 이야기 나눠 보세요.

2. 삽화를 보고 황금 양을 타고 있는 사람은 누구이며 어떤 일이 생길지 유추해 보세요.

3. 뜻풀이에 나오는 '신전'의 사진을 찾아보고 신에게 제물을 바치던 옛 그리스 신전의 모습을 상상해 보세요.

참고하세요 본책 p.75 정답 예시

1 이야기와 만나는 문장 쓰기 주요 사건의 문제 해결 방법을 따라 씁니다. (왼쪽 초록색 글씨 참조)

2 이해하는 문장 쓰기 제우스가 보낸 황금 양의 역할을 확인합니다.

예시 황금 양은 프릭소스와 헬레를 태우고 바다 건너편 나라를 향해 날아갔습니다.

3 생각을 발견하는 문장 쓰기 헬레에게 무슨 일이 일어났는지 유추해 봅니다.

예시 1 헬레는 무서워하다가 바다 한가운데에 떨어지고 말았습니다.
예시 2 헬레는 겁을 먹고 손을 놓는 바람에 바다 한가운데에 떨어졌습니다.

4 상상하는 문장 쓰기 자신이 황금 양을 데려온 헤르메스였다면 어떻게 했을지 상상해 봅니다.

예시 1 내가 헤르메스라면 황금 양에 아이들을 묶어 주었을 것입니다.
예시 2 내가 헤르메스라면 함께 황금 양에 타서 헬레를 잡아 주었을 것입니다.

모아쓰기 네 개의 문장을 이어서 하나의 문단을 완성합니다. 글이 자연스럽게 연결되도록 접속어를 활용해 보세요.

예시 1 사정을 들은 제우스는 헤르메스에게 양 한 마리를 내주었어요. 황금 양은 프릭소스와 헬레를 태우고 바다 건너편 나라를 향해 날아갔습니다. (하지만) 헬레는 무서워하다가 바다 한가운데에 떨어지고 말았습니다. 내가 헤르메스라면 황금 양에 아이들을 묶어 주었을 것입니다.

예시 2 사정을 들은 제우스는 헤르메스에게 양 한 마리를 내주었어요. 황금 양은 프릭소스와 헬레를 태우고 바다 건너편 나라를 향해 날아갔습니다. (하지만) 헬레는 겁을 먹고 손을 놓는 바람에 바다 한가운데에 떨어졌습니다. 내가 헤르메스라면 함께 황금 양에 타서 헬레를 잡아 주었을 것입니다.

가이드의 읽을거리 ● 헬레의 이야기는 아시아와 유럽 사이에 있는 '헬레스폰토스'라는 바다 이름의 유래와 관련이 있습니다. 헬레스폰토스는 말 그대로 '헬레의 바다'라는 뜻입니다. 현재에는 다르다넬스 해협이라고 불리고 있으며 아시아와 유럽의 경계를 나누는 대표적인 바다입니다.

헬레의 이야기에서 함께 주목해 봐야 할 것은 그가 살았던 보이오티아라는 도시국가입니다. 그리스 중부의 보이오티아는 군사적, 정치적으로 매우 중요한 위치였는데요. 그리스 신화에서도 자주 언급되는 도시국가 중 하나입니다.

아이와 함께 세계 지도를 펼쳐 보이오티아를 찾아보세요. 그리고 헬레와 프릭소스가 바다를 건넌 이야기가 진짜 전하고자 하는 바는 무엇이었을지 생각해 보도록 이끌어 주세요.

부모님, 선생님도 함께 읽고 아이들과 나누고 싶은 이야기를 생각해 보세요.

크레타에 페니키아의 문명을 전한 에우로페

황소자리

그리스 신화의 별자리 이야기에는 동물로 변한 제우스의 모습을 기린 별자리들이 여럿 나옵니다. 제우스는 헤라의 눈을 피하기 위해 여러 가지 동물로 변신했는데요. 레다 왕비를 만나러 갈 때는 백조로, 가니메데스 왕자를 데리고 올 때는 독수리로 변했었지요. 황소자리도 제우스가 변신한 동물 모양 별자리 중 하나랍니다.

제우스가 황소로 변한 까닭은 페니키아의 공주 에우로페 때문이에요. 당시 그리스에는 페니키아라는 나라가 있었는데요. 페니키아는 문자와 무역이 발달했던 나라로 주변 나라들에 비해 매우 뛰어난 문명을 가지고 있었어요. 에우로페는 페니키아의 왕 아게노르의 하나밖에 없는 딸이었어요. 아게노르 왕에게는 세 명의 아들이 더 있었어요. 에우로페의 오빠들이 에우로페를 질투할 만큼 딸에 대한 아게노르 왕의 사랑은 대단했어요.

"에우로페, 절대로 밖에 돌아다녀서는 안 된다. 알겠지?"

아게노르 왕은 돌아다니기를 좋아하는 에우로페가 혹시 다치지는 않을까 걱정했어요. 그럴 때마다 에우로페는 아버지인 아게노르 왕을 안심시켰어요.

"아버지, 걱정 마세요. 늘 조심히 다니는 데다 저도 이제 다 큰걸요."

에우로페의 말대로 공주는 어느새 어엿한 숙녀로 자라나 있었어요.

어느 날 에우로페가 바닷가 주변을 거닐 때였어요. 에우로페의 금빛 머리칼은 바람에 날리고 입가에는 따스한 미소가 어려 있었어요. 양 볼은 복숭아처럼 분홍빛으로 물들고 눈은 호수처럼 맑고 깊었답니다.

멀리서 에우로페의 모습을 본 제우스는 첫눈에 사랑에 빠졌어요. 제우스는 헤라의 눈을 피해 황소로 변한 다음, 순식간에 에우로페에게 달려갔어요. 에우로페가 고개를 돌리자 눈부시게 아름다운 황소 한 마리가 눈앞에 서 있었지요.

'이렇게 아름다운 소는 처음 봐.'

에우로페는 반질반질 윤기가 흐르는 황소의 등을 손으로 쓸어 주었어요. 크고 맑은 황소의 눈을 바라보던 에우로페는 자기도 모르게 소의 등에 올라타고 말았어요. 제우스는 때를 놓치지 않고 에우로페를 태운 채 눈 깜짝할 사이 바다로 뛰어들었어요. 에우로페를 태운 황소는 바다 건너 크레타섬으로 갔어요. 크레타섬은 제우스가 아버지 크로노스를 피해 어린 시절을 보낸 곳이었어요.

"두려워하지 마라. **이곳은 곧 에우로페 너의 왕국이 될 것이다.**"

제우스는 원래 모습으로 돌아와 에우로페를 안심시켰어요. 에우로페의 눈에서는 끝없이 눈물이 흘렀어요. 제우스의 말은 더 이상 사랑하는 아버지 아게노르 왕과 오빠들을 볼 수 없다는 뜻이었으니까요.

한편, 아게노르 왕은 세 아들에게 사라진 에우로페를 찾으라고 명령했어요.

"오. 사랑하는 나의 막내딸 에우로페. 대체 너는 어디에 있는 게냐. 너희들은 당장 이 나라를 떠나 에우로페를 찾아내도록 해라. 에우로페를 찾지 못하면 집으로 돌아올 생각은 하지도 말거라. 알겠느냐?"

세 아들은 뿔뿔이 흩어져 에우로페를 찾아다녔지만 끝내 찾지 못했어요. 이들은 고향으로 돌아가지 못하고 각자 다른 지역에서 새로운 나라를 세웠답니다. 에우로페는 크레타섬이 그녀의 왕국이 될 것이라는 제우스의 말대로 크레타 왕과 결혼해 왕비가 되었어요. 제우스와의 사이에서 낳은 세 아들이 있었지만 크레타 왕은 상관하지 않았지요.

이처럼 페니키아의 공주와 왕자들은 모두 자신의 나라를 떠나 새로운 나라를 세우는 주인공이 되었고 에우로페가 반한 황소는 하늘로 올라가 지금의 황소자리가 되었답니다.

인물관계도 예시 답안

제우스는 에우로페 공주를 크레타섬에서 살게 하기 위해 그곳으로 데려갔습니다.

답변으로 나올 수 있는 4개의 문장은 본문의 주요 사건을 살펴보고, 제우스가 에우로페 공주를 크레타섬으로 데려간 이유가 결과적으로 무엇 때문인지 생각해 보도록 구성되었습니다.

① 핵심 대화문 따라 쓰기 → ② 제우스의 구체적인 행동 확인하기 → ③ 크레타섬에 도착한 에우로페의 기분 생각해 보기 → ④ 낯선 곳에서 살아야 하는 에우로페 입장에서 상상하며 쓰기

를 통해 에우로페의 감정을 이해하고 이 신화가 궁극적으로 의미하는 바가 무엇인지 학습할 수 있도록 이끌어 주세요.

읽기 전 생각해 볼 것들

본문을 읽기 전 제목, 삽화, 표시된 문장을 보면서 본문의 내용을 유추하게 해 주세요.

1. 제목을 보고 본문이 어떤 내용일지 미리 이야기 나눠 보세요.

2. 삽화를 보고 무슨 일이 벌어지고 있는지 유추해 보세요.

3. 본문 속 따라 쓰는 문장(초록 글씨)을 들은 에우로페는 어떤 기분이었을지 상상해 보세요.

참고하세요 본책 p.81 정답 예시

1 이야기와 만나는 문장 쓰기 │ 본문의 핵심 대화문을 따라 씁니다. (왼쪽 초록색 글씨 참조)

2 이해하는 문장 쓰기 │ 제우스가 에우로페 공주에게 어떻게 했는지 확인합니다.

예시 제우스는 에우로페를 크레타섬으로 데리고 갔습니다.

3 생각을 발견하는 문장 쓰기 │ 낯선 크레타섬에 막 도착한 에우로페의 기분을 이해합니다.

예시1 에우로페는 크레타섬이 어떤 곳인지 궁금했을 것입니다.
예시2 에우로페는 집이 그리워서 울고 싶었을 것입니다.

4 상상하는 문장 쓰기 │ 자신이 에우로페라면 어떻게 행동할지 상상해 봅니다.

예시1 내가 에우로페라면 새로운 곳을 여기저기 돌아다녀 보겠습니다.
예시2 내가 에우로페라면 집으로 돌아갈 방법을 생각해 보겠습니다.

모아쓰기 네 개의 문장을 이어서 하나의 문단을 완성합니다.

예시1 "이곳은 곧 에우로페 너의 왕국이 될 것이다."
제우스는 에우로페를 크레타섬으로 데리고 갔습니다. 에우로페는 크레타섬이 어떤 곳인지 궁금했을 것입니다. 내가 에우로페라면 새로운 곳을 여기저기 돌아다녀 보겠습니다.

예시2 "이곳은 곧 에우로페 너의 왕국이 될 것이다."
제우스는 에우로페를 크레타섬으로 데리고 갔습니다. 에우로페는 집이 그리워서 울고 싶었을 것입니다. 내가 에우로페라면 집으로 돌아갈 방법을 생각해 보겠습니다.

가이드의 읽을거리 ● 그렇습니다. 이번에도 제우스입니다. 제우스는 헤라를 만나기 전에도 결혼을 두 번이나 했습니다. 분별의 신 메티스와 결혼해 머리로 낳은 자식이 지혜의 신 아테나였으며, 법과 질서의 신 테미스와도 결혼했었지요. 세 번째 부인 헤라가 결혼의 신이어서 더 이상 결혼은 할 수 없었지만 제우스는 계속해서 자신이 가진 큰 사랑을 주체하지 못하고 많은 여인들을 만났습니다. 그렇다면 그리스 신화에서 제우스의 바람기는 어떤 의미일까요? 현대인의 관점에서는 결혼 제도의 파괴자이며 난봉꾼일지 모르나, 신화적 의미에서 제우스의 바람기는 '문명의 탄생'을 의미합니다.
이번 이야기 역시 당시 발달된 페니키아의 문명이 크레타 지역으로 전해진 것이라 해석할 수 있습니다. 아이와 함께 지도를 보며 옛 페니키아 지역과 크레타 지역을 확인하고 에우로페의 이름에서 유래한 유럽이 어떤 문명의 영향을 받았을지 이야기 나누어 보세요.

번개처럼 빠른 사냥개 라이라프스

별자리 중에는 동물의 모습을 한 별자리들이 많은데요. 이번에 소개할 큰개자리도 동물 별자리 중 하나예요. 큰개자리의 주인공은 라이라프스라는 사냥개랍니다. 라이라프스는 한번 쫓기 시작한 사냥감은 절대 놓치지 않는 전설의 사냥개로 유명했어요. 네 발이 얼마나 빠른지 발자국을 보지 않으면 땅에 닿는지조차 알 수 없을 정도였지요.

라이라프스의 주인은 케팔로스였어요. 케팔로스에게는 번개처럼 빠른 사냥개 라이라프스 뿐만 아니라 던지기만 하면 사냥감에 그대로 꽂히는 신비한 창도 있었답니다. 케팔로스가 신비한 능력을 가진 사냥개와 창을 갖게 된 데는 사연이 있었어요.

포키스의 왕자인 케팔로스는 아주 어린 시절부터 사냥을 좋아했는데요. 잘생기고 늠름한 청년으로 자라난 케팔로스는 포키스 여인들에게 최고의 신랑감이었답니다. 그런 케팔로스가 한눈에 반한 여인이 있었으니, 그의 이름은 프로크리스. 프로크리스 역시 포키스에서 둘째가라면 서러울 만큼 상냥하고 아름다운 아가씨였어요. 두 사람은 영원한 사랑을 약속하며 모두의 축복 속에서 결혼식을 올렸어요. 그러나 새벽의 신 에오스만큼은 두 사람의 결혼을 못마땅하게 생각했답니다.

'케팔로스를 절대 프로크리스에게 빼앗길 수 없어.'

사실 에오스는 꽤 오랫동안 케팔로스를 좋아하고 있었어요. 케팔로스는 새벽부터 사냥감을 찾기 위해 숲을 돌아다녔는데요. 에오스는 매일 새벽 케팔로스를 보며 혼자 사랑을 키워 왔던 것이지요. 하루는 에오스가 새벽에 사냥을 나온 케팔로스 앞에 나타나 말했어요.

"사랑해, 케팔로스! 프로크리스에게 돌아가지 말고 나와 함께 있어줘."

프로크리스에게 영원한 사랑을 맹세한 케팔로스가 그 말을 들을 리 없었어요. 에오스는 케팔로스를 가둬 두고 오랫동안 그를 설득했지만 케팔로스의 마음은 변함이 없었어요. 결국 포기한 에오스는 케팔로스를 집으로 보내 주는 대신 마음속에 의심을 심어 두었지요.

"좋아. 집으로 보내 주지. 어디 네 말대로 두 사람의 사랑이 영원한지 보자고. 프로크리스에게 변장을 하고 가서 사랑을 고백해 봐. 변장한 너를 거절한다면 너희의 사랑을 믿어 줄게."

케팔로스는 절대 넘어올 리 없다며 변장을 한 후 프로크리스에게로 돌아갔어요. 프로크리스는 사냥을 떠난 뒤 돌아오지 않는 케팔로스가 걱정되면서도 자신을 떠나 버린 건 아닌지 의심스러웠지요. 그런 와중에 변장한 케팔로스가 나타나 끈질기게 사랑을 고백하자 그만 넘어가고 말았답니다.

케팔로스는 그제야 변장을 벗었어요. 그 모습을 본 프로크리스는 자신을 속인 케팔로스에게 화가 났어요. 그래서 곧장 숲으로 떠나 버렸지요. 프로크리스는 사냥의 신 아르테미스를 찾아갔어요. 아르테미스는 번개처럼 빠른 사냥개 라이라프스와 무엇이든 맞히는 신비의 창을 선물로 주며 프로크리스를 위로해 주었어요.

한편, 케팔로스는 자신의 행동을 후회하고 프로크리스를 찾아다녔는데요. 온갖 고생 끝에 간신히 프로크리스를 찾아낸 케팔로스. 그는 아내 앞에 무릎을 꿇고 잘못을 빌었어요.

"프로크리스 당신을 의심한 나를 용서해 주오."

케팔로스의 진심 어린 사과에 프로크리스도 마음을 돌렸어요. 프로크리스는 케팔로스에게 화해의 표시로 선물 받은 라이라프스와 신비의 창을 주었어요.

그즈음 케팔로스가 살던 나라에서는 가축과 사람을 잡아먹는 여우가 나타나 큰 걱정거리였는데요. 몸집이 어찌나 크고 빠른지 어떤 뛰어난 사냥개도 여우를 따라잡지 못했어요. 케팔로스는 라이라프스를 풀어 여우를 잡게 했지요. 라이라프스는 몇 달 동안이나 놓치지 않고 쫓아다닌 끝에 여우를 잡았고 그 공으로 하늘의 별이 되었답니다.

인물관계도 예시 답안

라이라프스는 프로크리스를 거쳐 케팔로스의 사냥개가 되었습니다.

답변으로 나올 수 있는 4개의 문장은 라이라프스가 케팔로스에게 오게 된 과정을 파악하고 각 인물이 처한 입장에 대해 이해해 볼 수 있도록 구성되었습니다.

> ① 상황의 전환을 가져온 대화문 따라 쓰기 → ② 프로크리스의 결정 확인하기 → ③ 프로크리스가 케팔로스를 용서한 뒤 어떻게 표현했는지 생각해 보기 → ④ 자신이 케팔로스라면 어떻게 말할지 상상하며 쓰기

를 통해 등장인물의 감정 변화를 이해하고 앞으로 두 사람의 관계가 어떻게 될지 상상해 보도록 이끌어 주세요.

읽기 전 생각해 볼 것들

본문을 읽기 전 제목, 삽화, 표시된 문장을 보면서 본문의 내용을 유추하게 해 주세요.

1. 제목을 보고 본문이 어떤 내용일지 미리 이야기 나눠 보세요.

2. 삽화를 보고 어떤 상황에 대한 묘사인지 유추해 보세요.

3. 단어 뜻풀이에 나오는 '변장'을 활용해 새로운 문장을 만들어 보세요.

✎ 참고하세요　본책 p.85 정답 예시

1 [이야기와 만나는 문장 쓰기] 이야기에 새로운 전환을 가져온 주요 대화문을 따라 씁니다. (왼쪽 초록색 글씨 참조)

2 [이해하는 문장 쓰기] 케팔로스의 애원에 대한 프로크리스의 결정을 확인합니다.

[예시] 프로크리스는 케팔로스를 용서하고 돌아가기로 했습니다.

3 [생각을 발견하는 문장 쓰기] 프로크리스가 케팔로스를 용서한 후 어떻게 표현했는지 생각해 봅니다.

[예시1] 프로크리스는 화해의 표시로 선물 받은 라이라프스와 신비의 창을 주었습니다.
[예시2] 프로크리스는 아르테미스에게 받은 라이라프스와 신비의 창을 주었습니다.

4 [상상하는 문장 쓰기] 자신이 케팔로스라면 화해하는 상황에서 어떻게 말할지 상상해 봅니다.

[예시1] 내가 케팔로스라면 다시는 의심하지 않겠다고 말했을 것입니다.
[예시2] 내가 케팔로스라면 전보다 더 많이 사랑하겠다고 말했을 것입니다.

[모아쓰기] 네 개의 문장을 이어서 하나의 문단을 완성합니다. 글이 자연스럽게 연결되도록 접속어를 활용해 보세요.

[예시1] "프로크리스 당신을 의심한 나를 용서해 주오."
프로크리스는 케팔로스를 용서하고 돌아가기로 했습니다. (그리고) 프로크리스는 화해의 표시로 선물 받은 라이라프스와 신비의 창을 주었습니다. (그러므로) 내가 케팔로스라면 다시는 의심하지 않겠다고 말했을 것입니다.

[예시2] "프로크리스 당신을 의심한 나를 용서해 주오."
프로크리스는 케팔로스를 용서하고 돌아가기로 했습니다. (그리고) 프로크리스는 아르테미스에게 받은 라이라프스와 신비의 창을 주었습니다. (그러므로) 내가 케팔로스라면 전보다 더 많이 사랑하겠다고 말했을 것입니다.

가이드의 읽을거리 ● 케팔로스와 프로크리스의 이야기는 여기서 끝이 아닙니다. 사실 두 사람의 사랑은 비극으로 끝이 납니다. 본문의 내용대로 케팔로스는 의심 때문에 변장을 하고 프로크리스를 속입니다. 프로크리스가 떠난 뒤에야 자신의 잘못을 깨닫고 뉘우칩니다. 둘이 화해하고 다시 만난 뒤에도 의심은 멈추지 않았습니다. 문제는 프로크리스였습니다. 다시 돌아온 프로크리스는 케팔로스가 다른 여인과 사랑을 속삭인다는 말을 전해 듣습니다. 결국 의심을 이기지 못하고 케팔로스를 몰래 뒤쫓다가 프로크리스를 동물로 오해한 케팔로스의 창에 맞아 죽게 됩니다. 알고 보니 케팔로스가 사랑을 속삭인 대상은 시원한 바람이었답니다.
두 사람의 비극적인 사랑은 많은 예술가들에게 영감을 주어 다양한 명화로 남아 있습니다. 아이와 함께 작품을 찾아보고 이후 벌어진 일에 대해서도 이야기 나누어 보세요.

신도 감동시킨 형제 사랑

쌍둥이자리

여름철 별자리에서 소개한 백조자리를 기억하나요? 백조로 변한 제우스가 스파르타의 왕비 레다와 사랑을 나누었다는 이야기 말이에요. 제우스가 떠난 후 레다 왕비는 두 개의 알을 낳았어요. 알에서는 네 명의 아이가 태어났지요. 첫 번째 알에서는 카스토르와 클리타임네스트라가 태어났어요. 카스토르와 클리타임네스트라의 아버지는 스파르타의 왕 틴다레오스였어요. 두 번째 알에서는 폴룩스와 헬레네가 태어났어요. 폴룩스와 헬레네의 아버지는 제우스였답니다. 폴룩스와 헬레네는 제우스의 자식이었던 만큼 영원한 생명을 타고났지요.

카스토르와 클리타임네스트라, 폴룩스와 헬레네는 비록 아버지는 달랐지만 서로를 위하는 사이좋은 형제지간이었어요. 그중에서도 카스토르와 폴룩스의 사이가 아주 좋았는데요. 두 사람은 매일 붙어 다니며 함께 많은 시간을 보냈답니다.

카스토르와 폴룩스는 둘 다 운동을 좋아하고 싸움도 잘했어요. 카스토르는 말 타기와 전술에 뛰어났고, 폴룩스는 권투와 활쏘기를 잘했지요. 특히 대장장이의 신 헤파이스토스에게 부탁해 신비의 철까지 얻은 폴룩스는 당할 사람이 없었어요. 폴룩스가 신비의 철을 손목에 붙인 후 혼자서 군대 전체를 무찌르기도 했으니까요.

언제나 껌딱지처럼 붙어 다니던 두 사람은 어느 날 작은아버지의 집에 놀러갔다가 동시에 사랑에 빠지고 마는데요. 그들이 사랑에 빠진 여인들은 다름 아닌 자신들의 사촌이자 작은아버지의 딸들이었어요. 카스토르는 언니를, 폴룩스는 동생을 사랑했지요. 하지만 안타깝게도 자매에게는 약혼자가 따로 있었어요. 또 다른 사촌, 이다스와 린케우스였어요.

사랑을 양보할 수 없던 네 남자는 두 여자를 사이에 두고 치열한 싸움을 벌였답니다. 이 싸움은 이다스와 린케우스 그리고 카스토르가 죽어서야 끝이 났어요. 살아남은 유일한 사람은 폴룩스뿐이었지요. 폴룩스도 다른 사람들 못지않게 큰 상처를 입었지만 영원한 생명을 타고났기에 죽지 않을 수 있었어요.

'나 혼자 살아남다니……. 더 이상 살아갈 아무 이유가 없어.'

하지만 형 카스토르를 잃은 폴룩스는 형의 죽음이 너무나도 슬펐어요. 더 이상 살아갈 이유조차 느끼지 못할 정도였지요. 폴룩스에게는 하루하루가 견디기 힘든 시간들이었어요. 마침내 폴룩스는 제우스에게 간절히 기도했어요.

"제우스시여, 나의 아버지시여. **저도 제발 카스토르 형을 따라가게 해 주세요.**"

제우스는 시간이 지나면 폴룩스의 마음도 바뀔 거라고 생각하며 가만히 지켜보기로 했어요. 그러나 몇 날, 몇 주, 몇 달이 지나도 폴룩스의 결심은 변함이 없었어요. 오히려 형을 따라가게 해달라는 기도는 더욱 간절해졌어요. 보다 못한 제우스가 그에게 한 가지 제안을 했습니다.

"아들아, 카스토르를 향한 너의 사랑은 매우 지극하구나. 혼자 있기가 그렇게 힘들다면 올림포스로 오너라. 신들과 함께 지내자꾸나."

제우스가 폴룩스를 올림포스 신들의 세계로 초대한 것이었어요. 하지만 폴룩스는 제우스의 제안조차 거절하고 말아요.

"아니에요. 아버지, 카스토르 형이 없다면 하늘이든 땅이든 제게는 지옥이나 다름없는 걸요."

폴룩스의 마음을 헤아린 제우스는 폴룩스가 가진 영원한 생명을 카스토르에게 나눠 줬어요. 그리하여 형제는 하루는 지하 세계에서, 하루는 올림포스에서 살 수 있었답니다.

겨울철 밤하늘에서 가장 빛나는 쌍둥이자리를 보며 형제 사이의 지극한 사랑을 확인해 보세요.

인물관계도 예시 답안

폴룩스는 죽은 카스토르에게 가고 싶어서 지하 세계로 가게 해 달라고 말했습니다.

◎가이드 tip 질문의 의도

답변으로 나올 수 있는 4개의 문장은 형인 카스토르를 따라 지하 세계로 가려고 했던 폴룩스의 마음을 이해하고, 이에 대한 자신의 생각을 밝히도록 구성되었습니다.

> ① 폴룩스의 마음을 담은 대화문 따라 쓰기 → ② 폴룩스가 기도한 원인 확인하기 → ③ 제우스가 어떤 제안을 했는지 생각해 보기 → ④ 자신이 폴룩스라면 어떻게 대답할지 상상하기

를 통해 영원한 생명 대신 형과 함께하는 것을 더 중요하게 생각했던 폴룩스의 이야기가 감동을 주는 이유에 대해 생각해 볼 수 있도록 이끌어 주세요.

읽기 전 생각해 볼 것들

본문을 읽기 전 제목, 삽화, 표시된 문장을 보면서 본문의 내용을 유추하게 해 주세요.

1. 제목을 보고 본문이 어떤 내용일지 미리 이야기 나눠 보세요.

2. 삽화를 보고 등장인물들이 왜 싸우고 있는지 유추해 보세요.

3. 본문 속 따라 쓰는 문장(초록 글씨)을 말한 등장인물의 마음은 어떠할지 상상해 보세요.

✏ 참고하세요 본책 p.89 정답 예시

1 이야기와 만나는 문장 쓰기 | 카스토르를 향한 폴룩스의 마음이 담긴 대화문을 따라 씁니다. (왼쪽 초록색 글씨 참조)

2 이해하는 문장 쓰기 | 폴룩스가 지하 세계로 가게 해달라고 기도한 이유를 확인합니다.

예시 폴룩스는 죽은 카스토르를 따라 지하 세계로 가고 싶어서 기도했습니다.

3 생각을 발견하는 문장 쓰기 | 폴룩스의 기도를 들은 제우스가 무엇을 제안했는지 생각해 봅니다.

예시1 제우스는 폴룩스에게 올림포스로 와서 함께 지내자고 말했습니다.

예시2 제우스는 폴룩스를 가만히 지켜보다가 신들과 함께 살자고 제안했습니다.

4 상상하는 문장 쓰기 | 자신이 폴룩스라면 제우스의 제안에 어떻게 대답할지 상상해 봅니다.

예시1 내가 폴룩스라면 일단 올림포스로 가서 지내 보겠다고 대답했을 것입니다.

예시2 내가 폴룩스라면 올림포스로 가기 전에 카스토르를 한 번만 보고 오겠다고 했을 것입니다.

모아쓰기 네 개의 문장을 이어서 하나의 문단을 완성합니다.

예시1 "저도 제발 카스토르 형을 따라가게 해 주세요."
폴룩스는 죽은 카스토르를 따라 지하 세계로 가고 싶어서 기도했습니다. 제우스는 폴룩스에게 올림포스로 와서 함께 지내자고 말했습니다. 내가 폴룩스라면 일단 올림포스로 가서 지내 보겠다고 대답했을 것입니다.

예시2 "저도 제발 카스토르 형을 따라가게 해 주세요."
폴룩스는 죽은 카스토르를 따라 지하 세계로 가고 싶어서 기도했습니다. 제우스는 폴룩스를 가만히 지켜보다가 신들과 함께 살자고 제안했습니다. 내가 폴룩스라면 올림포스로 가기 전에 카스토르를 한 번만 보고 오겠다고 했을 것입니다.

가이드의 읽을거리 ● 레다 왕비와 제우스 사이에는 폴룩스(=폴리데우케스)와 함께 태어난 헬레네가 있었습니다. 헬레네는 놀랍도록 아름다운 미모로 그리스 전역에 소문이 자자했어요. 이러한 헬레네의 미모는 10년이 넘게 이어진 트로이 전쟁의 발단이었습니다. 여기에는 아프로디테에게 가장 아름다운 여인을 약속 받은 파리스의 이야기가 배경으로 자리합니다. 남편이었던 스파르타의 왕족 메넬라오스를 버리고 파리스를 따라나선 헬레네로 인해 시작된 트로이 전쟁에서 우리가 알고 있는 수많은 그리스의 영웅들이 등장하게 됩니다.
폴룩스 이야기와 함께 파리스를 만나 본의 아니게 그리스를 전쟁의 한가운데로 몰아넣은 헬레네의 이야기를 들려 주세요. 조각난 이야기를 잇다 보면 그리스 신화가 더욱 흥미롭게 다가올 수 있을 테니까요.

헤라클레스에게 밟혀 다리 하나를 잃은 게

게자리

그리스 최고의 영웅은 누구일까요? 네. 맞아요. 헤라클레스예요. 제우스와 알크메네 사이에서 태어난 헤라클레스는 태어나기 전부터 헤라에게 미움을 받았어요. 헤라는 제우스가 그 어떤 자식보다 헤라클레스를 아끼는 모습이 싫었거든요. 그래서 헤라는 틈만 나면 헤라클레스를 없애고 싶어 안달이었어요. 태어난 지 얼마 안 된 헤라클레스의 요람에 뱀을 풀어놓을 정도로요. 물론 아기 때도 힘이 장사였던 헤라클레스가 뱀 두 마리를 가볍게 집어 들어 던져 버렸지만요.

헤라는 포기하지 않고 헤라클레스를 계속해서 괴롭혔어요. 헤라클레스에게 12가지 과제를 내준 에우리스테우스 왕도 사실은 헤라가 시킨 대로 한 것이었답니다. 헤라클레스의 12가지 과제는 모두 힘들고 어려운 일들이었어요. 도저히 인간이 해낼 수 없는 것들이었지요. 그럼에도 헤라클레스는 지치지 않고 12년에 걸쳐 하나씩 해결해 나갔어요.

게자리는 헤라클레스의 두 번째 과제와 관련이 있어요. 바로 레르네의 히드라를 죽이는 일이었는데요. 레르네의 늪지에 사는 히드라는 머리가 아홉 개나 달린 뱀이었어요. 히드라라는 이름도 그리스어로 '물뱀'이라는 뜻이랍니다. 몸집도 헤라클레스의 두 배에 가까웠어요.

히드라는 머리 하나를 잘라 내면 곧바로 그 자리에서 두 개의 머리가 생겨나는 괴물이었어요. 머리 두 개를 잘라 내면 순식간에 네 개가 올라왔지요. 그리스의 가장 위대한 영웅 헤라클레스에게도 히드라는 버거운 괴물이었어요. 아무리 베어 내도 계속해서 생겨나는 머리 때문에 싸움을 포기해야 할 지경이었으니까요. 헤라가 이때를 놓치지 않았어요.

'옳지! 헤라클레스, 너도 오늘이 마지막인 줄 알아라.'

헤라는 커다란 게를 보내 히드라를 돕도록 했어요. 히드라와 게가 함께 공격한다면 제아무리 대단한 헤라클레스라도 꼼짝 못 할 거라 생각했거든요.

"앗!"

거대한 게가 헤라클레스의 발뒤꿈치를 물자 깜짝 놀란 헤라클레스가 고개를 돌려 뒤를 보았어요. 게는 또각또각 소리를 내며 다시 한번 헤라클레스를 공격할 준비를 하고 있었지요. 하지만 아무리 지쳤다고는 해도 천하의 헤라클레스가 게에게 물려 죽다니 어림도 없는 일! 헤라클레스는 게가 피하거나 막을 틈도 없이 재빨리 게를 밟아 버렸어요. 게는 한쪽 발이 부러진 채 기운 없이 죽고 말았답니다.

"맞아! 그거야. 절대 틈을 주지 않는 것!"

헤라클레스는 게가 죽은 것을 보고 히드라를 꼼짝 못 하게 할 방법을 떠올렸어요. 헤라클레스는 바람같이 달려가 조카인 이올라오스를 데려왔어요. 이올라오스의 손에는 횃불이 들려 있었어요.

"이올라오스, 내가 히드라의 머리를 자르면 넌 곧바로 그 자리를 불로 지지도록 해. 머리가 생길 틈을 주면 안 돼. 알았지?"

이올라오스는 고개를 끄덕였어요. 헤라클레스는 다시 히드라의 머리를 내리쳤어요. 이올라오스는 재빨리 머리가 잘린 부분에 횃불을 놓아 새로운 머리가 나오지 못 하게 막아 버렸지요. 수없이 반복한 끝에 드디어 히드라의 머리를 모두 잘라 낸 헤라클레스. 이올라오스의 도움으로 두 번째 과제도 무사히 마칠 수 있었답니다.

헤라는 비록 싸움에서는 졌지만 자신의 역할에 최선을 다했던 게를 기리기 위해 게자리를 만들어 주었어요. 헤라도 알고 보면 정이 많은 여신이지요?

인물관계도 예시 답안

헤라는 헤라클레스의 요람에 뱀을 풀어놓기도 하고 에우리스테우스가 12가지 과제를 내도록 만들고, 헤라클레스에게 직접 게를 보내기도 했습니다.

답변으로 나올 수 있는 4개의 문장은 헤라클레스가 히드라를 죽일 방법을 알아낸 결정적인 순간을 확인하고, 위기를 기회로 바꾼 헤라클레스의 지혜를 배울 수 있도록 구성되었습니다.

① 사건 해결에 단서가 되는 문장 따라 쓰기 → ② 헤라클레스의 문제 해결 방법 확인하기 → ③ 헤라클레스의 기분 헤아려 보기 → ④ 자신이 게라면 헤라에게 어떻게 말할지 상상하기

를 통해 등장인물들의 관계와 상황을 이해하고, 이를 통해 하나의 사건을 다양한 관점에서 보도록 이끌어 주세요.

읽기 전 생각해 볼 것들

본문을 읽기 전 제목, 삽화, 표시된 문장을 보면서 본문의 내용을 유추하게 해 주세요.

1. 제목을 보고 본문이 어떤 내용일지 미리 이야기 나눠 보세요.

2. 삽화를 보고 헤라가 게를 안타깝게 바라보고 있는 이유를 유추해 보세요.

3. 단어 뜻풀이에 나오는 '안달'을 활용해 속을 태우면서 조바심 낸 자신의 경험을 말해 보세요.

✏️ **참고하세요** 본책 p.93 정답 예시

1 이야기와 만나는 문장 쓰기 사건 해결에 단서가 되는 중심 문장을 따라 씁니다. (왼쪽 초록색 글씨 참조)

2 이해하는 문장 쓰기 헤라클레스가 이올라오스에게 무엇을 시켰는지 확인합니다.

예시 그 방법은 이올라오스가 히드라의 머리가 잘린 부분에 횃불을 놓는 것이었습니다.

3 생각을 발견하는 문장 쓰기 자신을 공격한 게 덕분에 히드라를 이길 수 있게 된 헤라클레스의 기분을 헤아려 봅니다.

예시 1 헤라클레스는 게를 보내 준 헤라에게 고마운 마음이 들었을 것입니다.

예시 2 헤라클레스는 이길 방법을 알아낸 자신이 자랑스러웠을 것입니다.

4 상상하는 문장 쓰기 자신이 게라면 헤라에게 어떻게 말할지 상상해 봅니다.

예시 1 내가 게라면 죽기 전 헤라에게 헤라클레스를 이기려면 몸을 훨씬 크게 만들어 줬어야 했다고 말했을 것입니다.

예시 2 내가 게라면 죽기 전 헤라에게 잘린 다리를 붙여서 별로 만들어 달라고 말했을 것 같습니다.

모아쓰기 네 개의 문장을 이어서 하나의 문단을 완성합니다.

예시 1 헤라클레스는 게가 죽은 것을 보고 히드라를 꼼짝 못 하게 할 방법을 떠올렸어요. 그 방법은 이올라오스가 히드라의 머리가 잘린 부분에 횃불을 놓는 것이었습니다. 헤라클레스는 게를 보내 준 헤라에게 고마운 마음이 들었을 것입니다. 내가 게라면 죽기 전 헤라에게 헤라클레스를 이기려면 몸을 훨씬 크게 만들어 줬어야 했다고 말했을 것입니다.

예시 2 헤라클레스는 게가 죽은 것을 보고 히드라를 꼼짝 못 하게 할 방법을 떠올렸어요. 그 방법은 이올라오스가 히드라의 머리가 잘린 부분에 횃불을 놓는 것이었습니다. 헤라클레스는 이길 방법을 알아낸 자신이 자랑스러웠을 것입니다. 내가 게라면 죽기 전 헤라에게 잘린 다리를 붙여서 별로 만들어 달라고 말했을 것 같습니다.

가이드의 읽을거리 ● 헤라클레스는 제우스와 알크메네의 아들입니다. 제우스는 헤라클레스가 태어나기 전부터 그가 그리스의 지도자가 될 거라고 자랑했는데요. 이 말을 들은 헤라가 에우리스테우스를 먼저 태어나게 만드는 바람에 헤라클레스가 왕이 되지는 못했습니다. 유난히 헤라클레스를 아끼는 제우스 때문에 헤라는 헤라클레스를 미워했습니다. 헤라클레스가 수행해야 할 12과제를 준 사람도 사실 에우리스테우스가 아닌 헤라였죠. 이토록 헤라클레스를 미워했지만 정작 헤라클레스에게 영원한 생명을 준 신 역시 헤라였습니다. 헤라클레스가 갓난아이였을 때 제우스가 잠든 헤라 옆에 헤라클레스를 뉘어 그가 헤라의 젖을 먹게 했거든요. 하지만 세상에서 가장 힘이 센 헤라클레스답게 엄청난 힘으로 젖을 빠는 바람에 헤라가 잠에서 깨어나고, 그로 인해 젖이 뿜어져 나와 밤하늘의 은하수가 되었습니다. 그래서 은하수는 영어로 '밀키웨이(milky way)'라고 부른답니다.
아이에게 헤라의 이야기를 들려주고 헤라클레스를 미워할 수밖에 없었던 그녀의 마음을 헤아려 볼 수 있도록 도와주세요.

태양 마차를 몰다가 강에 빠진 파에톤

에리다누스자리

에리다누스는 그리스 신화에 나오는 강의 이름이에요. 그래서인지 에리다누스자리는 구불거리는 강처럼 생겼답니다. 에리다누스자리하면 빼놓을 수 없는 인물이 있는데요. 태양신 헬리오스와 바다 요정 클리메네의 아들인 파에톤이에요. 클리메네는 혼자서 파에톤을 길렀어요. 파에톤은 늘 얼굴도 모르는 아버지가 그리웠지요.

"어머니, 이제는 저도 다 컸으니 아버지가 누구인지 알려 주세요."

어느덧 부쩍 커 버린 파에톤이 어머니 클리메네에게 말했어요. 잠시 생각하던 클리메네는 고개를 끄덕였어요.

"놀라지 마라, 파에톤. 너의 아버지는 태양신 헬리오스이시다."

클리메네의 말에 파에톤은 날아갈 듯 기뻐하며 친구들에게 자랑했어요. 하지만 친구들은 파에톤의 말을 믿어 주지 않았지요.

'내 아버지는 헬리오스셔. 감히 너희들이 나를 놀려?'

파에톤은 직접 헬리오스를 찾아가기로 마음먹었어요. 헬리오스를 찾아 나선 파에톤은 몇 날 며칠을 걸어 헬리오스의 신전에 다다랐어요.

"제 어머니 클리메네를 기억하시나요?"

헬리오스는 클리메네의 이름을 듣고 벌떡 일어나 높은 의자에서 내려오더니 파에톤의 손을 잡았어요.

"네가 내 아들 파에톤이냐?"

파에톤은 그제야 참아 온 눈물을 펑펑 쏟았어요. 헬리오스는 자신을 찾아 먼 길을 걸어온 아들 파에톤이 반갑고 또 미안했어요.

"울지 마라. 아들아, 내 너를 위해 소원 한 가지를 들어 주마. 너에게 주는 특별한 선물이라 여기고 어떤 소원이라도 말해 보거라."

헬리오스의 말에 파에톤은 눈물을 그치고 잠시 생각에 잠겼어요.

'어떤 걸 부탁드리지? 이 기회에 내가 헬리오스의 아들이라는 걸 똑똑히 보여 주는 거야. 그러려면 어떤 소원이 좋을까? …… 그래! 태양 마차, 바로 그거야!'

파에톤은 헬리오스에게 태양 마차를 몰아 보고 싶다고 말했어요. 하지만 헬리오스는 그 소원을 들어줄 수가 없었어요. 태양 마차는 태양신 헬리오스에게만 허락된, 말 그대로 태양을 끄는 마차이기 때문이었어요. 또 태양 마차는 정해진 길로만 다녀야 했어요. 너무 높게 가면 신들의 집이 불타고 또 너무 낮게 가면 땅이 불탔으니까요. 게다가 성질이 거친 말들을 다루는 것도 보통 일이 아니었지요.

"제발…… 제발요. 딱 한 번만요. **아버지 딱 한 번만 제 소원을 들어 주세요.**"

파에톤은 헬리오스의 반대에도 포기하지 않고 끈질기게 졸랐어요. 마침내 헬리오스도 마지못해 파에톤의 말을 들어주었지요.

"딱 한 번만이다. 그리고 절대 고삐를 놓쳐서는 안 된다. 알겠지?"

헬리오스의 허락이 떨어지자 파에톤은 날아갈 듯 기뻤어요. 바람처럼 태양 마차에 올라 말고삐를 잡았지요. 신나게 하늘로 올라간 파에톤은 한달음에 우주까지 날아갔어요. 하지만 말들은 곧 그가 주인이 아니란 걸 알아차렸어요. 그래서 이리저리 날뛰기 시작했지요. 태양 마차는 정해진 길을 벗어나 정신없이 내달렸어요. 태양 마차가 지나는 길은 모두 불바다로 변했답니다.

"콰광!"

보다 못한 제우스가 벼락을 내리쳤어요. 마차는 부서졌고 파에톤은 강에 빠져 죽고 말았어요. 파에톤이 빠져 죽은 그 강이 바로 에리다누스자리의 전설이 깃든 에리다누스강이었답니다.

파에톤은 태양 마차를 타다가 사고를 내는 바람에 제우스가 내린 벼락을 맞고 에리다누스강으로 떨어져 죽었습니다.

답변으로 나올 수 있는 4개의 문장은 파에톤이 태양 마차를 타게 된 과정을 파악하고 제우스가 벌을 내리게 된 이유를 생각해 보도록 구성되었습니다.

> ① 주요 사건 발생 원인 따라 쓰기 → ② 파에톤이 부탁한 내용 확인하기 → ③ 파에톤의 부탁을 받은 헬리오스의 입장 생각하기 → ④ 자신이 파에톤이라면 어떻게 했을지 상상하기

를 통해 본문에 등장하는 인물 각각의 입장에 대해 이해하고 파에톤의 잘못된 행동에 대해 고민해 볼 수 있도록 이끌어 주세요.

본문을 읽기 전 제목, 삽화, 표시된 문장을 보면서 본문의 내용을 유추하게 해 주세요.

1. 제목을 보고 본문이 어떤 내용일지 미리 이야기 나눠 보세요.

2. 삽화를 보고 마차가 왜 부서졌는지 유추해 보세요.

3. 단어 뜻풀이에 나오는 '에리다누스'가 실제로 어디에 있는지 인터넷을 통해 강의 위치를 찾아보세요.

✏️ **참고하세요** 본책 p.97 정답 예시

1 이야기와 만나는 문장 쓰기 │ 주요 사건이 발생하게 된 원인을 담은 핵심 문장을 따라 씁니다. (왼쪽 초록색 글씨 참조)

2 이해하는 문장 쓰기 │ 파에톤이 헬리오스에게 어떤 부탁을 했는지 확인합니다.

예시 파에톤은 헬리오스에게 태양 마차를 몰게 해 달라고 졸랐습니다.

3 생각을 발견하는 문장 쓰기 │ 파에톤의 부탁을 받은 헬리오스의 입장을 생각해 봅니다.

예시1 헬리오스는 파에톤이 다칠까 봐 걱정했을 것입니다.
예시2 헬리오스는 '아무나 태양 마차를 탈 수 없는데 어떡하지'라고 생각했을 것입니다.

4 상상하는 문장 쓰기 │ 자신이 파에톤이라면 어떻게 했을지 상상해 봅니다.

예시1 내가 파에톤이라면 아버지의 말을 듣고 다른 소원을 말했을 것입니다.
예시2 내가 파에톤이라면 헬리오스에게 태양 마차에 함께 태워 달라고 말했을 것입니다.

모아쓰기 │ 네 개의 문장을 이어서 하나의 문단을 완성합니다.

예시1 "아버지 딱 한 번만 제 소원을 들어 주세요."
파에톤은 헬리오스에게 태양 마차를 몰게 해 달라고 졸랐습니다. 헬리오스는 파에톤이 다칠까 봐 걱정했을 것입니다. 내가 파에톤이라면 아버지의 말을 듣고 다른 소원을 말했을 것입니다.

예시2 "아버지 딱 한 번만 제 소원을 들어 주세요."
파에톤은 헬리오스에게 태양 마차를 몰게 해 달라고 졸랐습니다. 헬리오스는 '아무나 태양 마차를 탈 수 없는데 어떡하지'라고 생각했을 것입니다. 내가 파에톤이라면 헬리오스에게 태양 마차에 함께 태워 달라고 말했을 것입니다.

가이드의 읽을거리 ● 태양신 헬리오스는 올림포스 12신 보다 앞선 세대에 속하는 거인신족입니다. 후에 제우스가 세상을 차지하고 거인신족들이 자리를 비우면서 제우스의 아들 아폴론이 태양의 신이 되었지요. 그래서 몇몇 글에서는 파에톤을 아폴론의 아들이라고도 이야기합니다.
중요한 건 파에톤의 일화 역시 신에게 도전한 오만한 인간이 벌을 받은 이야기라는 사실입니다. 옛 그리스는 척박한 땅으로 인해 대규모 농사가 어려웠고 개인들이 고군분투하며 살아야 했습니다. 그로 인해 민주주의를 꽃 피우기도 했지요. 하지만 개인성이 존중되는 문화인 까닭에 자칫 뛰어난 사람이 나타나 집단의 규율을 무시할 가능성도 적지 않았습니다. 그리스 신화에서 오만한 사람이 벌을 받은 이야기가 다수 등장하는 이유입니다. 아이와 함께 그리스 신화 속에서 오만함으로 인해 벌을 받은 사람들의 이야기를 돌이켜 보고, 그 이유에 대해 이야기 나누어 보세요.

스물한 번째 이야기

헤라의 질투로 곰이 된 칼리스토

큰곰자리

변신의 왕 제우스는 사랑하는 사람을 만나기 위해 여러 가지 모습으로 변했는데요. 백조, 독수리…… 심지어 황금 비로도 변했어요. 제우스가 이처럼 변신할 수밖에 없었던 이유는 모두 아내 헤라의 눈을 속이기 위해서였어요. 헤라는 제우스가 자신을 속이고 한눈파는 걸 절대 용서하지 않았거든요. 그도 그럴 것이 헤라는 신성한 결혼을 지키는 결혼의 신이니까요.

사실 제우스는 헤라를 만나기 전에도 여러 명의 여신과 결혼을 했었어요. 툭하면 사랑에 빠지기 일쑤여서 결혼을 했다가도 금세 마음을 바꿨지만요. 헤라의 눈에는 분명 그런 제우스가 탐탁지 않았을 거예요.

하지만 헤라가 제우스와 결혼하게 된 중요한 계기가 있었어요. 바로 파리스의 판결 때문이었지요. 신들의 결혼 축하 잔치에서 '가장 아름다운 여신에게'라고 적힌 황금 사과를 사이에 두고 아테나, 헤라, 아프로디테가 다툰 일을 기억하나요? 세 여신이 사과의 주인을 찾아 달라고 파리스에게 물어봤던 일 말이에요. 파리스는 아프로디테를 가장 아름다운 여신으로 꼽았는데요. 이 일로 질투의 여신 헤라는 파리스를 무척 미워했어요. 얼마나 미웠던지 파리스뿐만 아니라 그가 살고 있는 트로이 전체가 싫어졌지요. 마침 트로이는 그리스와 전쟁을 벌이고 있었는데요. 헤라는 어떻게든 트로이를 지게 만들고 싶었어요.

'좋아. 그리스를 지켜 주는 제우스를 내 편으로 만들어야겠어. 아니야. 아예 평생 제우스를 내 편으로 만들자.'

헤라는 제우스의 관심을 받기 위해 온갖 치장을 했어요. 허브향이 나는 향유를 온몸에 바르고 금색 곱슬머리는 곱게 땋아 내렸어요. 진주 귀걸이로 멋을 내고 멋진 수술로 장식된 허리띠를 찼지요. 마지막으로 아프로디테에게 빌린 가슴 띠까지 두르고는 자신 있게 제우스 앞으로 갔어요. 올림포스 신전에 앉아 있던 제우스는 여느 때와 다른 헤라에게서 눈을 뗄 수가 없었어요.

"오! 헤라, 이렇게 아름다운 당신을 지금에서야 알아

보다니……. 부디 내 사랑을 받아 주오."

제우스는 헤라 앞에서 무릎꿇고 사랑을 고백했어요. 헤라는 한껏 미소를 짓고는 제우스를 향해 좋다고 말했어요. 헤라의 대답에 제우스는 어린 아이처럼 함박웃음을 지었지요.

"날 사랑한다면 나와 결혼해 줘요. 단, 조건이 있어요. **이제부터 절대로 다른 신이나 인간과 결혼하지 않겠다고 맹세해요.**"

제우스의 얼굴은 금세 어두워졌어요. 사랑은 제우스 힘의 근원이었으니까요. 헤라 외에 다른 누구도 사랑할 수 없다니……. 제우스는 쉽게 대답하지 못했어요. 그렇다고 헤라를 놓치기는 더 싫었던 제우스. 일단은 헤라의 요구를 들어주기로 했어요. 지금 당장은 헤라만 사랑할 수 있다면 아무래도 상관없었거든요.

드디어 헤라와 제우스는 결혼을 했어요. 헤라의 말대로 헤라는 제우스의 마지막 아내가 되었어요. 제우스는 그 후 누구와도 결혼을 하지 않았으니까요. 하지만 제우스의 사랑은 멈추지 않았어요. 제우스는 헤라와 결혼한 후에도 수시로 다른 사람과 사랑에 빠졌답니다. 그때마다 헤라는 질투에 눈이 멀어 제우스가 사랑한 여인이나 그들 사이에서 낳은 자식을 해치고는 했어요.

큰곰자리는 헤라의 질투 때문에 곰으로 변해 버린 요정 칼리스토의 별자리예요. 칼리스토가 제우스의 아이를 낳자 화가 난 헤라가 그녀를 곰으로 만들어 버렸거든요. 큰곰자리는 작은곰자리와 함께 별자리가 되었는데요. 큰곰자리로 변한 칼리스토에 대해서는 다음 소개할 작은곰자리에서 좀 더 자세히 알아볼까요?

인물관계도 예시 답안

헤라는 칼리스토가 제우스와의 사이에서 자식을 얻자 화가 나서 칼리스토를 곰으로 변하게 만들었습니다.

가이드 tip 질문의 의도

답변으로 나올 수 있는 4개의 문장은 헤라와 제우스 사이에 있었던 일들을 바탕으로 헤라의 행동을 이해하고, 그럼에도 다른 대안은 없는지 생각해 보도록 구성되었습니다.

① 주요 사건의 원인이 된 대화문 따라 쓰기 → ② 제우스의 결심 확인하기 → ③ 헤라가 화가 난 이유 생각해 보기 → ④ 자신이 헤라라면 어떻게 행동할지 상상하며 쓰기

를 통해 각 등장인물의 상황과 감정을 이해하도록 이끌어 주세요.

읽기 전 생각해 볼 것들

본문을 읽기 전 제목, 삽화, 표시된 문장을 보면서 본문의 내용을 유추하게 해 주세요.

1. 제목을 보고 본문이 어떤 내용일지 미리 이야기 나눠 보세요.
2. 삽화를 보고 각 등장인물이 어떤 기분을 느끼고 있는지 유추해 보세요.
3. 본문 속 따라 쓰는 문장(초록 글씨)을 들은 제우스가 어떤 반응을 보였을지 상상해 보세요.

참고하세요 본책 p.103 정답 예시

1 이야기와 만나는 문장 쓰기 주요 사건의 원인이 되는 대화문을 따라 씁니다. (왼쪽 초록색 글씨 참조)

2 이해하는 문장 쓰기 제우스가 헤라에게 약속했던 결심은 무엇인지 확인합니다.

예시 제우스는 일단은 헤라의 말을 들어주기로 약속했습니다.

3 생각을 발견하는 문장 쓰기 헤라가 제우스에게 화가 난 이유를 생각해 봅니다.

예시1 헤라는 제우스가 약속을 지키지 않아 화가 났습니다.
예시2 헤라는 제우스가 칼리스토와 바람을 피워 화가 났습니다.

4 상상하는 문장 쓰기 자신이 헤라라면 어떻게 행동할지 상상해 봅니다.

예시1 내가 헤라라면 칼리스토를 곰으로 만드는 대신 제우스에게 화를 낼 것입니다.
예시2 내가 헤라라면 제우스를 곰으로 만들겠습니다.

모아쓰기 네 개의 문장을 이어서 하나의 문단을 완성합니다. 글이 자연스럽게 연결되도록 접속어를 활용해 보세요.

예시1 "이제부터 절대로 다른 신이나 인간과 결혼하지 않겠다고 맹세해요."
제우스는 일단은 헤라의 말을 들어주기로 약속했습니다. (그 후로) 헤라는 제우스가 약속을 지키지 않아 화가 났습니다. 내가 헤라라면 칼리스토를 곰으로 만드는 대신 제우스에게 화를 낼 것입니다.

예시2 "이제부터 절대로 다른 신이나 인간과 결혼하지 않겠다고 맹세해요."
제우스는 일단은 헤라의 말을 들어주기로 약속했습니다. (그 후로) 헤라는 제우스가 칼리스토와 바람을 피워 화가 났습니다. 내가 헤라라면 제우스를 곰으로 만들겠습니다.

가이드의 읽을거리 ● 헤라는 사실 제우스의 누이입니다. 그리스 신화에서 나오는 남매, 모자 사이의 결혼에 놀랄 필요는 없습니다. 그리스 신화 속 신들은 일종의 '상징'으로 보아야 하니까요. 어쨌든 헤라는 올림포스 12신 중 하나로 모든 여신들 중 가장 지위가 높은 여신이지요. 제우스와의 결혼 전만해도 그다지 눈에 띨만한 행적은 없었던 헤라. 어쩌다 제우스와 결혼의 연을 맺게 되면서 헤라는 제우스와 관계된 여인과 자식들을 괴롭히는 일에 모든 신경을 쏟습니다.

칼리스토를 곰으로 변하게 한 것 외에도 태양의 신 아폴론과 달의 신 아르테미스가 어머니 레토의 배 속에 있었을 때 두 남매를 낳지 못하도록 방해한 일도 유명합니다. 레토가 아이를 낳게 하는 땅은 어느 곳에서라도 큰 저주를 받게 될 것이라는 헤라의 엄포에 레토는 열 달이 넘도록 아이 낳을 곳을 찾지 못하기도 했거든요. 물론 끝내는 출산에 성공하지만 말입니다.

헤라는 무엇 때문에 이렇게 화를 낸 걸까요? 본문을 보면서 아이에게 헤라의 이런 성격이 어떤 과정을 거쳐 형성되었는지 생각해 볼 수 있도록 지도해 주세요.

엄마와 함께 밤하늘에 별이 된 아르카스

작은곰자리

큰곰자리를 소개하면서, 큰곰자리가 요정 칼리스토의 별자리라는 말을 했는데요. 작은곰자리는 큰곰자리와 동시에 하늘로 올라간 별자리랍니다. 이번에는 큰곰자리와 작은곰자리가 된 칼리스토와 그의 아들 아르카스에 대해 들려줄게요.

칼리스토는 달과 사냥의 신 아르테미스를 따라다니던 아홉 요정들 중 한 명이었어요. 요정들은 모두 아름다웠지만 특히 칼리스토의 외모는 돋보였지요. 아르테미스는 평생 결혼하지 않고 혼자 살겠다고 다짐하고는 외딴 숲에서 사냥을 즐기며 지냈는데요. 그래서 아르테미스를 처녀의 신이라고도 한답니다. 아르테미스를 따르는 요정들도 마찬가지였어요. 아르테미스와 영원히 함께 하기를 맹세하고 사랑이나 결혼에는 관심을 두지 않았지요.

하루는 사냥을 끝낸 아르테미스와 요정들이 호수에서 물놀이를 하고 있었는데요. 지나가던 제우스가 우연히 이 모습을 보게 되었어요. 아니나 다를까 제우스는 눈에 띄게 아름다운 칼리스토에게 반해 버리고 말아요.

그날부터 제우스는 칼리스토를 어떻게든 아르테미스에게서 떼어내 보려고 애썼어요. 하지만 칼리스토는 좀처럼 아르테미스에게서 떨어지지 않았지요. 사랑에도 전혀 관심이 없었고요. 오직 아르테미스의 시중을 들고 사냥하는 일에만 열중할 뿐이었어요.

궁리 끝에 제우스는 아르테미스를 신전으로 불러들였어요. 그 사이 제우스는 아르테미스의 모습으로 변신한 채 칼리스토에게 다가갔고요. 제우스를 아르테미스라고 착각한 칼리스토는 스스럼없이 함께 목욕을 했어요. 그로부터 몇 달 후, 칼리스토의 배가 불룩해졌어요. 제우스와의 사이에서 아이가 생겨 버렸거든요. 아르테미스는 자신을 따르는 요정이 아이를 가졌다는 사실에 부끄럽고 화가 났어요.

"칼리스토! 모두들 처녀의 신인 나를 비웃을 거야. 지금 당장 내 눈 앞에서 사라져 버려!"

아르테미스 무리로부터 쫓겨난 칼리스토는 혼자서 아이를 낳았어요. 칼리스토가 이제 막 태어난 아이를 안으려는 순간, 잔뜩 화가 난 헤라가 나타났어요.

"감히 제우스의 아이를 낳다니, 네 아름다움도 오늘로 끝인 줄 알아!"

"제발 한 번만……."

칼리스토는 두 손을 모아 애원했어요. 하지만 칼리스토의 두 팔은 어느새 털로 뒤덮였어요. 희고 가늘던 두 발은 뭉툭하게 변하고 커다란 발톱도 돋아났지요. 아름다운 외모의 칼리스토는 온데간데없이 사라지고, 덩치 크고 사나운 곰 한 마리만이 남았어요. 다행히 칼리스토의 아들, 아르카스는 지나가던 사냥꾼의 눈에 띄어 살아남을 수 있었어요.

시간이 흐르고 흘러 아르카스는 잘생기고 늠름한 청년으로 자라났어요. 반면, 칼리스토는 아르카스를 낳은 후부터 한 순간도 아르카스를 잊지 못했지요.

청년이 된 아르카스는 사냥을 무척 좋아했어요. 어느 날 칼리스토는 숲으로 사냥 나온 아르카스를 우연히 보게 되었어요.

'아! 사랑하는 내 아들, 아르카스구나!'

단번에 아르카스가 아들임을 알아본 칼리스토는 너무나도 반가웠답니다. 자신이 곰이라는 사실도 잊은 채 달려가 두 팔 가득 안아 주려고 할 정도로요. 그러나 그 사실을 전혀 몰랐던 아르카스는 곰이 달려오자 재빨리 화살을 뽑아 활에 걸었어요.

이 모습을 지켜보던 제우스는 어머니와 아들인 두 사람이 서로를 해치지 않도록 그대로 별자리로 만들어 주었어요. 그 별자리가 바로 지금의 큰곰자리와 작은곰자리랍니다.

인물관계도 예시 답안

아르카스는 곰이 된 칼리스토가 자신의 엄마인 줄 모르고 곰이 공격한다고 생각했기 때문입니다.

답변으로 나올 수 있는 4개의 문장은 칼리스토와 아르카스가 처한 상황에 공감하고 제우스가 선택할 수 있는 또 다른 대안은 없을지 고민해 보도록 구성되었습니다.

> ① 주요 사건 관련 핵심 문장 따라 쓰기 → ② 아들을 만난 칼리스토의 행동 확인하기 → ③ 아르카스의 마음 헤아려 보기 → ④ 자신이 제우스라면 어떻게 했을지 상상하며 쓰기

를 통해 등장인물의 관계를 파악하고 이들을 위한 더 나은 선택은 무엇이었을지 생각해 보도록 이끌어 주세요.

읽기 전 생각해 볼 것들

본문을 읽기 전 제목, 삽화, 표시된 문장을 보면서 본문의 내용을 유추하게 해 주세요.

1. 제목을 보고 본문이 어떤 내용일지 미리 이야기 나눠 보세요.
2. 삽화를 보고 등장인물이 왜 곰에게 활을 겨누고 있는지 유추해 보세요.
3. 단어 뜻풀이에 나오는 '맹세'를 한 적이 있는지, 했다면 어떤 맹세였는지 말해 보세요.

✎ **참고하세요** 본책 p.107 정답 예시

1 이야기와 만나는 문장 쓰기 주요 사건의 발단이 된 핵심 문장을 따라 씁니다. (왼쪽 초록색 글씨 참조)

2 이해하는 문장 쓰기 청년으로 성장한 아르카스를 본 칼리스토가 어떻게 했는지 확인합니다.

예시 칼리스토는 아르카스를 안아 주려고 달려갔습니다.

3 생각을 발견하는 문장 쓰기 곰으로 변신한 칼리스토가 다가왔을 때 아르카스가 어떤 느낌이었을지 헤아려 봅니다.

예시1 아르카스는 곰이 자신을 해치려 한다고 생각했을 것입니다.
예시2 아르카스는 곰에게 활을 쏴야겠다고 생각했을 것입니다.

4 상상하는 문장 쓰기 자신이 제우스라면 어떻게 했을지 상상해 봅니다.

예시1 내가 제우스라면 칼리스토를 원래대로 돌려놓았을 것입니다.
예시2 내가 제우스라면 곰이 아르카스의 엄마라고 말해 주겠습니다.

모아쓰기 네 개의 문장을 이어서 하나의 문단을 완성합니다.

예시1 어느 날 칼리스토는 숲으로 사냥 나온 아르카스를 우연히 보게 되었어요. 칼리스토는 아르카스를 안아 주려고 달려갔습니다. 아르카스는 곰이 자신을 해치려고 한다고 생각했을 것입니다. 내가 제우스라면 칼리스토를 원래대로 돌려놓았을 것입니다.

예시2 어느 날 칼리스토는 숲으로 사냥 나온 아르카스를 우연히 보게 되었어요. 칼리스토는 아르카스를 안아 주려고 달려갔습니다. 아르카스는 곰에게 활을 쏴야겠다고 생각했을 것입니다. 내가 제우스라면 곰이 아르카스의 엄마라고 말해 주겠습니다.

가이드의 읽을거리 ● 헤라는 흔히 '질투의 여신'이라 불립니다. 인간의 관점에서 제우스는 난봉꾼, 헤라는 바가지를 긁는 아내쯤으로 볼 수도 있겠지요. 그러나 헤라가 그럴 수밖에 없는 건 그 자신이 결혼을 지키는 수호신이기 때문입니다. 그런데 헤라는 제우스가 아니라 애꿎은 상대 여성이나 제우스와의 사이에서 낳은 자식에게 화풀이를 하면서 복수를 합니다. 최고신 제우스에게 덤비는 건 천하의 헤라라도 어려운 일이었을 테니까요.

이번 이야기에서도 헤라는 칼리스토를 곰으로 변신시키고, 아들 아르카스와 만나지 못하게 만들었습니다. 변신한 제우스를 알아보지 못해 본의 아니게 임신까지 하게 된 칼리스토의 입장에서는 참으로 억울한 일이지요. 물론 이 사달은 모두 제우스의 책임이지만 등장인물의 잘잘못을 따지는 건 경계해야 합니다. 자칫 그리스 신화를 잘못 해석하는 오류에 빠질 수 있기 때문입니다. 인물에 대한 평가 대신 아이와 함께 각 등장인물이 처한 상황을 살펴보고 그들이 느꼈을 법한 감정에 대해 이야기 나누어 보세요.

이러지도 저러지도 못하는 에티오피아의 왕 · 케페우스자리

그리스 신화의 영웅들 중 페르세우스라는 이름을 들어본 적 있나요? 페르세우스는 3장 가을철 페가수스자리에서 잠깐 등장했었는데요. 하늘을 나는 말인 페가수스를 탄 두 사람의 영웅 중 한 사람이라고 말이에요. 나머지 한 사람은 벨레로폰이었고요.

사실 페가수스는 페르세우스가 없었다면 세상에 나오지 못했을 거예요. 왜냐하면 페르세우스가 괴물 메두사의 머리를 자르는 순간, 그 피가 바닷물과 만나 페가수스가 태어났기 때문이지요. 그 덕에 페르세우스는 자연스럽게 페가수스의 주인이 되었어요.

페르세우스가 페가수스를 타고 고향으로 돌아가는 길에 있었던 일이에요. 구름 사이를 날아가던 페르세우스는 바닷가 절벽에 기대어 서 있는 미모의 여인을 보았어요. 이상하게 여긴 페르세우스가 여인에게 다가갔어요. 갈색 머리카락을 휘날리는 여인은 쇠사슬로 두 손, 두 발이 꽁꽁 묶여 있었지요. 가까이서 보니 더욱 아름다워서 조각상이라고 해도 믿을 정도였어요. 놀란 페르세우스가 물었어요.

"당신은 누구신데 여기에 이렇게 묶여 있나요?"

여인은 대답 없이 눈물만 흘렸어요. 페르세우스는 여인의 사연이 궁금해 사람들에게 물어보았어요. 여인은 다름 아닌 에티오피아의 공주 안드로메다였어요. 한 나라의 공주가 바닷가 절벽에 묶여 있다니 도대체 무슨 일일까요? 더더욱 궁금해진 페르세우스는 페가수스를 타고 그 즉시 궁으로 날아갔어요. 에티오피아의 왕 케페우스가 근심 가득한 얼굴로 페르세우스를 맞아 주었어요.

"왕이시여, 이곳을 지나가다 공주님을 만나 뵈었습니다. 도대체 어떤 이유로 절벽에 묶여 계신 건지 여쭤 봐도 될까요?"

페르세우스의 질문에 케페우스 왕은 그동안 있었던 일들에 대해 이야기했어요. 약 20년 전 케페우스 왕은 누구나 부러워할 만큼 아름다운 카시오페이아를 아내로 맞았어요. 안드로메다는 카시오페이아 왕비와의 사이에서 낳은 딸이었지요. 안드로메다 역시 자랄수록 아름다워졌어요. **카시오페이아 왕비의 콧대는 하늘 높은 줄 몰랐답니다.** 심지어는 자신과 딸이 바다 요정보다 훨씬 예쁘다고 자랑을 늘어놓는 바람에 바다의 신 포세이돈을 화나게 했지요. 화가 난 포세이돈은 집채만 한 괴물 고래를 보냈고, 괴물 고래는 불쑥불쑥 나타나 사람들을 습격했어요. 사람들은 왕에게 제발 괴물 고래가 나타나지 않게 해 달라고 간절히 청했어요.

"바다의 신 포세이돈 님. 괴물 고래를 막기 위해서는 어떻게 해야 하는지 알려 주십시오."

케페우스 왕은 포세이돈의 신전에 사신을 보내 물었어요.

"왕이시여, 괴물 고래를 잠재우기 위해서는 안드로메다 공주를 바닷가 절벽에 묶어 두어야 합니다."

포세이돈의 말을 듣고 온 사신은 안드로메다 공주를 절벽에 묶어야 한다고 말했어요. 하나밖에 없는 사랑스러운 딸을 잃게 된 케페우스 왕의 얼굴은 그야말로 하얗게 변하고 말았지요. 뒤늦게 카시오페이아 왕비를 원망한들 어쩔 수 없는 노릇이었어요.

결국 안드로메다 공주를 절벽에 묶어 둔 후 케페우스 왕은 슬픔에 빠져 일어날 힘조차 없었어요.

사정을 모두 전해들은 페르세우스는 공주를 구하기 위해 바닷가 절벽으로 향했어요. 페가수스를 탄 페르세우스에게 두려운 일이란 없었어요. 순식간에 괴물 고래를 물리친 페르세우스는 안드로메다 공주를 구해 궁전으로 돌아왔어요.

이 일로 케페우스, 카시오페이아, 안드로메다 그리고 페르세우스까지 모두 죽은 후에 별이 되었답니다.

인물관계도 예시 답안

포세이돈은 오만한 카시오페이아를 벌주기 위해 에티오피아에 바다 괴물을 보냈습니다.

답변으로 나올 수 있는 4개의 문장은 카시오페이아가 한 말과 행동이 왜 포세이돈을 화나게 했는지 파악하고 케페우스 왕이 어떻게 대처하면 좋았을지 생각해 보도록 구성되었습니다.

> ① 주요 사건의 원인 따라 쓰기 → ② 화가 난 포세이돈이 한 행동 확인하기 → ③ 케페우스 왕의 심정 헤아려 보기 → ④ 자신이 케페우스 왕이라면 어떻게 행동했을지 상상하기

를 통해 포세이돈을 화나게 한 카시오페이아의 오만한 태도가 가진 문제점을 되돌아 볼 수 있도록 도와주세요.

읽기 전 생각해 볼 것들

본문을 읽기 전 제목, 삽화, 표시된 문장을 보면서 본문의 내용을 유추하게 해 주세요.

1. 제목을 보고 본문이 어떤 내용일지 미리 이야기 나눠 보세요.

2. 삽화를 보고 여자가 왜 바위에 묶여 있는지 유추해 보세요.

3. 본문 속 따라 쓰는 문장(초록 글씨)은 어떤 결과를 불러왔을지 상상해 보세요.

✏️ 참고하세요   본책 p.111 정답 예시

1 |이야기와 만나는 문장 쓰기| 주요 사건의 원인을 표현한 핵심 문장을 따라 씁니다. (왼쪽 초록색 글씨 참조)

2 |이해하는 문장 쓰기| 화가 난 포세이돈이 어떻게 했는지 확인합니다.
> 예시 포세이돈은 괴물 고래를 보내 에티오피아 사람들을 습격하게 했습니다.

3 |생각을 발견하는 문장 쓰기| 딸을 제물로 바쳐야 하는 케페우스 왕의 심정을 이해합니다.
> 예시1 케페우스 왕은 카시오페이아 왕비를 더 많이 말리지 않은 걸 후회했을 것입니다.
> 예시2 케페우스 왕은 너무 슬퍼서 눈물이 났을 것입니다.

4 |상상하는 문장 쓰기| 자신이 케페우스 왕이라면 어떻게 행동했을지 상상해 봅니다.
> 예시1 내가 케페우스 왕이라면 안드로메다 공주가 아니라 군대를 보내 괴물 고래와 싸웠을 것입니다.
> 예시2 내가 케페우스 왕이라면 카시오페이아 왕비에게 잘못을 따질 것입니다.

◆모아쓰기◆ 네 개의 문장을 이어서 하나의 문단을 완성합니다.

> 예시1 카시오페이아 왕비의 콧대는 하늘 높은 줄 몰랐답니다. 포세이돈은 괴물 고래를 보내 에티오피아 사람들을 습격하게 했습니다. 케페우스 왕은 카시오페이아 왕비를 더 많이 말리지 않은 걸 후회했을 것입니다. 내가 케페우스 왕이라면 안드로메다 공주가 아니라 군대를 보내 괴물 고래와 싸웠을 것입니다.

> 예시2 카시오페이아 왕비의 콧대는 하늘 높은 줄 몰랐답니다. 포세이돈은 괴물 고래를 보내 에티오피아 사람들을 습격하게 했습니다. 케페우스 왕은 너무 슬퍼서 눈물이 났을 것입니다. 내가 케페우스 왕이라면 카시오페이아 왕비에게 잘못을 따질 것입니다.

가이드의 읽을거리 ● 구성원 전체가 별이 된 유일한 가족이 케페우스 왕의 가족입니다. 케페우스 왕, 카시오페이아 왕비, 안드로메다 공주 그리고 페르세우스까지 줄줄이 별이 되었지요. 물론 이 모든 공은 안드로메다 공주를 구한 페르세우스에게 돌려야 할 듯합니다. 본문에서 보다시피 안드로메다 공주가 절벽에 묶여 있는 사이, 케페우스 왕은 이러지도 저러지도 못해 괴로워할 따름이었습니다. 카시오페이아 왕비는 애당초 화를 불러온 당사자이니 말할 것도 없고요.
하지만 아내 카시오페이아 왕비를 잘 단속하지도 딸을 절벽에 묶어 두는 걸 거부하지도 못한 케페우스 왕은 어쩐지 도와주고 싶은 좀 짠한 인물입니다. 또 다른 유형의 이야기에서는 케페우스 왕이 별이 된 시점도 페르세우스가 안드로메다 공주의 원래 약혼자인 피네우스와 싸우다가 메두사의 머리를 꺼냈는데, 이때 그 머리를 보고 돌이 되어 별자리가 됐다고도 합니다.
아이와 함께 케페우스 왕의 입장에서 이야기를 따라가 보세요. 신과 영웅 사이에서 방황하는 한 인간을 만나볼 수 있을 것입니다.

별자리가 되어서도 벌을 받는 카시오페이아

카시오페이아자리

카시오페이아 왕비는 케페우스 왕과 함께 북쪽 하늘의 별자리가 되었는데요. 바다 요정들은 별자리가 된 카시오페이아 왕비를 그냥 둘 수 없었어요.

"바다의 신 포세이돈이시여. 잘못을 저지른 카시오페이아 왕비를 별자리로 올려 주시려면 벌도 함께 주셔야 해요."

포세이돈은 바다 요정들의 요청을 받아들여 카시오페이아 왕비에게 하루 중 반은 거꾸로 매달려 있어야 하는 벌을 내렸어요. 뿐만 아니라 잠시도 바다에서 쉬는 걸 허락하지 않았지요. 그래서 카시오페이아자리는 영원히 하늘 위에 떠 있게 되었어요.

사실 카시오페이아 왕비가 이토록 바다 요정들의 미움을 받게 된 건 허영심과 오만함이 도를 지나쳤기 때문이었어요.

"내 미모를 돋보이게 할 새로운 보석이 필요해. 어서 보석상을 불러 줘."

"내 얼굴은 언제 봐도 예쁘단 말이야. 바다 요정들도 날 못 따라올 정도라니까. 호호호."

카시오페이아 왕비는 자신의 미모를 자랑하며 치장하기를 좋아했어요. 값비싼 보석과 드레스를 사들이고 돈을 물 쓰듯 펑펑 써댔지요.

"저러다 바다 요정의 미움을 받으면 어쩌시려고……."

"그러게 말이야. 바다의 신 포세이돈의 부인 암피트리테도 바다 요정이라며? 바다가 노할까 그게 걱정이군."

카시오페이아 왕비의 자만심이 하늘을 찌르자 왕비의 태도를 걱정하는 사람들이 하나둘 늘어났어요. 케페우스 왕도 그중 하나였어요.

"카시오페이아, 바다 요정을 화나게 하면 안 된다오. 앞으로는 말과 행동을 조심하시오. 알겠소?"

케페우스 왕은 카시오페이아 왕비에게 단단히 일렀어요.

"알겠어요. 걱정 마세요. 앞으로는 그러지 않을게요."

카시오페이아 왕비는 말조심을 하겠다고 다짐했지만 거울을 보는 순간 이내 약속을 어기고는 혼잣말을 했어요.

"어머나. 내 얼굴 좀 봐. 이렇게 예쁠 수가 있을까. 새로 한 머리 장식이 너무 잘 어울리네. **아무리 바다 요정이 아름답다고 해도 날 따라올 수는 없지.**"

이 말을 들은 바다 요정들은 더 이상 참지 못하고 포세이돈의 아내 암피트리테에게 달려갔어요.

"암피트리테님. 에티오피아의 카시오페이아 왕비가 바다의 신과 요정들을 업신여기고 있사옵니다. 그냥 두시면 더 많은 사람들이 우리를 무시하게 될 거예요."

"뭐라고? 절대 그냥 두지 않겠다. 포세이돈에게 말해서 카시오페이아가 아니라 에티오피아 전체를 벌해 달라고 할 거야."

암피트리테는 불같이 화를 내며 포세이돈에게 달려갔어요. 암피트리테 자신이 바다 요정이었으니 화가 날 법도 했지요. 암피트리테는 바다 요정을 무시하는 건 바다의 신을 모욕하는 일이라며 포세이돈을 부추겼어요. 그리하여 포세이돈이 에티오피아에 괴물 고래를 보내게 된 것이었지요.

하지만 왜 포세이돈은 정작 함부로 말한 카시오페이아 왕비를 제물로 바치라고 하지 않았을까요? 아마도 인간들의 지극한 자식 사랑을 알기 때문에 그런 것이 아니었을까요? 자신을 꼭 닮은 데다가 하나밖에 없는 자식인 안드로메다 공주를 데려감으로써 카시오페이아 왕비에게 더 큰 고통을 줄 수 있다고 말이지요.

인물관계도 예시 답안

카시오페이아 왕비가 자신의 외모를 자랑하면서 바다 요정들을 무시했기 때문입니다.

답변으로 나올 수 있는 4개의 문장은 카시오페이아 왕비가 벌을 받게 된 이유를 파악하고 왕비와 같은 상황일 때 어떤 태도를 가지면 좋을지 생각해 보도록 구성되었습니다.

> ① 주요 사건의 원인이 된 대화문 따라 쓰기 → ② 카시오페이아 왕비의 문제 행동 확인하기 → ③ 암피트리테의 기분 헤아려 보기 → ④ 자신이 카시오페이아 왕비라면 어떻게 행동할지 상상하기

를 통해 오만한 행동이 불러올 수 있는 결과에 대해 고민해 보도록 이끌어 주세요.

읽기 전 생각해 볼 것들

본문을 읽기 전 제목, 삽화, 표시된 문장을 보면서 본문의 내용을 유추하게 해 주세요.

1. 제목을 보고 본문이 어떤 내용일지 미리 이야기 나눠 보세요.
2. 삽화를 보고 어떤 장면에 대한 묘사인지 유추해 보세요.
3. 본문 속 따라 쓰는 문장(초록 글씨)을 들은 요정은 어떤 기분이 들었을지 상상해 보세요.

✎ 참고하세요 본책 p.115 정답 예시

1 이야기와 만나는 문장 쓰기 │ 주요 사건의 원인이 된 대화문을 따라 씁니다. (왼쪽 초록색 글씨 참조)

2 이해하는 문장 쓰기 │ 요정들을 화나게 한 카시오페이아 왕비의 문제 행동을 확인합니다.

예시 카시오페이아 왕비는 자신의 미모를 바다 요정들과 비교하며 치장하기를 좋아했습니다.

3 생각을 발견하는 문장 쓰기 │ 모욕을 당했다고 생각하는 암피트리테의 기분을 헤아려 봅니다.

예시 1 암피트리테는 카시오페이아 왕비가 얄미웠을 것 같습니다.

예시 2 암피트리테는 카시오페이아 왕비가 자신을 무시한다고 느꼈을 것입니다.

4 상상하는 문장 쓰기 │ 자신이 카시오페이아 왕비라면 어떻게 행동할지 상상해 봅니다.

예시 1 내가 카시오페이아 왕비라면 외모 보다는 마음을 더 가꾸겠습니다.

예시 2 내가 카시오페이아 왕비라면 말로 자랑하지 않고 일기에만 쓰겠습니다.

모아쓰기 │ 네 개의 문장을 이어서 하나의 문단을 완성합니다.

예시 1 "아무리 바다 요정이 아름답다고 해도 날 따라올 수는 없지."
카시오페이아 왕비는 자신의 미모를 바다 요정들과 비교하며 치장하기를 좋아했습니다. 암피트리테는 카시오페이아 왕비가 얄미웠을 것 같습니다. 내가 카시오페이아 왕비라면 외모 보다는 마음을 더 가꾸겠습니다.

예시 2 "아무리 바다 요정이 아름답다고 해도 날 따라올 수는 없지."
카시오페이아 왕비는 자신의 미모를 바다 요정들과 비교하며 치장하기를 좋아했습니다. 암피트리테는 카시오페이아 왕비가 자신을 무시한다고 느꼈을 것입니다. 내가 카시오페이아 왕비라면 말로 자랑하지 않고 일기에만 쓰겠습니다.

가이드의 읽을거리 ● 예쁜 얼굴을 예쁘다 자랑 좀 했다고 딸을 절벽에 묶어 두라니, 어찌 보면 신들이야말로 어린 아이처럼 짓궂습니다. 자존감이 너무나 중요한 요즘 사회에서는 더욱 그렇게 느껴지지 않나요? 그렇다면 그리스 신화는 카시오페이아 왕비에게 왜 이토록 가혹할까요?

그리스 신화에서 카시오페이아 왕비는 오만함의 대명사입니다. 한 미모 한다는 여신들이 즐비한 옛 그리스 시대에 미모 자랑만큼은 금기였나 봅니다. 자신의 아름다움을 한껏 자랑하고 사치스럽게 치장하던 카시오페이아 왕비 때문에 포세이돈은 나라 전체에 벌을 주겠다며 괴물 고래까지 보내고 카시오페이아 왕비는 별자리에 올라서도 거꾸로 매달려 있어야 하는 벌을 받습니다.

아무 잘못도 없는 안드로메다 공주가 자신 대신 벌을 받게 되었을 때 카시오페이아 왕비의 기분은 어땠을까요? 오만한 카시오페이아 왕비의 잘못은 무엇이고 그러한 잘못을 벌한 포세이돈이 가르치고자 한 덕목은 무엇인지 함께 이야기 나누어 보세요.

스물다섯 번째 이야기

황금 사과를 찾아 떠난 헤라클레스의 모험 용자리

헤라클레스가 12가지 과제를 모두 해내고 신이 되었다는 걸 기억하나요? 봄철 별자리 편에서 소개한 사자자리는 헤라클레스의 첫 번째 과제였던 네메아의 사자가 별자리가 된 이야기를 들려주었는데요. 마지막으로 전하는 이번 이야기에서는 헤라클레스의 열한 번째 과제였던 황금 사과를 가져온 일에 대해 말해 볼게요.

미케네의 왕 에우리스테우스는 사람이 절대 할 수 없는 일들만을 골라서 헤라클레스에게 과제로 내주었어요. 황금 사과를 가져오는 일도 마찬가지였답니다. 황금 사과는 헤스페리데스의 정원에 있다고 알려져 있었어요. 헤스페리데스는 거인신족 중 하나인 아틀라스의 세 딸을 부르는 이름인데요. 황금 사과를 지키는 세 명의 요정인 헤스페리데스의 이름을 따서 '헤스페리데스의 정원'이라 부른 것이에요.

황금 사과는 사실 모든 신들의 어머니인 가이아가 헤라에게 준 선물이었어요.

"헤라, 제우스와의 결혼을 축하한다. 영원한 생명을 주는 이 황금 사과를 네게 줄 테니 잘 지키고 가꾸도록 해라."

"네. 알겠습니다. 가이아님."

헤라는 가이아에게 받은 황금 사과를 세계의 서쪽 끝에 심었어요. 그리고 헤스페리데스에게 나무를 가꾸도록 했지요. 그것만으로는 모자랐던지 100개의 머리가 달린 용, 라돈을 보내 한시도 눈을 떼지 않도록 했어요. 이 정도면 헤라가 얼마나 황금 사과를 아꼈는지 짐작할 수 있겠죠?

황금 사과를 심은 후 자라난 나무는 온통 금빛으로 빛났어요. 시간이 지나자 나무에는 주렁주렁 황금 사과가 열렸답니다. 해가 질 무렵 서쪽 하늘이 온통 금빛으로 빛나게 된 이유도 이 때문이라고 해요. 하지만 헤라클레스는 황금 사과를 따기는커녕 헤스페리데스의 정원조차 찾을 수 없었어요. 그저 서쪽으로 서쪽으로 나아갈 뿐이었지요. 그러다 한 요정을 만나 자신을 도와줄 바다의 노인이 있는 곳을 알게 되는데요. 요정은 헤라클레스에게 당부했어요.

"바다의 노인을 만나면 절대로 손을 놓지 말아요."

헤라클레스는 요정의 말대로 바다의 노인을 붙잡고 절대 손을 놓지 않았어요. 바다의 노인은 도망치기 위해 돌고래, 물뱀 등으로 변신했지만 힘센 헤라클레스의 손아귀에서 벗어날 수는 없었어요.

"내가 졌소. 서쪽으로 향하는 길에 절벽에 묶인 한 남자를 만나게 될 거요. 그에게 물어보시오."

황금 사과를 향한 헤라클레스의 여정은 계속되었어요. **마침내 헤라클레스는 바위에 두 손과 발이 묶인 프로메테우스를 만났어요.** 그리고 프로메테우스에게 물었어요.

"무슨 일로 이런 벌을 받고 계신 건가요?"

"인간에게 불을 가져다 준 죄로 영원히 이곳에 묶여 있어야 하는 신세라네."

헤라클레스는 그 자리에서 프로메테우스를 풀어 주고는 말했어요.

"프로메테우스, 이제 내게 헤스페리데스의 정원으로 가는 길을 알려 주세요."

프로메테우스는 헤라클레스에게 헤스페리데스의 정원이 어디 있는지를 알려 주었어요. 헤라클레스는 갖은 고생 끝에 헤스페리데스의 정원에 다다를 수 있었어요. 인간의 발길이 닿지 않았던 헤스페리데스의 정원에 들어간 첫 번째 사람이었지요.

그리스의 위대한 영웅 헤라클레스는 100개의 머리가 달린 용, 라돈의 공격을 받았지만 여러 날을 싸운 끝에 결국 황금 사과를 손에 넣었어요. 영원히 사는 황금 사과를 먹고 헤라클레스는 죽은 뒤 신이 되었고요. 제우스는 헤라클레스의 승리를 기념하기 위해 라돈을 별자리로 만들었답니다.

인물관계도 예시 답안

헤라클레스가 자신을 사슬에서 풀어 주었기 때문입니다.

답변으로 나올 수 있는 4개의 문장은 황금 사과를 찾아 떠난 헤라클레스의 모험을 따라가면서 각 등장인물들의 입장과 관계를 파악할 수 있도록 구성되었습니다.

> ① 과제를 푸는 열쇠가 된 문장 따라 쓰기 → ② 프로메테우스가 벌을 받게 된 이유 확인하기 → ③ 헤라클레스가 길을 알게 된 방법 생각해 보기 → ④ 자신이 라돈이라면 어떻게 말했을지 상상하기

를 통해 12가지 과제를 헤쳐 나간 헤라클레스의 모험심과 끈질긴 도전 정신에 대해 배울 수 있도록 지도해 주세요.

읽기 전 생각해 볼 것들

본문을 읽기 전 제목, 삽화, 표시된 문장을 보면서 본문의 내용을 유추하게 해 주세요.

1. 제목을 보고 본문이 어떤 내용일지 미리 이야기 나눠 보세요.

2. 삽화를 보고 누가 주인공이며 어떤 이야기가 펼쳐질지 유추해 보세요.

3. 단어 뜻풀이에 나오는 '신세'를 활용해 새로운 문장을 만들어 보세요.

✏️ 참고하세요   본책 p.119 정답 예시

1 [이야기와 만나는 문장 쓰기] 황금 사과를 찾는 열쇠가 된 핵심 문장을 따라 씁니다. (왼쪽 초록색 글씨 참조)

2 [이해하는 문장 쓰기] 프로메테우스가 벌을 받게 된 이유를 확인합니다.

[예시] 프로메테우스는 인간에게 불을 줬다는 이유로 영원히 바위에 묶이는 벌을 받았습니다.

3 [생각을 발견하는 문장 쓰기] 헤라클레스가 어떻게 헤스페리데스의 정원으로 가는 길을 알게 됐는지 생각해 봅니다.

[예시1] 헤라클레스는 프로메테우스를 풀어 주고 황금 사과가 있는 정원으로 가는 길을 알아냈습니다.
[예시2] 헤라클레스는 프로메테우스에게 물어봐서 황금 사과가 있는 헤스페리데스의 정원으로 가는 길을 알아냈습니다.

4 [상상하는 문장 쓰기] 자신이 라돈이라면 헤라클레스에게 어떻게 말했을지 상상해 봅니다.

[예시1] 내가 라돈이라면 "어떻게 여기까지 왔느냐?"라고 말했을 것입니다.
[예시2] 내가 라돈이라면 "최선을 다해 싸우자"라고 말했을 것입니다.

모아쓰기   네 개의 문장을 이어서 하나의 문단을 완성합니다.

[예시1] 마침내 헤라클레스는 바위에 두 손과 발이 묶인 프로메테우스를 만났어요. 프로메테우스는 인간에게 불을 줬다는 이유로 영원히 바위에 묶이는 벌을 받았습니다. 헤라클레스는 프로메테우스를 풀어 주고 황금 사과가 있는 정원으로 가는 길을 알아냈습니다. 내가 라돈이라면 "어떻게 여기까지 왔느냐?"라고 말했을 것입니다.

[예시2] 마침내 헤라클레스는 바위에 두 손과 발이 묶인 프로메테우스를 만났어요. 프로메테우스는 인간에게 불을 줬다는 이유로 영원히 바위에 묶이는 벌을 받았습니다. 헤라클레스는 프로메테우스에게 물어봐서 황금 사과가 있는 헤스페리데스의 정원으로 가는 길을 알아냈습니다. 내가 라돈이라면 "최선을 다해 싸우자"라고 말했을 것입니다.

가이드의 읽을거리 ● 공교롭게도 헤라클레스의 첫 번째 과제로 시작한 '그리스 신화 속 별자리 편'이 헤라클레스의 열한 번째 과제인 황금 사과를 찾아 떠난 여행으로 마무리되었습니다. 그리스 신화에서 가장 인기 있는 영웅으로 꼽히는 헤라클레스가 이토록 사랑을 받은 이유로는 그가 12가지 과제를 해결하기 위해 떠난 모험을 꼽을 수 있습니다.

옛 그리스 시대의 이야기에는 척박한 땅에서 많은 위험에 노출된 채 살아가야 하는 그리스인들의 삶이 담겨 있습니다. 그래서 그리스인들은 자신들을 구해 줄 영웅을 늘 기다렸고, 힘이 세고 끈질긴 성품의 헤라클레스는 이들에게 희망과 용기를 준 진정한 영웅이었습니다.

아이와 함께 헤라클레스의 나머지 다른 과제들은 무엇이었는지 찾아보세요. 그리고 그 모든 과제를 헤쳐 나간 헤라클레스에게서 어떤 점을 배울 수 있는지도 생각해 보도록 지도해 주세요.

기억하고 있나요? 정답

1장
※ 등장인물들에 대한 설명을 보며 어떤 별자리 이야기에서 나왔는지도 함께 떠올려 보세요.

제	이	**1**헤	**2**크	로	노	스
으	데	라	레	**4**아	폴	론
키	메	클	이	**3**틀	라	피
피	테	레	**5**카	라	스	**6**데
7제	우	스	노	스	아	메
이	**8**페	르	세	포	네	테
9아	스	트	라	이	아	르

2장

1 사자리
2 처녀자리
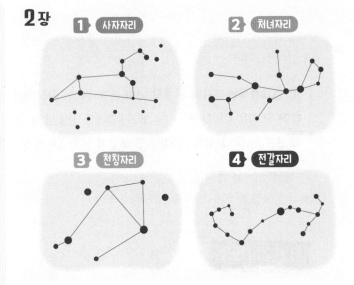
3 천칭자리
4 전갈자리

3장

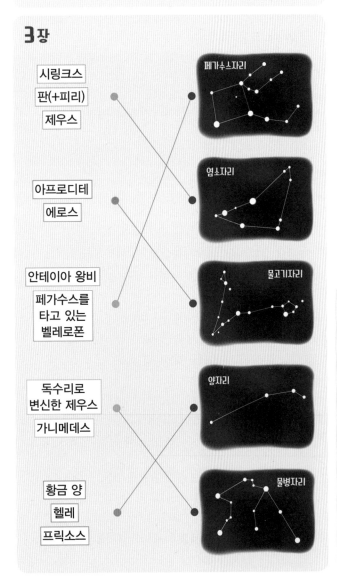

시링크스
판(+피리)
제우스 · · 페가수스자리

아프로디테
에로스 · · 염소자리

안테이아 왕비
페가수스를
타고 있는
벨레로폰 · · 물고기자리

독수리로
변신한 제우스
가니메데스 · · 양자리

황금 양
헬레
프릭소스 · · 물병자리

4장

1 봄철 목동자리
2 여름철 백조자리
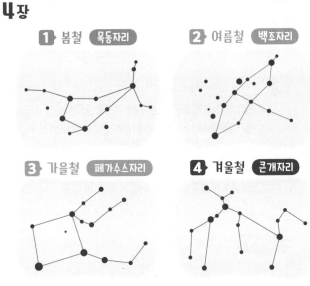
3 가을철 페가수스자리
4 겨울철 큰개자리

5장

1 케페우스 왕 ➡ 카시오페이아 왕비

여보, 제발 바다 요정보다 예쁘다고 말하는 건 좀 참아 줘요.

2 카시오페이아 왕비 ➡ 포세이돈

제가 너무 오만했어요. 이번 한 번만 용서해 주시면 안 될까요?

3 페르세우스 ➡ 안드로메다 공주

그동안 많이 힘들었죠? 내가 구해 줄게요.

4 안드로메다 공주 ➡ 괴물 고래

아무 잘못도 없는 나한테 왜 이러는 거야?
차라리 사슬을 풀어 주면 정정당당하게 싸워라도 볼 텐데.

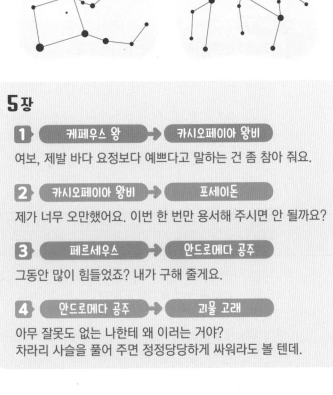